Reihe Sozialwissenschaften
Band 24

»Auf Gottes Befehl und mit dem Worte des Propheten... «

Auswirkungen des Erziehungsstils
auf die Partnerwahl und die Eheschließung
türkischer Migranten der zweiten Generation
in Deutschland

Ahmet Toprak

Centaurus Verlag & Media UG 2002

Ahmet Toprak, geb. 1970, Dr. phil., Dipl.-Pädagoge, Anti-Aggressivitäts-Trainer, studierte Erziehungswissenschaften in Regensburg und promovierte 2001 an der Universität Passau. Er arbeitet gegenwärtig bei der Arbeiterwohlfahrt – Referat Migration – in München und ist dort für Anti-Aggressions-Kurse mit Jugendlichen nichtdeutscher Herkunft zuständig. Darüber hinaus ist er als Lehrbeauftragter an der Katholischen Universität Eichstätt sowie in der Weiter- und Fortbildung für soziale Fachkräfte mit interkulturellem Ansatz tätig.

Die Deutsche Bibliothek – CIP-Einheitsaufnahme

Toprak, Ahmet:
„Auf Gottes Befehl und mir dem Worte des Propheten ..." :
Auswirkungen des Erziehungsstils auf die Partnerwahl und
die Eheschließung türkischer Migranten der zweiten Generation
in Deutschland /Ahmet Toprak - Herbolzheim : Centaurus-Verl., 2002
(Reihe Sozialwissenschaften ; Bd. 24)
Zugl.: Passau, Univ., Diss., 2001
ISBN 978-3-8255-0354-3   ISBN 978-3-86226-278-6 (eBook)
DOI 10.1007/978-3-86226-278-6

ISSN 0177-2813

© *CENTAURUS Verlags-GmbH & Co. KG, Herbolzheim 2002*

Umschlaggestaltung: DTP-Studio, Antje Walter, Hinterzarten
Umschlagabbildung: © dpa. Das Foto wurde zur Verfügung gestellt vom Bilderdienst
          Süddeutscher Verlag.
Satz: Vorlage des Autors

Danksagung

Die vorliegende Studie habe ich im Rahmen meines erziehungswissenschaftlichen Promotionsstudiums im Sommersemester 2001 an der Universität Passau – Philosophische Fakultät – eingereicht.

Mein besonderer Dank gilt Herrn Prof. Dr. Guido Pollak, der mich nicht nur während der Entstehung der Dissertation, sondern auch während meines Diplomstudiums in Regensburg unterstützt, ermutigt und gefördert hat; aus diesem Anlass mein doppeltes Dankeschön.

Herrn Prof. Dr. Norbert Seibert danke ich für die Übernahme des Zweitgutachtens, obwohl er mich im Vorfeld der Dissertation nicht kannte.

Mein Dank gilt auch Herrn Prof. Dr. Jens Weidner (FH Hamburg), den ich während einer berufsbegleitenden Zusatzausbildung in Frankfurt am Main kennen gelernt habe. Mit seiner positiven Ausstrahlung im Hinblick auf eine Dissertation hat er mich zu einem Promotionsstudium mehr oder weniger „gezwungen".

Meine Tiefs und Hochs, mein ambivalentes Verhalten zum Thema und Dissertation hat stets meine Lebensgefährtin Alexandra Kern ausgehalten und nicht aufgegeben, mich zu unterstützen, auch im Hinblick auf Literaturrecherche und lebhaften Diskussionen; ihr gilt mein großer Dank.

Monika Kappel, Gülseren Demirel, Dr. Sabine Prätor sowie Neda Biçer danke ich für Literaturhinweise, Diskussionen, vermitteln der InterviewpartnerInnen sowie Gegenlesen.

Frau Dr. Anette Emtmann (Frankfurt am Main) danke ich für ihr engagiertes Korrekturlesen, trotz der Entfernung.

Natürlich bedanke ich mich bei meinen InterviewpartnerInnen, ohne deren authentischen Beitrag diese Arbeit nicht so lebendig geworden wäre.

Für Alexandra

Inhaltsverzeichnis

7

8

10

Vorwort

Die von Ahmet Toprak vorgelegte Dissertation gewinnt im Umfeld der Diskussionen, die nach den Ereignissen des 11. Septembers 2001 stattgefunden haben und wohl zukünftig weiterhin stattfinden werden, in einigen Punkten Aktualität und Relevanz. Auch wenn in solchen Bezugnahmen die Versuchung nahe liegt, die Opfer dieser – wie anderer vergangener[1] – Verbrechen gegen konkrete Menschen und gegen auch das Ideal der Menschlichkeit dazu zu benutzen, fremden Gedanken, Werken, Handlungen etc. Aufmerksamkeit oder Bedeutung zu verschaffen, womit jene Opfer in zynischer Weise ein zweites Mal viktimisiert würden, so muss es aber gerade unter wissenschaftlichen Gesichtspunkten erlaubt sein, auf etwaige theoretische oder empirische Bezüge hinzuweisen. Denn die Aufnahme und Analyse aufweisbarer Bezüge des genannten Ereignisses mit anderen empirischen oder theoretischen Sachverhalten kann möglicherweise dazu dienen, sowohl unzutreffende Behauptungen (hier im Zusammenhang mit den Ereignissen des 11. Septembers) zu korrigieren, pauschalen Verallgemeinerungen gegenüber differenziertere Betrachtung einzufordern und schließlich daraus auch für die politische, kulturelle und auch pädagogische Praxis handlungsrelevante Schlüsse zu ziehen.

In allen drei Hinsichten bietet die vorliegende Untersuchung mehrfache Anknüpfungspunkte an. Exemplarisch sei dies nur an einem Beispiel erläutert:

Im Nachgang zu den Ereignissen des 11. Septembers wurde – worauf bereits vielfach kritisch hingewiesen worden ist – in einer die europäische und außereuropäische Kultur- und Sozialgeschichte gröbst missachtenden Weise „die" christlich-abendländische Kultur resp. Zivilisation „der" islamischen (Un-) Kultur resp. (Un-)Zivilisation gegenübergestellt. Am Beispiel der Untersuchung in Deutschland lebender Türken der ersten und zweiten Generation kann Ahmet Toprak aber empirisch detailliert zeigen, wie falsch es ist, einerseits „die" Türken pauschal als „islamisch" zu sehen und dabei andererseits zugleich „dem" Islam pauschal und undifferenziert unterstellte Werte bzw. wertbestimmte Einstellungen oder Handlungsvollzüge pauschal als mit westlichen Wert- und Handlungsvorstellungen konfligierend oder widersprechend zu behaupten. Dies ist jedenfalls für die türkische Herkunftskultur und jetzige Lebenswelt der ersten und zweiten Generation türkischer Immigranten viel differenzierter zu sehen. So sind v.a. religiöse und/ oder berufs- und geschlechtsrollenbezogene Ehrvorstellungen und daraus resultie-

---

[1] Erinnert sei an die Debatte um die sog. „Funktionalisierung" der Opfer des Holocaust im Anschluss an Martin Walsers Dankesrede zur Verleihung des Friedenspreises des Deutschen Buchhandels.

rende Einstellungen in Hinsicht etwa auf Heirats- oder Berufsvorstellungen schon in der ersten Generation in Abhängigkeit etwa des Bildungsstandes in einem größeren Spektrum zwischen Rigidität und Liberalität differenziert, selbst wenn sie (von außen gesehen) noch i.w.S. „orthodox" sind. In jedem Fall gilt dies aber für die zweite Generation, die sich in vielfacher Weise gegenüber ihren Eltern „liberalisiert" und westlich-globalisierte Verhaltensmuster wie selbstverständlich übernimmt, ohne dabei aber ihre „türkische" Identität gefährdet oder vernichtet zu sehen. Dies zeigen die von Ahmet Toprak geführten ausführlichen Interviews, die methodisch sorgfältig abgestützten Interpretationen und die auf der Folie des Generationenunterschiedes vorgenommenen Analysen eindrucksvoll. Das bedeutet aber, und das ist ein weiteres wichtiges Detailergebnis der Arbeit, dass die multikulturelle Gesellschaft in Deutschland in weitaus „integrativerer" Weise verwirklicht ist, als dies in der durch stereotype Wahrnehmung und Bewertung verzerrten öffentlichen Diskussion oft genug weiterhin gegenteilig behauptet wird. Schon gar nicht kann von einem kulturellen Konflikt entlang einer *borderline* zwischen etwa deutscher und türkischer, christlicher und islamischer, zivilisierter und barbarischer kultureller Identität gesprochen werden – womit extremistische Selbst- und Fremdauslegungen auf beiden Seiten selbstverständlich nicht geleugnet werden sollen. Insbesondere die zweite Generation denkt und handelt hinsichtlich privater und beruflicher Zukunftsvorstellungen in den Lebensplanungs- und Lebensführungsmustern der pluralisierten, entstandardisierten, individualisierten und globalisierten Spätmoderne. Dies ist auch für die zweite Generation aber durchaus vereinbar mit der Beibehaltung spezifischer – türkischer – kultureller Identitätsbezüge. Dies sind keine reinen Assimilationsprozesse, sondern individuelle und kollektive Lernprozesse (wenn man hoch greifen wollte, könnte man von multikultureller Evolution sprechen, die Ahmet Toprak auf Mikroebene beschreibt). Diese und andere Befunde zeigen, wie ideologisch motiviert und angelegt auch die politischen und gesellschaftlichen Debatten um die angebliche Gefährdung der deutschen Leitkultur durch ein Selbstverständnis Deutschlands als „Einwanderungsland" sind. Auch hier kann die Untersuchung von Toprak empirische und theoretische Argumente zur Entideologisierung liefern. Schließlich wird die vorgelegte Arbeit damit über ihren wissenschaftlichen Erkenntniswert hinaus für die Praxis der politischen Bildung, der multikulturellen Bildung und auch der Antirassismusarbeit in der schulischen Bildungs- und außerschulischen Jugendarbeit und Erwachsenenbildung relevant, weil sie empirisches Material und empirisch gestützte Argumente liefert, um den genannten Vorurteilen, Stereotypen und Ideologien kritisch gegenübertreten zu können. In allen Hinsichten ist der Arbeit von Ahmet Toprak eine breite und intensive Rezeption zu wünschen.

Guido Pollak   Passau, im Januar 2002

Einleitung

Nachdem im Jahre 1961 Deutschland und die Türkei eine Anwerbevereinbarung abschlossen, reisten die ersten offiziellen Arbeitsmigranten türkischer Herkunft in das Bundesgebiet ein. Da in der Türkei Massenarbeitslosigkeit weit verbreitet war und die Technisierungs- und Modernisierungsversuche in der Landwirtschaft fehlgeschlagen waren, entschieden sich sehr viele Menschen, insbesondere Menschen, die auf dem Land und in kleineren Städten lebten, für die Migration nach Deutschland. Das Ziel der Einwanderungspolitik der 60er- und 70er-Jahre war es, billige, junge und unkomplizierte Arbeitskräfte (keine Familien mit Kleinkindern), zu gewinnen, die vor allem in der Metall-, Auto- und Baubranche arbeiten sollten, sie binnen weniger Jahre wieder in das Heimatland zurückzuschicken und durch neue frische Arbeitskräfte zu ersetzen. Auch die Motive der türkischen Migranten waren zunächst vom schnellen Ansammeln von Ersparnissen geprägt, um später im Heimatland über einen gesicherten Lebensunterhalt zu verfügen. Diese Vorhaben der Politiker und der Migranten konnte nicht realisiert werden, weil sich nach dem Anwerbestopp von 1973 viele Migranten für einen dauerhaften Aufenthalt entschieden haben, indem sie ihre Kinder und Ehepartner nach Deutschland holten. Seit diesem Anwerbestopp ist die Arbeitsmigration, wenn die Greencard-Regelung aus dem Jahre 2000, die für hochqualifizierte Computerspezialisten eingeführt wurde, ausgenommen wird, nur im Rahmen einer Familienzusammenführung möglich, d.h. eine gezielte Anwerbung von Migranten gibt es in Deutschland derzeit immer noch nicht[1].

Nach Angaben der Beauftragten der Bundesregierung für Ausländerfragen leben heute 2,11 Mio. Menschen mit einem türkischen Pass in Deutschland (vgl. Beauftragte der Bundesregierung für Ausländerfragen, 2000, S. 17.); Illegale und Eingebürgerte sind hier nicht einbezogen. Obwohl sich mehr als ein Drittel dieser Migranten seit über 20 Jahren (vgl. ebd., S. 237.) in Deutschland befindet, haben sie auch heute noch oft den Status eines Gastes. Diese Gruppe wird sowohl in der öffentlichen Diskussion als auch in den politischen Debatten als eine problematische und konfliktreiche Randgruppe bezeichnet. In der Öffentlichkeit ist auch über diese größte Minderheit sehr wenig bekannt. Stereotypen und Vorurteile bestimmen die allgemeine Meinung: Frauen werden oft als unterdrückte, unselbständige „Wesen" und Männer als Machos bezeichnet. Dieses von Vorurteilen geprägte Bild der tür-

---

[1] Wie die gegenwärtige Diskussion zeigt, wird Deutschland wieder gezielt Arbeitskräfte aus dem Ausland anwerben. Nach den Empfehlungen der Süßmuth-Kommission sollen jährlich 50.000 Migranten angeworben werden. Eine Gesetzesvorlage der Regierung liegt bereits vor, um systematisch die Migration zu steuern.

kischen Migranten wird häufig verallgemeinert und auf die gesamte türkische Bevölkerung projiziert.

Auch viele sozialwissenschaftliche Abhandlungen behandeln die türkischen Migranten als eine in sich homogene Gruppierung. Die beobachteten Tendenzen werden von einigen Wissenschaftlern generalisiert und der gesamten Bevölkerung zugeschrieben. Zitate aus dem Koran sollen auf die Unterdrückung der Frau bzw. auf die dominante Rolle des Mannes verweisen. Die Erziehung sowie die Norm- und Wertvorstellungen der türkischen Familien werden mit dem Islam bzw. Koran begründet und als traditionell, altmodisch sowie rückschrittlich abgestempelt. Oft wird auch angenommen, dass Migranten aus der Türkei zwangsverheiratet werden und die Paare in dieser Frage keinerlei Mitspracherecht haben.

Weder bei der Bevölkerung der Türkei noch bei den in Deutschland lebenden türkischen Migranten kann aber von einer homogenen Bevölkerungsstruktur ausgegangen werden: In der Türkei leben etwa 15-20 Millionen Kurden[2], weiterhin Tataren, Tscherkessen, Lasen und arabischstämmige Türken. Bei all diesen Ethnien muss von mehr oder weniger voneinander abweichenden Norm- und Wertvorstellungen und unterschiedlichen kulturellen Hintergründen ausgegangen werden. Weiterhin gibt es eine Reihe von religiösen Minderheiten, Armenier, Juden, Orthodoxe und andere christliche Gemeinden; aber auch eine Reihe von muslimischen Glaubensgemeinschaften, etwa Aleviten, die den Islam sehr unterschiedlich interpretieren. Diese kurze Exkursion soll verdeutlichen, von was für komplizierten und vielfältigen Bedingungen ausgegangen werden muss, und dass Aussagen, die die gesamte türkische Bevölkerung sowohl in der Türkei als auch in Deutschland betreffen, eigentlich nicht gemacht werden können.

Die vorliegende Arbeit klammert all diese Facetten keineswegs aus, konzentriert sich aber zugunsten einer klaren Linie auf die Indikatoren Stadt-Land-Gefälle, Gecekonugebiete und Schichtzugehörigkeit. Ein anderes Ziel soll es sein, die Bedingungen, denen die türkischen Migranten in Deutschland ausgesetzt sind, differenzierter zu betrachten. Um sich nicht in Begrifflichkeiten zu verlieren, wird auch lediglich von „Türkisch" bzw. „Türken" gesprochen, denn Religionszugehörigkeit und Ethnien sind für diese Abhandlung keine aussagekräftigen und relevanten Unterscheidungskriterien.

Vor diesem Hintergrund ist es von großem Interesse, die Arbeit in zwei Hauptkapiteln einzuteilen. Im ersten Kapitel der Arbeit wird der Stand der Forschung, die sich mit Sozialisation, Erziehungsbedingungen, Familienarten, Familienstrukturen sowie Ehe und Eheverhalten der heutigen Türkei befasst, kritisch nachgezeichnet.

---

[2] Die türkische Regierung selbst bemüht sich, einen sehr homogenen Eindruck ihrer Bevölkerung zu liefern, indem sie in ihren Volkszählungen weder Ethnie noch Religionszugehörigkeit berücksichtigt. In der Literatur kann daher nur von geschätzten Zahlen ausgegangen werden. Es muss auch angemerkt werden, dass sehr viele kurdische Muslime alevitischen Glaubens sind.

Es soll hier aufgezeigt werden, dass es in der Türkei große Differenzierungen hinsichtlich der Familienkonstellation, der Wertevermittlung, des Erziehungsprozesses und der Ehe gibt. Vor diesem Hintergrund kann die Lage in Deutschland besser verstanden werden.

Im Hauptteil der Arbeit wird zunächst die Methode ausführlich beschrieben und begründet; der darauf folgende kurze Abschnitt soll die Migrationsgeschichte der türkischen Bevölkerung wiedergeben. Im Rahmen der qualitativen Sozialforschung – in der keine repräsentativen Aussagen, sondern nur Aussagen über die Untersuchungsgruppe gemacht werden können – wurden zwölf fokussierte Interviews mit jungen, erwachsenen Migranten der zweiten Generation[3] türkischer Herkunft geführt. Ziel dieser Interviews ist es, die Sozialisationsbedingungen, die Eheentscheidung sowie das Eheschließungsverfahren der zweiten Migrantengeneration neu zu diskutieren. Im dritten Abschnitt des Hauptteils werden die Erziehungsbedingungen dieser Migranten im Hinblick auf die einschlägige Literatur diskutiert und mit Interviewergebnissen unterfüttert. Die Hauptergebnisse der Interviews werden in einem umfangreichen – vierten – Abschnitt vorgestellt. Der Erziehungsprozess türkischer Migranten zweiter Generation ist im Hinblick auf die Kriterien Erziehungsbedingungen, Rollen- und Autoritätsstrukturen, die Bedeutung der Ehe, die Bedeutung des Eheschließungverfahrens (die Bedeutung der arrangierten Ehe, die Bedeutung der islamischen Eheschließung, der Einfluss des Umfeldes auf die Eheschließung etc.) unterschiedlicher Natur. Es haben sich folgende drei Erziehungsstile herauskristallisiert, in denen die eben genannten Bedingungen grundsätzlich verschieden sind:

- der konservativ-spartanische Erziehungsstil
- der verständnisvoll-nachsichtige Erziehungsstil
- die Erziehung „zwischen Tradition und Moderne".

In diesem vierten Teil werden die angegebenen Erziehungsstile im Hinblick auf die Aussagen der Interviewpartner definiert, die Unterschiede in Rollen- und Autoritätsstrukturen herausgearbeitet, die Bedeutung der Ehe für jeden Erziehungsstil detailliert beschrieben und das Eheschließungsverfahren konkret dargestellt.

Im fünften und letzten Abschnitt der Arbeit wird über die Konsequenzen der Interviewergebnisse nachgedacht und eine abschließende Zusammenfassung formuliert.

---

[3] Der Begriff „zweite Generation" ist teilweise irreführend, weil – wie auch aus der Tabelle der Interviewteilnehmer zu ersehen ist – große Altersunterschiede zwischen den Angehörigen der zweiten Generation zu beobachten sind. Das ist in erster Linie darauf zurückzuführen, dass viele Familien mehrere Kinder haben, und zwischen dem jüngsten und dem ältesten Kind bis zu 15-20 Jahren Altersunterschied bestehen kann. Mit „zweiter Generation" sind diejenigen Migranten gemeint, deren Eltern als „Gastarbeiter" in den 60er- und 70er-Jahren nach Deutschland emigriert sind.

I. Erziehungsbedingungen und Ehe in der Türkei

1. Die Bedeutung der Kinder für türkische Familien

Kinder haben in der türkischen Familie einen großen Stellenwert. Ein kinderloses Ehepaar wird im engeren Sinne nicht als Familie betrachtet und die Ehe kann sehr bald geschieden werden, wenn die Frau nicht ein Kind oder mehrere Kinder auf die Welt bringt. Ein frisch verheiratetes Paar steht unter enormem Druck, insbesondere seitens der Familien der Eheleute, nach der Eheschließung ein Kind zu bekommen. Das Geschlecht des ersten Kindes spielt zunächst keine Rolle, aber im Allgemeinen wollen die Ehepaare auf dem Land, spätestens beim zweiten Kind, einen Sohn haben. Pfluger-Schindbeck begründet diesen starken Wunsch der Familien nach einem Sohn mit den Motiven „Fortbestehen der Familie" sowie „Stärkung des Haushaltes" (vgl. Pfluger-Schindbeck, 1989, S. 76.). Zudem gehen die türkischen Familien auf dem Land davon aus, dass verheiratete Töchter den Haushalt verlassen und Jungen nicht; die Söhne sollen die Eltern im Alter finanziell unterstützen, die Töchter werden in eine „fremden" Familie verheiratet und deshalb wird eine finanzielle Unterstützung in der Regel nicht erwartet.

Eine Untersuchung von Kağıtçıbaşı und Esmer (1980) unterscheidet drei voneinander unabhängige Typen von VOC (Value of Children):

- *ökonomisch-utilitaristische* VOC (z.B. Alterssicherung, Beitrag zum Familienhaushalt)
- *psychologisch-affektive* VOC (z.B. emotionale Stärkung, Familienbindung)
- *sozial-normative* VOC (Statuserhöhung, Fortführung des Familiennamens)

Tabelle 1:
Bedeutung der Kinder

	Mütter	Väter
Ökonomisch-utilitaristische VOC		
- um eine Person mehr zu haben, die der Familie finanziell hilft	22,8%	25,7%
- um sicher zu sein, daß im Alter jemand da ist, um mir zu helfen	39,8%	31,6%
- um ein Kind zu haben, das im Haushalt hilft	11,9%	8,8%
Psychologisch-affektive VOC		
- wegen der Freude, ein Kind heranwachsen zu sehen	11,6%	15,9%
- um meinen Ehepartner und mich näher zueinander zu bringen	32,3%	18,5%
- weil es schön ist, kleine Kinder im Haus zu haben	12,0%	13,2%
Sozial-normative VOC		
- weil es dazu beiträgt, den Familiennamen weiterzuführen	14,4%	31,3%
- weil ich einen (weiteren) Jungen haben möchte	22,8%	22,1%

Quelle: Nauck, B. (nach Kağıtçıbaşı), in: Nauck/Schönpflug (Hrsg.), 1997, S.167.

Es ist davon auszugehen, dass in den ländlichen Gebieten der Türkei sowie in ärmeren Teilen der Stadtbevölkerung, die eine niedrige Bildung sowie schlechte Aussichten auf eine Rente haben, die ökonomisch-utilitaristischen und sozial-normativen VOCs eine bedeutende Rolle spielen. „Um sicher zu sein, dass im Alter jemand da ist, um mir zu helfen", wird am häufigsten von türkischen Eltern als Grund für ein weiteres (männliches) Kind genannt. Die Jungen sind langfristig die größere Quelle ökonomischen Nutzens.

> „Das ‚ideale' Familienkonzept auf der Basis ökonomisch-utilitaristischer Nutzener-wartungen wird deshalb möglichst viele männliche Nachkommen vorsehen, insbeson-dere in Gesellschaften mit patrilinearen Verwandtschaftssystemen, in denen Söhne le-benslang zur Herkunftsfamilie ‚gehören'". (Nauck, in: Nauck/Schönpflug, 1997, S. 169.)

Die psychologisch-affektive VOC, wie z.B. „wegen der Freude, ein Kind heran-wachsen zu sehen", wird in der gebildeten städtischen Mittelschicht eher als Grund für ein weiteres Kind genannt als bei der Landbevölkerung. Bei der psychologisch-affektiven VOC müsste die Zahl der Kinder gering sein und das Geschlecht des Kindes keine bedeutende Rolle spielen, denn weibliche Nachkommen können ge-nauso viel psychologische Befriedigung verschaffen wie männliche.

2. Familienstruktur und Familientypen in der Türkei

In der deutschen Forschung wird meistens angenommen, dass die patriarchalische Großfamilie[4] in der Türkei vorherrschend ist. Tatsächlich geht der Trend aber eher in Richtung von Familienformen, die der deutschen Kernfamilie – bestehend aus Ehepartnern und unverheirateten Kindern – ähnlich sind. Die Untersuchungen von Timur und Kongar bestätigen diesen Trend: Diesen Untersuchungen zufolge liegt der Anteil der patriarchalischen Großfamilie bei einem Fünftel; Timur kommt auf 19 Prozent (vgl. ebd. S.63.) und Kongar auf 20 Prozent (vgl. Kongar, S. 58.). Die Familientypen auf dem Land und in der Stadt sollen kurz skizziert werden.

2.1 Familie auf dem Land

Auch in der ländlichen Türkei ist die Kernfamilie die am häufigsten anzutreffende Familienform, nämlich mit 55,4 Prozent. Der Anteil der patriarchalischen Großfamilie liegt bei 25,5 Prozent und der Anteil der vorübergehenden Großfamilie[5] bei 13,3 Prozent (vgl. ebd., S. 63.). Da der Vater auf dem Land die Entscheidungsmacht besitzt und ihm die Mutter oder der älteste Sohn folgen, ist die Struktur der Dorffamilie streng patriarchalisch und geschlechtsspezifisch orientiert (vgl. Özkara, 1988, S. 23.). Die dominante Rolle des Vaters wird auch u.a. dadurch deutlich, dass „(...) der Vater bzw. das Familienoberhaupt (...) i.d.R. auch heute noch den Ehemann der Tochter und die Ehefrau des Sohnes bestimmt." (ebd.)

Auf dem Land spielt der Brautpreis immer noch eine entscheidende Rolle. Die Erziehung der Kinder findet primär in der Familie statt und ist meistens die Aufgabe der Frau. Die Familienmitglieder oder die Dorfbewohner sind auf gegenseitige Hilfe angewiesen, sodass diese Familien den Charakter einer ökonomischen und sozialen Einheit haben (vgl. Coşkun, 1987, S. 10.). Obwohl Atatürk die Familie in den 20er- und 30er-Jahren reformiert hat, die Medien sich verbreitet haben und Schul- und Verkehrsbedingungen verbessert wurden, sind die Familien im ländli-

---

[4] Patriarchalische Großfamilie: „(...) die Kernfamilie wird vom Oberhaupt der väterlicherseits erweiterten Großfamilie kontrolliert. Der Vater hat große Macht über seine Söhne und der Ehemann über seine Frau. Die Beziehungen sind nicht gleichrangig. Die Wahl der Ehepartner wird von den Eltern getroffen und das Heiratsalter ist sehr niedrig. Um den Eltern die Kontrolle zu ermöglichen, leben die jung verheirateten Paare meistens bei den Eltern. Mit der Heirat wird ein wirtschaftlicher Austausch verbunden. Söhne übernehmen im allgemeinen die Beschäftigung des Vaters, wodurch die gesellschaftliche und geographische Mobilität begrenzt wird." Timur, in: Abadan-Unat (Hrsg.), 1985, S.59.
[5] „Die vorübergehende Großfamilie, in welcher der Mann, als Familienoberhaupt, seine Frau und deren unverheiratete Kinder zusammenleben mit den verwitweten Eltern des Mannes oder der Frau und/oder deren unverheirateten Kindern." Timur, in: Abadan-Unat (Hrsg.): Die Frau in der türkischen Gesellschaft, 1985, S. 61.

chen Bereich meistens an Traditionen gebunden (vgl. ebd.). Die Bewohner eines Dorfes leben häufig von der Landwirtschaft. Diejenigen, die ein Stück Land besitzen, bestreiten davon ihren Lebensunterhalt. Die anderen arbeiten bei den Landbesitzern, soweit sie beim starken Einsatz von Maschinen in der Landwirtschaft einen Arbeitsplatz bekommen (vgl. ebd.). Eine weitere Möglichkeit für die Dorfbewohner, ihren Lebensunterhalt zu verdienen, ist die Viehzucht (vgl. Timur, in: Abadan-Unat (Hrsg), 1985, S. 61.).

2.2 Familie in der Stadt

Bei der ersten Volkszählung im Jahre 1927 wurden in der Türkei 13,5 Millionen Menschen registriert (vgl. Ausländer in Deutschland, S. 12, 1999/3.). Innerhalb von 70 Jahren hat sich die Zahl der Bevölkerung verfünffacht; die letzte Volkszählung vom 30.11.1997 ergab 62,9 Millionen Menschen (vgl. ebd.). Der enorme Bevölkerungszuwachs stellt die Türkei vor wachsende Probleme hinsichtlich der Beschäftigung und der sozialen Infrastruktur. Seit den 60er-Jahren ist eine starke Landflucht und eine überproportional schnelle Urbanisierung der Großstädte – Istanbul, Ankara und Izmir – zu beobachten. Die starke Binnenmigration kann nicht nur auf das stetig steigende Bevölkerungswachstum zurückgeführt werden, denn die Wirtschaftsstruktur der Türkei zeigt große Unterschiede zwischen Ost und West, und der Krieg der letzten Jahre hat die Menschen der südöstlichen Provinzen zu einer unfreiwilligen Binnenmigration bewogen (vgl. ebd.).

Durch diese unkontrollierte Binnenmigration sind in den Randgebieten der Großstädte jene Siedlungen entstanden, die als Gecekondu bezeichnet werden und eine eigene „Kultur" besitzen. Im Folgenden sollen die Familien in Gecekondu-Gebieten kurz beschrieben werden.

2.2.1 Gecekondu-Familie

Der Begriff Gecekondu geht auf eine alte Bestimmung aus dem Osmanischen Reich zurück, nach der damals jedes schwarz gebaute Haus legalisiert wurde, solange es nachweislich binnen einer Nacht errichtet wurde und sofern es ein provisorisches Dach hatte (vgl. Yörükan, in: Gartmann, 1981, S.12.; Gümrükçü, 1986, S. 83; Koydl, 1999.). Diese Bestimmung wurde beibehalten, und oft legalisierte die jeweilige Regierung diese Häuser kurz vor den Wahlen, um sich die Stimmen der Bewohner zu sichern. Enderwitz definiert den Begriff Gecekondu ausführlicher:

„(...) die Förderung der Privatwirtschaft einer längst fälligen Landreform, die Aufnahme hoher US-Kredite zur Mechanisierung der Landwirtschaft, Fehlinvestitionen und eine fehlende Koordination der Investitionen, ein rapides Ansteigen der Bevölkerung und auf die Erbteilung zurückgehende Dezimierung des Grundbesitzes führten nach dem zweiten Weltkrieg zu Massenarbeitslosigkeit auf dem Land und einer starken Landflucht. Auf diese Weise entstanden jene Siedlungen am Rande der Großstädte, die man Gecekondu, „über Nacht gebaut", nennt, wie ihr Name andeutet, aus fragilen, meist mit Abfallmitteln errichteten Hütten und Häusern bestehend." (Enderwitz, in: Coşkun, 1987, S. 11.)

Gecekondu-Viertel, in denen fast die Hälfte der Großstadtbevölkerung wohnt, sollte man sich nicht als elende Slums vorstellen, in denen hohe Kriminalität, Glücksspiele, Gewalttätigkeiten etc. herrschen, obwohl sich diese Wohnviertel aufgrund ihres sozialen Durchgangscharakters schnell zu Slums verwandeln können (vgl. Gümrükçü, 1986, S. 83.). Es handelt sich hier meistens um saubere, schlichte Häuser, die je nach Bedarf aufgestockt werden, etwa wenn die Kinder heiraten und eine neue Wohnung brauchen (vgl. Kongar, 1986, S. 182.). Von der Struktur her – 72 Prozent, der von Kongar befragten Gecekondu-Bewohner in Altındağ (Ankara) weisen die Strukturen einer Kernfamilie auf (vgl. ebd., S. 58.) – ist die Gecekondu-Familie als eine Übergangsfamilie zwischen der ländlichen und der städtischen einzuordnen vgl. (Coşkun, 1987, S. 12.). Sehr viele Eigenschaften stimmen mit der Dorffamilie überein. Obwohl die Frau und die Kinder gegenüber der Dorffamilie viele Freiheiten genießen, steht die Familie unter starkem Einfluss der Autorität des Vaters oder Familienoberhaupts (vgl. ebd.). Die Kinder entscheiden sehr oft selbständig über Berufs- und Brautwahl. Die Untersuchung von Kongar bestätigt diese Tendenz, wonach 75,1 Prozent der Eltern die Brautwahl des Sohnes und 44,5 Prozent die Brautwahl der Tochter akzeptieren würden (vgl. Kongar, 1986, S. 225.). Bei der Wahl des Berufes der Kinder zeigen die Eltern eine ähnliche Akzeptanz: 87,6 Prozent der Eltern überlassen dem Sohn selbst, welchen Beruf er ausüben will. Bei den Töchtern ist diese Zahl im Gegensatz zu den Söhnen sehr niedrig, nämlich 49 Prozent (vgl. ebd., S. 223.). Wenn es um wichtige Entscheidungen geht, die die ganze Familie betreffen, entscheidet auch in diesem Familientyp der Vater (vgl. Coşkun, 1987, S. 12.). Das Heiratsalter ist relativ hoch, und die Brautpreise sind seltener und niedriger als in der Dorffamilie (vgl. ebd.). Auch hier ist die Erziehung der Kinder die Aufgabe der Frau und findet überwiegend in der Familie statt.

2.2.2 Stadtfamilie

In der Stadt müssen viele Mitglieder der Familie im Handwerk, in der Industrie und im öffentlichen Dienst arbeiten, da sie stärker vom täglichen Lohn abhängig sind als die Familien im ländlichen Raum. Hier müssen auch die Frauen und Kinder zur

Arbeit herangezogen werden, damit der Lebensunterhalt der Familie gewährleistet ist.

Zwei Drittel (65,8 Prozent) aller Familien in den Großstädten haben die Struktur einer Kernfamilie. Timur betrachtet diesen Sachverhalt als Folge der städtisch-industriellen Revolution (vgl. Timur, in: Abadan Unat (Hrsg.), 1985, S. 61-63.).

Die Partnerwahl wird meistens von den betroffenen Kindern selbständig entschieden, und die Eltern bestimmen auch nicht mehr den Wohnort des jungen Paares. Die Kinder haben sehr viel Mitspracherecht und können in der Regel eigenständig entscheiden, welche Schul- und Berufsausbildung sie wählen. Das Heiratsalter geht rapide nach oben, weil die Kinder alt genug sein müssen, um für die eigene Familie sorgen zu können (vgl. ebd.).

Die Erziehung der Kinder ist nicht nur die Sache der Familie bzw. der Frau, sondern auch anderer Sozialisationsinstanzen, wie z.B. Kinderkrippe, Kindergarten oder Schule, denn die Frauen sind häufig erwerbstätig (vgl. ebd., S.59-60.).

3. Erziehungsbedingungen

3.1 Schule bzw. Schulbildung

In der Türkei wurde 1998 statt einer fünfjährigen eine achtjährige Schulpflicht eingeführt. Die Kinder werden in der Regel mit sechs Jahren eingeschult – und wenn diese achtjährige Schulpflicht greift, verlassen die Kinder mit 14 Jahren die Schule. Da diese verlängerte Schulpflicht relativ neu ist, gibt es keine verlässlichen Zahlen darüber, inwieweit der neue Beschluss von der Bevölkerung angenommen wurde. Selbst die fünfjährige Schulpflicht wurde nicht immer eingehalten (vgl. Uçar, in: Eberding, 1994, S. 41.). Das türkische Schulsystem ist – im Gegensatz zum deutschen System – stufenförmig aufgebaut, d.h. der kontinuierliche Besuch einer fünfjährigen Grundschule, einer dreijährigen Mittelschule und eines dreijährigen Gymnasiums führen zum Erwerb der allgemeinen Hochschulreife (siehe Tabelle unten). Die Mittelschulen und die Gymnasien können in einen allgemeinbildenden, in einen berufsbildenden und in einen technischen Zweig untergegliedert werden. Im Anschluss an den erfolgreichen Abschluss der Mittelschule kann ein Gymnasium besucht werden. Der Abschluss des allgemeinbildenden Gymnasiums ermöglicht, vorausgesetzt der Kandidat besteht die allgemeine Hochschulprüfung[6], den Zugang zur Hochschule; der Abschluss des berufsbildenden oder technischen Gymnasiums eröffnet dagegen nur unter bestimmten Voraussetzungen den Zugang zur Hochschule (vgl. Zentrum für Türkeistudien, 1994, S. 59.).

---

[6] Für jedes Fach, das an der Universität oder an der Fachhochschule studiert werden kann, gibt es ein bestimmtes Kontingent. Die Bewerberzahlen sind so hoch, dass das Kontingent nicht ausreicht. Deshalb wird jährlich eine Hochschulaufnahmeprüfung zentral im gesamten Land durchgeführt. Um einen Studienplatz bewerben sich 10-100 Abiturienten. Nur jeder vierte Bewerber, der an dieser Prüfung teilnimmt, schafft den Zugang zur Hochschule.

Tabelle 2:
Das vereinfachte türkische Schulsystem:

Alter	Klasse	Schultyp
17 – x	----	Universität
		Hochschulaufnahmeprüfung
14-17	11 10 9	Sekundarstufe II (Gymnasium – lise)
11-14	8 7 6	Sekundarstufe I (Mittelschule -ortaokul)
6-11	5 4 3 2 1	Primarstufe (Grundschule – ilkokul)

Auf dem Land

In der Türkei ist im Bereich der Bildung, wie in anderen Bereichen auch, eine große Diskrepanz zwischen Ost und West sowie zwischen Stadt und Land zu beobachten. Es gibt immer noch Dörfer, die keine eigene Grundschule haben und bei denen die Kinder auf die Nachbardörfer ausweichen müssen. Die Klassen sind groß, es gibt oft nur einen Klassenraum, der Lehrer arbeitet in Schichten und unterrichtet mehrere Klassen gleichzeitig; außerdem weisen die Schulen teilweise einen katastrophalen baulichen Zustand auf (vgl. Eberding, 1994, S. 41.). Viele neue Lehrer werden ohne ihre Einwilligung in die Dörfer versetzt, sie verdienen sehr wenig und sind deshalb unmotiviert und unzufrieden.

Weiterführende Schulen, wie z.B. Mittelschule oder Gymnasium, gibt es bis auf ganz wenigen Ausnahmen nicht. Wenn die Kinder weiterführende Schulen besuchen wollen, müssen sie in die naheliegenden Provinzen gehen. Der Besuch dieser Schulen ist mit sehr großem finanziellen Aufwand verbunden, z.B. durch Internatsunterbringung, lange Anfahrtswege und -kosten sowie Unterbringung bei Verwandten oder Bekannten (vgl. ebd.). Darum haben viele Kinder erst gar nicht die Gelegenheit, eine weiterführende Schule zu besuchen. Wenn diese Rahmenbedingungen nicht verbessert werden, können viele Kinder in ländlichen Gebieten auch künftig die neue achtjährige Schulpflicht nicht erfüllen.

In der Stadt

In den Städten sind die Zugangsbedingungen für die allgemeinbildenden Schulen, verglichen mit den Dörfern, sehr gut. Während es in den Dörfern nur die staatlichen Grundschulen gibt, ist die Auswahl in den größeren Städten breiter gefächert. Folgende Grundschularten gibt es in der städtischen Türkei:

- staatliche Grundschulen
- private Grundschulen
- Minderheitengrundschulen (Armenier, Griechen, Juden)
- ausländische Grundschulen (Engländer, Italiener und Iraner) (vgl. Zentrum für Türkeistudien, 1994, S.61.).

Wie oben erwähnt untergliedern sich die Mittelschulen, die es bis auf wenige Ausnahmen nur in den Städten gibt, in drei Zweige:

- allgemeinbildender Zweig (Dauer drei Jahre)
- technischer Zweig (Dauer vier Jahre)
- berufsbildender Zweig (Dauer drei bis vier Jahre) (vgl. ebd.).

Auch die Gymnasien lassen sich in

- allgemeinbildende Gymnasien,
- technische Gymnasien nur für Jungen und Mädchen sowie
- berufsbildende Gymnasien

unterteilen (vgl. ebd., S. 62.).

Sehr allgemein betrachtet herrscht in der Türkei ein Mangel an Unterrichtsmaterialien und Laboreinrichtungen. Die Klassen sind überfüllt und diese Überfüllung beeinträchtigt die Qualität der Schulbildung immens. In vielen Schulen wird in Schichten unterrichtet. Für viele Schüler ist Privat- bzw. Nachhilfeunterricht, den sich aber nur die einkommensstärkeren Familien leisten können, notwendig.

Außer den staatlichen Mittelschulen und Gymnasien gibt es „anatolische Gymnasien" und türkische Privatschulen bzw. Colleges. Der Zugang zu diesen Schulen erfolgt nur aufgrund einer bestandenen Prüfung; für diese Schulen müssen die Eltern finanzielle Mittel aufbringen, ein großer Teil des Unterrichts findet in einer Fremdsprache (Englisch, Deutsch oder Französisch) statt; diese Schulen sind von den Lernmitteln her besser ausgestattet und verfügen über eine günstigere Schüler/ Lehrer-Relation (vgl., ebd.). Aus finanziellen Gründen können nur ganz wenige, reiche türkische Familien ihre Kinder auf solche Schulen schicken.

Darüber hinaus gibt es in der Türkei Imam-Hatip-Schulen, die Anfang der 50er-Jahre gegründet wurden, und zwar mit dem Ziel Imame, Vorbeter in den Moscheen, auszubilden. Diese Schulen können nach dem Abschluss der Grundschule besucht werden, die Ausbildung dauert sieben Jahre (vier Jahre Mittelschule und drei Jahre Gymnasium). Die ersten Imam-Hatip-Schulen wurden am 17.10.1951 in sieben verschiedenen Städten eröffnet (vgl. Öcal, 1994, S. 52.). Im Jahre 1994 gab es insgesamt 449 solche Schulen, zwischen den Jahren 1951 und 1993 haben 283.133 Schülerinnen und Schüler die Imam-Hatip-Schulen erfolgreich abgeschlossen und im Schuljahr 1993/94 haben sich 436.527 Schülerinnen und Schüler an diesen Schulen eingeschrieben (vgl. ebd. S. 65-66.). Im Laufe der Jahre sind die Absolventen dieser Schulen nicht nur Vorbeter in den Moscheen geworden. Die Zugangsvoraussetzungen für die allgemeinen Hochschulen wurden dahingehend verändert, dass die Absolventen dieser Schulen jedes beliebige Fach an der Hochschule studieren dürfen. Es fällt auf, dass die Abiturienten dieser Schulen z.b. die Fächer Jura, Volkswirtschaftslehre oder Lehramt studieren, die den Zugang zu einem Beamtenverhältnis ermöglichen.

3.2 Gesundheit

Das erste Indiz für den katastrophalen Zustand der Gesundheitsversorgung der Türkei ist die sehr hohe Zahl der Säuglingssterblichkeit. Ein Vergleich untermauert diese Aussage: Während im Jahre 1995 in der Türkei 53 von 1000 Säuglingen im ersten Lebensjahr starben, betrug diese Zahl in den EU-Ländern nur neun, in den anderen entwickelten Ländern lediglich zwölf (vgl. TÜSIAT, 1995, S. 20.). Es muss davon ausgegangen werden, dass sich die Zahlen zwischen Stadt und Land sowie zwischen Ost und West unterscheiden. Die medizinischen Voraussetzungen auf dem Land und im Osten der Türkei sind wesentlich schlechter als in anderen Teilen des Landes, denn in diesen Orten gibt es wenige Krankenhäuser, Ärzte, Krankenschwestern und Hebammen.

Im Jahre 1983 lebten in drei zentralen Provinzen der Türkei, Ankara, Istanbul und Izmir, 21,4 Prozent der Bevölkerung; dort arbeiteten jedoch 59,1 Prozent der Ärzte. In den anderen 64 Provinzen lebten 78,6 Prozent der Bevölkerung und arbeiteten 32,8 Prozent der Ärzte (vgl. Eberding, 1994, S. 43-44.). Während in den ostanatolischen Gebieten 13 Ärzte 100.000 Einwohner betreuen mussten, waren in Deutschland 227 Ärzte für 100.000 Personen zuständig. Für die gleiche Anzahl der Einwohner gab es in den ostanatolischen Gebieten 68 Krankenhausbetten, in Deutschland 11.489 (vgl. Neumann/Yetimoğlu, in: Eberding, 1994, S. 44.). Die Krankenhäuser sind für die ländliche Bevölkerung oft gar nicht zugänglich, da sich einerseits diese Krankenhäuser in den größeren Städten befinden und die Anfahrtszeit Stunden dauert (im Winter ist der Zugang oft nicht möglich, weil viele ostanatolische Dörfer durch den Schneefall von der Außenwelt abgeschnitten werden), andererseits die Kosten so hoch sind, dass die zur Verfügung stehenden finanziellen Mittel einen Krankenhausaufenthalt oder einen Arztbesuch nicht gestatten; eine flächendeckende Krankenversicherung, wie in Deutschland, gibt es nicht. Deshalb ist es nicht verwunderlich, dass in einigen Fällen, wie Eberding zutreffend anmerkt, auf informelle Heiler, Medikamente und Heilmethoden zurückgegriffen wird. Eberding (1994) spricht von zwei Bereichen:

- zum einen die eher traditionelle Medizin, innerhalb derer Wissen und Fähigkeiten, oft über Generationen hinweg, angewendet und weitervermittelt werden;
- zum anderen mythisch-religiöse Krankheitsvorstellungen und Heilmethoden (vgl. Eberding, 1994, S. 45.).

Diese Methoden und Praktiken genießen bei der ländlichen Bevölkerung und bei den religiös-gläubigen Menschen auch heute noch eine entscheidende Anerkennung.

In den drei großen Metropolen – Istanbul, Ankara und Izmir – existieren durchaus moderne, den europäischen Normen entsprechende und technisch gut ausgestattete private Krankenhäuser mit gut ausgebildeten Ärzten. Diese Krankenhäuser können aber nur von einer ganz kleinen reichen Elite in Anspruch genommen werden.

3.3 Wohnsituation und Freizeitverhalten

Auch hinsichtlich der Bereiche Wohnsituation und Freizeitverhalten scheint es sinnvoll zu sein, nach Stadt und Land zu unterscheiden, da das Freizeitverhalten der städtischen Bevölkerung aufgrund des vielfältigen kulturellen Angebots sowie der guten Infrastruktur andere Dimensionen hat als das der ländlichen Bevölkerung.

Auf dem Land:
Eine Freizeitgestaltung speziell für die Kinder gibt es in der ländlichen Türkei nicht. Bis zu einem gewissen Alter – bei den Jungen, bis zum zehnten Lebensjahr, und bei den Mädchen, bis zum achten Lebensjahr – wird den Kindern ein gewisser Freiraum gegeben, aufgrund dessen die Kinder ohne den Einfluss der Eltern sich frei im Dorf bewegen und mit anderen Kindern spielen können. Das heißt aber nicht, dass die Kinder nicht sehr früh mit den Norm- und Wertvorstellungen der ländlichen Familienstruktur konfrontiert werden; die hat jedoch bis zum oben genannten Alter noch einen spielerischen Charakter. Ferber beschreibt diese Situation wie folgt:

„Schon mit sechs bis sieben Jahren werden die Kinder zu bestimmten Arbeiten mit herangezogen, die oft noch spielerischen Charakter haben (...) Die Kinder leben in keiner extra für sie geschaffenen ‚kindermäßigen Lebenswelt‘; sie werden sehr bald mit der Wirklichkeit konfrontiert: Wir sind abends zu Besuch bei einer Familie mit vier kleinen Kindern. Es ist schon dunkel, die Kinder werden müde. Nacheinander werden sie auf das Ehebett gelegt, das im Zimmer steht. Dort schlafen sie ein, ohne ausgezogen zu werden. Die ältere Schwester, die zwei Jahre in Deutschland war, sagt lachend zu uns: ‚Das ist unser Kinderzimmer‘, wobei sie Kinderzimmer auf deutsch sagt, da sie den türkischen Begriff nicht kennt.“ (Ferber, 1988, S. 129-130.)

Eine Aussage aus diesem Zitat sollte man näher betrachten: „Die Kinder leben in keiner extra für sie geschaffenen ‚kindermäßigen Lebenswelt‘“; dies trifft fast für die gesamte ländliche Bevölkerung zu. Die Kinder sind abends ein Teil des familiären Zusammenlebens, die Kinder lernen, indem sie mit den Eltern bzw. Erwachsenen leben, und nicht, indem ihnen das soziale Verhalten explizit und mit Argumenten anerzogen wird.

Auch Räume (Kinderzimmer), die nur für Kinder konzipiert sind, gibt es in den seltensten Fällen. Da aufgrund der hohen Kosten nicht alle Räume geheizt werden können, schläft im Winter oft die ganze Familie nur in einem geheizten Raum. Beim Bau des Hauses wird darauf geachtet, dass das Haus kompakt und kostengünstig ist. Um dieses Ziel zu realisieren, werden kleine Häuser mit wenigen Räumen gebaut.

Da das Heiratsalter unter der ländlichen Bevölkerung ziemlich niedrig ist, muss „die kindliche Sozialisation“ sehr früh abgeschlossen sein, damit die Kinder unverzüglich auf das Erwachsenenleben vorbereitet werden können. Die Mädchen müssen spätestens, nachdem sie zwölf Jahre alt geworden sind (dieses Alter kann sich von Ort zu Ort unterscheiden), die Tätigkeiten, die eine Frau später beherrschen muss, erlernt haben; die Mädchen zeigen sich selten in der Öffentlichkeit (vgl. Saran, 1984, S. 164-165.). Bei den Jungen wird diese Phase etwas später abgeschlossen.

In der Stadt

Im Gegensatz zum ländlichen Leben bringt es die Erwerbstätigkeit, in der freien Wirtschaft mit sich, dass Arbeit und Freizeit klar zu unterscheiden sind. Hier soll das Hauptaugenmerk auf die Gecekondu-Bevölkerung gerichtet werden, denn diese Bevölkerungsgruppe ist keine marginale Gruppe der städtischen Bevölkerung, sondern macht z.B. die Hälfte der Bevölkerung Ankaras aus.

Die Gecekondu-Häuser sind genauso kompakt und klein wie auf dem Land. Ein durchschnittliches Gecekondu-Haus hat, außer Küche, Toilette und Bad, zwei Räume.

Die Gründe dafür wurden oben aufgeführt. Ein anderer wichtiger Grund ist der, dass diese Häuser illegal, binnen einer Nacht gebaut werden müssen, damit die Be-

hörde das hochgezogene Haus nicht mehr abreißen kann. Spezielle Freizeitange-
bote für die Kinder gibt es nicht. Die Kinder haben keine eigenen Räume, das Haus
wird ausgebaut, wenn eines der Kinder heiratet. Der Vater ist in der Regel erwerbstätig, die Mutter ist Hausfrau, und die Kinder verbringen nach der Schule ihre
Freizeit auf der Straße mit anderen Kindern. An den Wochenenden werden Freizeitaktivitäten gemeinsam mit der Familie unternommen, wie etwa Picknick am
Stadtrand. Da Freizeitheime, Sport- und Kulturvereine, öffentliche Schwimmbäder
sowie Kino und Theater mit großen Kosten verbunden sind, werden sie selten von
der Gecekondu-Bevölkerung in Anspruch genommen.

3.4 Rollen- und Autoritätsstruktur in der Familie

Die Rollen- und Autoritätsstruktur bestimmt sicherlich einen der wichtigsten Inter-
aktionsprozesse innerhalb einer türkischen Familie, sei es auf dem Land oder in der
Stadt. Dieser Prozess gewinnt je nach Ort, Schicht, Bildung etc. eine andere Intensität. Wenn hier von einer liberalen Rollen- und Autoritätsstruktur gesprochen
wird, sollen diese nicht mit Strukturen in Deutschland verglichen werden: Die kulturellen Norm- und Wertvorstellungen einer weitgehend traditionell und islamisch
geprägten türkischen Gesellschaft unterscheiden sich grundsätzlich von denen der
deutschen Gesellschaft.

Auf dem Land
Die Rollen- und Autoritätsstruktur auf dem Land ist sehr starr nach Geschlecht und
Alter gegliedert. Das Familienoberhaupt bzw. der Führer der Familie ist in der Regel der Vater – wenn der Großvater in der Familie lebt, ist er das Familienoberhaupt. Er ist nicht nur der Ernährer der Familie, er ist gleichzeitig der Beschützer
und der Repräsentant nach außen (vgl. Özkara, 1988, S. 22.), d.h. der Mann trägt
die Verpflichtung und Verantwortung für den Unterhalt seiner Familie und seiner
Frau. Hier darf die Frau nicht gezwungen werden, für den Unterhalt der Familie zu
arbeiten. In der Praxis sieht es aber anders aus: So ist z.B. das Arbeiten auf dem
Feld, Teppichknüpfen und Weben, um das Familieneinkommen aufzustocken, üblich. Die Führungsrolle des Vaters beinhaltet eine lebenslange Dominanz. Seine
Autorität wird auch dann nicht angezweifelt, wenn die Kinder – insbesondere die
Söhne – sich im erwachsenen Alter befinden: Erst beim Tode des Vaters übernimmt der älteste Sohn der Familie die Rolle des Familienoberhauptes (vgl. Renner, 1982, S. 119.).
  Es gibt zwar keine gesicherte Literaturquelle dafür, es muss aber davon ausgehen werden, dass die Ehefrau, verheiratete Söhne oder Kinder, die in den Großstädten eine weiterführende Schule besucht oder studiert haben, mehr Mitsprache-

recht und Einfluss auf die Entscheidungen des Vaters haben. Der Vater auf dem Land besetzt alle Entscheidungspositionen nach außen. Wenn eine Entscheidung gefällt werden soll, muss er keine Rücksprache mit seiner Frau bzw. mit anderen Familienmitgliedern halten, auch wenn diese Entscheidungen von den Familienmitgliedern in Frage gestellt werden können. Damit der Mann nicht als schwach bezeichnet wird oder an Prestige verliert, bleiben die (möglichen) Diskussionen interne Angelegenheiten der Familie, und der Vater wird weiterhin nach außen als eine dominante und starke Persönlichkeit präsentiert (vgl. dazu das Kapitel 3.6 über die Ehre).

Die Rangfolge in der Familie mit Kindern reicht vom Großvater, wenn er in der Familie lebt, zum Vater über die Mutter zu den Kindern, wobei ein erwachsener Sohn die Mutter von ihrer Position in der Hierarchie verdrängen kann. Am Ende dieser Hierarchie ist die Ehefrau des Sohnes, wenn sie nach der Ehe bei der Familie ihres Ehemannes lebt, zu finden. Von der jungen Frau wird erwartet, dass sie allen Erwachsenen innerhalb der Familie des Patriarchen zu Diensten ist. Ihre soziale Position innerhalb der Familie verbessert sich, sobald sie einem Sohn das Leben schenkt.

Im ländlichen Kontext beinhaltet die Trennung der Geschlechter eine strenge Aufteilung der Tätigkeiten zwischen Mann und Frau. Der Mann auf dem Land ist grundsätzlich für die schwersten körperlichen Arbeiten, wie z.B. Häuserbau und Pflügen, verantwortlich. Außerdem übernimmt er die Tätigkeiten, die nach außen gerichtet sind, wie etwa Handeln der Ware. Die Frauen sind, außer für das Hüten der Kinder, das Besorgen des Haushalts und das Kochen, für solche Bereiche wie Gartenarbeit, die Versorgung der Haus- und Nutztiere und das Haltbarmachen von Nahrungsmitteln zuständig. Wenn der Mann diese Tätigkeiten, die als Frauenarbeit gelten, ausüben würde, würde er Schande über sich bringen (vgl. Kağıtçıbaşı, in: Nauck/Schönpflug, 1997, S. 151.).

Der Mann verbringt seine Freizeit mit anderen Männern meistens im Teehaus, wo auch Karten gespielt und über das alltägliche Leben diskutiert wird. Die Frau bleibt in der Wohnung. Trifft sie andere Frauen, ist sie aber trotzdem mit kleinen Aufgaben beschäftigt, wie etwa mit dem Brotbacken oder Nähen. Diese unterschiedlichen Welten der Frau und des Mannes werden in der Literatur als duofokale Familienstruktur beschrieben: Die Frau lebt in einer weiblichen Welt der Verwandten, Nachbarn und Kinder und der Mann in einer Welt der männlichen Verwandten und Freunde (vgl. ebd., S. 148.). Sowohl bei den Männern als auch bei den Frauen sind die Verwandten die wichtigsten Personen, zu denen immer ein intensiver Kontakt gepflegt wird.

Zemlin (1981) und Tanilli (1991) fassen die traditionelle Rollen- und Autoritätsstruktur folgendermaßen zusammen: Die Frau ist in der Regel für die Erziehung der Kinder sowie für die Haushaltsführung zuständig. Sie hat ebenfalls dafür Sorge zu tragen, dass das Vermögen der Familie erhalten bleibt. Die Tochter bzw. die Töchter unterstützen die Mutter bei der Führung des Haushaltes; die Söhne sind daran nicht beteiligt. Die Frau soll dem Mann gegenüber gehorsam sein, ohne Widersprüche seine Anordnungen ausführen, nicht ohne die Genehmigung des Mannes das Haus verlassen, auch Besuche von Verwandten und Bekannten im eigenen Haus müssen mit ihm abgesprochen werden. Wenn die Frau ihre Pflichten verletzt, sanktioniert dies ihr Mann mit Schlägen. Selbst der Kontakt zu Verwandten ist von der Zustimmung des Mannes abhängig (vgl. Zemlin, 1981, S. 11.). Die Nisa Sure, Vers 34, bringt die Rolle der Frau auf den Punkt: „(...) gute Frauen sind, die von Natur aus beugen und die Obhut des Mannes akzeptieren. (...) wenn das nicht nützt, meidet sie im Bett und schlagt sie." (Nisa Sure, Vers 34., in: Tanilli, 1991, S. 150.). Die von Zemlin beschriebene Struktur existiert zwar im ländlichen Kontext größtenteils immer noch. Doch der weitverbreitete Konsum der Massenmedien bei der Landbevölkerung, die weiterentwickelte Infrastruktur sowie der Einfluss der veränderten Lebensweise der in Großstädten teilweise gut ausgebildeten Kinder haben diese rigiden Rollenverteilungen, bis auf wenige davon unberührt gebliebene Gebiete in östlichen und südöstlichen Provinzen, enorm abgeschwächt. Mittlerweile können zum Beispiel Frauen über Kontakte zu Verwandten selber bestimmen, oder sie können das Haus verlassen, ohne ihre Männer zu fragen. Die Zitate aus dem Koran sollten mit Vorsicht zur Kenntnis genommen werden, weil die Bevölkerung nicht bindend nach dem Koran lebt und die Änderungsprozesse, auch wenn sie langsam vonstatten gehen, von oben genannten Bedingungen beeinflusst werden. Die Sanktionen, die Zemlin anspricht, bestehen nicht immer unbedingt aus Schlägen, sondern durchaus auch aus Gesprächen, in denen die Regeln vom Vater definiert werden.

Innerhalb der Familie sind die Rollen der Kinder linear von oben nach unten, d.h. nach Alter und Geschlecht differenziert. In der Erziehung vermitteln die Eltern ihre persönlichen Eigenschaften als Vater bzw. Mutter an die Kinder weiter (vgl. Pfluger-Schindlbeck, 1991, S. 72.). Der Sohn wird zum späteren Familienoberhaupt und die Tochter zu einer guten Hausfrau geformt. Die Kinder dürfen in der Öffentlichkeit nicht das Wort ergreifen und in Gegenwart des Vaters weder rauchen noch Alkohol trinken (vgl. Renner, 1982, S.119; Toprak, 2000a, S. 18.)[7].

In der Stadt
In den städtischen Familien gelten zwar die gleichen Rollen- und Autoritätsstrukturen wie in den ländlichen Familien, aber abhängig vom Bildungsgrad sowie der Stellung der Frau im Beruf verlieren diese traditionellen Strukturen mehr und mehr an Bedeutung. Den traditionellen Wertvorstellungen Achtung, Respekt, Familie

---

[7] Mehr dazu im Kapitel 3.5.2 Erziehung zu Respekt und Gehorsam

und Ehrenhaftigkeit wird zwar auch in den städtischen Familien Anerkennung gezollt, aber die Intensität und die Rigidität im Hinblick auf die Einhaltung sind im Vergleich zum Leben auf dem Land merklich geringer.

Gerd Bertelmann (1993) erörtert die Rollenstruktur einer Familie, die sich selbst als modern bezeichnet. Er nennt die Frau „Managerin" der Familie und beschreibt ihre Rolle folgendermaßen:

> „Adile ist Mutter und Hausfrau. Sie ist der emotionale und organisatorische Mittelpunkt, bei (und in) dem alle familiären Fäden zusammenlaufen und der das reibungslose Zusammenspiel der einzelnen Mitglieder organisiert. Sie verbringt den überwiegenden Teil des Tages zu Hause und verläßt nur zu Einkäufen und Verwandtschaftsbesuchen die Wohnung. Das Kochen, Waschen und Putzen bestimmt ihren Tagesablauf. Neben der Versorgung des Haushaltes trägt sie mit ihrer Heimarbeit zum Familieneinkommen bei. (...) Ihr Einkommen trägt zu ihrer zentralen Stellung innerhalb der Familie bei. Adile ist Ansprechpartnerin und Vertrauensperson aller Familienmitglieder. (...) Sie ist somit ständig genauestens über alles informiert, was innerhalb der Familie passiert." (Bertelmann, in: Schiffauer (Hrsg.), 1993, S. 169.)

Die Rolle des Vaters wird vom gleichen Autor wie folgt zusammengefasst:

> „Turgut erwirtschaftet in seiner Werkstatt die materielle Grundlage der Familie. Er verdient, wie Adile angibt, ungefähr 500.000 TL (1989 ca. 500 DM). Von dieser Summe erhält Adile einen festen Betrag, den sie als Haushaltsgeld und Taschengeld für die Kinder verwaltet (...) In diesem Viertel (wo sich die Werkstatt von Turgut befindet) ist alles auf die Bedürfnisse der Handwerker ausgerichtet. Es gibt zahlreiche kleine Lebensmittelgeschäfte und Läden, einfache preisgünstige Lokale, Teehäuser und eine Moschee. Turgut ißt hier mit seinen Kollegen und hier geht er auch freitags regelmäßig in die Moschee. (...) Von Frauen wird dieser Stadtteil vermieden; es ist eine reine Männerwelt. Weder seine Frau Adile noch Yesim wissen deshalb genau, wo sich Turguts Werkstatt befindet, noch haben sie sie je betreten.(...) Turgut kommt fast nur zum Abendessen und Schlafen nach Hause. An den gemeinsamen Wochenendausflügen nimmt er nicht teil, und nur selten ist er bei Verwandtschaftsbesuchen anwesend." (ebd., S. 168 und 169.)

Wenn auch hier eine duofokale Struktur zu beobachten ist, gibt es sehr große Unterschiede zu den Rollenstrukturen auf dem Land. Die Frau ist hier relativ selbständig und selbstbewusst – auch, weil sie arbeitet und das Familieneinkommen aufbessert und verwaltet. Die Familie unternimmt auch sehr viel ohne den Vater, wie z.B. Wochenendausflüge mit dem Auto oder Verwandtschaftsbesuche mütterlicherseits. Solche Ausflüge und Verwandtschaftsbesuche werden vom Vater hier sogar unterstützt. Auch in der städtischen Familie wird der Vater als Autorität respektiert, und die Kinder rauchen nicht in seiner Anwesenheit. Die Modernität der Familie drückt sich zudem dadurch aus, dass die Familie in einer komfortablen Wohnung lebt, die Kinder studieren, die Familie gemeinsam Urlaub am Meer macht und der Familienvater selbständig ist (vgl. ebd., 177.).

Die Familien aus dem universitären Milieu zeigen ähnliche Strukturen, wie wir sie bei deutschen Familien kennen. Folgende Tabelle, entnommen aus Fein und Rebholz (1993), soll diese Struktur verdeutlichen.

Tabelle 3:
Familien aus dem universitären Milieu

Familie Herkunft der Väter der Väter:	Gültekin	Kasap	Pamuk
Vaters Vater	Tscherkessisches Dorf	Stadt, Ingenieur	Metropole, Beamter
Mutters Vater	Tscherkessisches Dorf	Stadt, Arbeiter	Metropole, Unternehmer
Herkunft des Vaters und der Mutter	Tscherkessisches Dorf	Stadt	Metropole
Berufe der Eltern			
Vater	Professor, Maschinenbau	Abteilungsleiter	Architekt und Dozent
Mutter	Hausfrau	Sekretärin	Künstlerin und Dozentin
Berufsfeld	Universität	Universität, Universität	Selbständig u. Uni.
Status	Intelligenz, technische	Intelligenz, verwaltende	Intelligenz, künstlerische
Beziehung der Eltern			
Zu den Kindern	Basierend auf Vernunft	Liberal	Liberal
Zu den Verwandten	Sekundär	Sekundär	Sekundär
Zu Freunden/Kollegen	Primär	Primär	Primär
Verhältnis zur Gesellschaft (anhand Umgang mit Konventionen):	Flexible Handhabung	Hinwegsetzen, offensiv	Hinwegsetzen, distanziert
Lebensstil:	Unprätentiös, modern, Bildung als Strategie, „Chancen wahrnehmen"	Auf Öffentlichkeit bezogen, „modern", auf Darstellung angelegt	Kunst und Intellektualität; Distanz zur Gesellschaft
Verlobte in den Familien:			
Ausbildung	Akademiker		Akademiker
Zukunftserwartungen	Ehe, konventionell		Ehe, egalitär

Quelle: Fein/Rebholz, in: Schiffauer (Hrsg.): Familie und Alltagskultur, S. 302-303.

Aus der Tabelle kann entnommen werden, dass die Beziehungen aller drei Familien zu den Verwandten einen sekundären Charakter aufweisen. Der Hauptgrund für den sekundären Charakter ist die große Mobilität der berufstätigen Ehepaare, die wegen einer neuen Stelle die Heimatstadt verlassen haben. Der Kontakt zu den Verwandten wird in der Regel über Telefon gehalten. Die Verwandtschaftsbesuche werden, wenn große Entfernungen dazwischen liegen, nur bei bedeutenden Anlässen getätigt, wie etwa wenn eine Hochzeit ansteht (vgl. Fein/Rebholz, in: Schiffauer (Hrsg.): 1993, S. 280.). Auch die Beziehung zu den Nachbarn zeigt eine ähnliche Struktur wie jene, die wir in der Bundesrepublik kennen. Die Nachbarn werden zwar freundlich begrüßt, aber das Verhalten ist distanziert, und intensive Kontakte werden eher vermieden (vgl. ebd., S. 293.).

Die Rollenstruktur zwischen Mann und Frau kann als liberal bezeichnet werden, wobei sich die Stellung der Frau in der Familie von jener nicht berufstätiger Frauen unterscheidet. Frau Pamuk (siehe Tabelle) beschreibt diese Stellung folgendermaßen: „Wir sind ein Team. Wir sind beide gleichberechtigt... So eine Ehe wünscht sich jede Frau, aber ich weiß, es ist die Ausnahme hier in der Türkei." (ebd., 294-295.). Auch die Kinder werden liberal erzogen. Sowohl Jungen als auch Mädchen haben einen gewissen Freiraum und relativ identische Chancen in Schule und Beruf. Statt der klassischen Wertvorstellungen wie Achtung und Gehorsam spielen Individualität und Selbstverwirklichung eine entscheidende Rolle.

3.5 Die Erziehungsziele türkischer Familien in der Türkei

Die Untersuchungen in der (ländlichen und unterentwickelten städtischen) Türkei sowie in anderen unterentwickelten Ländern belegen, dass die Eltern bei der Kindererziehung auf verbale Formulierungen sehr oft verzichten, d.h. sie erläutern die Zusammenhänge eher, indem sie sie zeigen. Diese Art von Erziehung hängt mit einem eingeschränkten Wortschatz der Eltern zusammen (vgl. Kağıtçıbaşı, 1996, S. 48.). Außerdem wählen solche Familien die physische Bestrafungsmethode. Die Strafmaßnahmen werden mit den Kindern weder besprochen noch werden sie ihnen gegenüber begründet (vgl. ebd., S. 51.). Die Erziehungsmethoden der Eltern werden darüber hinaus von außen (Verwandte, Nachbarn, später Schule etc.) kontrolliert. Dadurch ist zu erwarten, dass die Kinder ihre Wünsche und Erwartungen denen der Umwelt anpassen oder unterordnen und sie von ihrer Umwelt bewerten lassen.

In den folgenden Punkten sollen die wichtigsten Erziehungsziele türkischer Familien in der Türkei detailliert erläutert werden. Diese Erziehungsziele sind *Erziehung zu Respekt und Gehorsam, Erziehung zur Leistungsbereitschaft, Erziehung zu religiösen Pflichten, Erziehung zum Nationalstolz, Erziehung zum Lernen und Leistungsstreben sowie geschlechtsspezifische Erziehung.* Da die Erziehungsziele Individualität, Selbstverwirklichung sowie Selbständigkeit nur von einer ganz kleinen Minderheit befürwortet werden, werden sie an dieser Stelle ausgeblendet.

34

3.5.1 Geschlechtsspezifische Erziehung

Bereits vor der Geburt des Kindes beginnt in vielen türkischen Familien die Sozialisation in Geschlechterrollen. Für Kinder beider Geschlechter gelten jeweils unterschiedliche Werte und Erwartungen. Da ein Kind in den Kontext vorgeformter Werte und Erwartungen hineingeboren wird, unterliegt es schon bald einem unterschwelligen und offenkundigen Druck, sich in seine oder ihre durch die Gesellschaft definierte geschlechtsspezifische Rolle zu fügen. Die türkischen Eltern gewähren ihren Söhnen mehr Unabhängigkeit und erlauben diesen mehr Aggressivität, während sie von ihren Töchtern eher Abhängigkeit und Ergebenheit erwarten. Dabei wird keines der beiden Geschlechter in einem besonders starken Maß zur Unabhängigkeit ermutigt (vgl. Kağıtçıbaşı, in: Nauck/Schönpflug, 1997, S. 147.). Im Folgenden soll die geschlechtsspezifische Erziehung im ländlichen Kontext näher erläutert werden.

In der Kleinkindphase, zwischen ein und drei Jahren darf das Kind ein breites Erfahrungsspektrum ausnützen, selbst wenn es sich dabei Gefahren aussetzt:

> „Emel (ein zweijähriges Mädchen) hat ein Stück Teig ergattert, läuft damit zum Ofen und legt das Teigstück darauf. Der Ofen ist glühend heiß und Emels Körpergröße reicht nicht aus, um den Teig bequem wenden zu können; sie reckt und streckt sich, wendet den Teig mit bloßen Fingern. Ihr Bruder Kazim (17 Jahre), der gerade in das Zimmer kommt, nimmt sie im Vorübergehen auf den Arm und sagt zu ihr, ‚soll ich dich auf den Ofen setzen'? Emel schüttelt den Kopf. Kazim sagt zu mir, ‚sie weiß schon, daß sie sich verbrennt'. (...) Ein anderes Mal findet sie im Ofen ein Taschenmesser, das in einem Stück Holz steckt. Sie zieht und zerrt so lange am Messer, bis sie es vom Holz gelöst hat. Dann beginnt sie, das Holz zu schnitzen. Ihre Schwester Solmaz (18 Jahre) mischt sich weder ein, noch mahnt sie sie zur Vorsicht." (Pfluger-Schindbeck, 1989, S. 125.)

Im frühkindlichen Alter wird nicht unmittelbar zwischen den Geschlechtern unterschieden. Die Kinder, sei es Mädchen oder Junge, tragen für ihr Verhalten bzw. ihre Haltung keine Verantwortung. Dies ist im Vorschulalter, zwischen drei und sechs Jahren, nur noch bedingt der Fall (vgl. ebd., S. 133.). Das Kind erfährt die bis dahin schützende Familie nun auch als strafende Instanz. Mit der physischen und der intellektuellen Entwicklung des Kindes verändern sich gleichzeitig die Erziehungsstile, die nun deutlich geschlechtsspezifisch ausgerichtet sind (vgl. ebd.).

Der Junge: Da sich der Junge zunächst weiterhin in der häuslichen Umgebung aufhält, sind die wichtigsten Bezugspersonen die Mutter und die älteste Schwester (büyük abla). Bereits mit dem vierten, fünften Lebensjahr ist das Verhältnis des Jungen zur Mutter bzw. zur Schwester zwiespältig: Einerseits ist es noch von körperlicher Zärtlichkeit geprägt, andererseits wird von beiden Seiten diese Körperlichkeit abgelehnt (vgl. ebd., S. 134.). Diese ambivalente Haltung spiegelt sich ebenso gegenüber der Autorität von Mutter und Schwester wider. Die kleinen Aufforderungen, wenn er z.b. die Mutter zum Vieh füttern begleiten, die Zwiebeln vom Dach holen oder seine Geschwister rufen soll, appellieren an seinen freien Willen. Er soll ihnen zwar nachkommen, aber außer einem Tadel geschieht ihm nichts, wenn er sich verweigert. Diese Aufforderungen werden häufig von einer Art von Vorlob begleitet (vgl. ebd., S. 134 und 135.). Um den Aufforderungen nachzukommen, wird der Junge zwar von der Mutter ermahnt, sie lässt ihn jedoch gewähren und setzt ihre Autorität ihm gegenüber nicht durch. Dieses Gewährenlassen führt beim Jungen teilweise Verunsicherung hinsichtlich der Autorität seiner weiblichen Bezugspersonen herbei und auf der Handlungsebene zu Provokationen diesen gegenüber (vgl. ebd., S. 135.). Es sei hinzugefügt, dass der Junge im Extremfall auf seine Mutter einschlagen, sie treten und boxen kann, ohne mit ernsthafter Bestrafung rechnen zu müssen; er wird lediglich ermahnt (vgl. ebd.).

Auch wenn die Mutter und die ältere Schwester noch die Hauptbezugspersonen des Jungen sind, wird die Zuordnung zum Vater forciert: Der Junge beginnt z.B. den Vater auf das Feld, zum Markt, in das Nachbardorf oder auf die Baustelle zu begleiten. Außerhalb des Hauses sucht sich der Junge Freunde, die ihm gleichwertig sind. Der Junge erfährt hier das Verhalten, das später für die Beziehung der Männer untereinander charakteristisch ist. Der Junge lernt über die Orientierung am männlichen Geschlecht nicht nur das eigene Dorf, sondern auch dessen nähere und fremde Umgebung kennen (vgl. ebd., 137-138.). Der Prozess der Loslösung von der Mutter und der Orientierung am männlichen Geschlecht scheint einem sechsjährigen Jungen sehr schwer zu fallen. In dieser Zeitspanne nimmt der Vater immer mehr an der Erziehung des Jungen teil. Er weist ihn in den männlichen Aufgabenbereich ein; er achtet auf sein Verhalten, bestraft und lobt ihn. Im Gegensatz zur Mutter, deren Aufgaben sich zunehmend auf Fürsorge sowie Rückhalt beschränken, wird der Sohn vom Vater in all diesen Bereichen gefordert:

„Während der Sohn den Anforderungen des Vaters gerecht werden muß, bleibt die Beziehung zur Mutter davon unbelastet, die zudem das Erziehungsmittel der körperlichen Züchtigung, wenn sie damit droht, auf den Vater überträgt und kaum selbst ausführt." (ebd., S. 139.)

Diese arbeitsteilige Erziehung unterstützt die Autorität des Vaters (vgl. ebd., S. 139.).

Das Mädchen: Auch in der Vorschulkindphase hält sich das Mädchen in der unmittelbaren Nähe der Mutter und der Schwester auf, die weiterhin die Hauptbezugspersonen des Mädchens sind. Der Aufenthaltsort des Mädchens ändert sich nicht, der räumliche Bezug bleibt das Haus und die nähere Umgebung. Das Mädchen kommt mit anderen Haushalten und deren Familienmitglieder erst dann in Kontakt, wenn die Mutter die Tochter zum Besuch bei Verwandten oder Nachbarn mitnimmt. Im Gegensatz zum Jungen werden die Kontakte des Mädchens über die Mutter vermittelt und berühren primär Nachbarschaft und Verwandtschaft (vgl.

ebd., S. 143-144.). Während die Mutter den Jungen bei der Neuorientierung am männlichen Geschlecht ohne Strenge positiv unterstützt, wird der gleiche Prozess beim Mädchen durch die Festlegung der weiblichen Geschlechterrolle mit mütterlicher Rigidität begleitet. Hier muss das Mädchen den Aufforderungen der Mutter zu Hilfsdiensten folgen. Die Autorität der Mutter ist unangreifbar, und die Mutter bestraft das Mädchen, wenn es nicht Gehorsam leistet. In dieser Phase führt die Tochter leichte Dienstleistungen sporadisch aus, wie z.B. Aschenbecher leeren und bereitstellen oder das Zimmer aufräumen (vgl. ebd., S. 144.). In dieser Zeit muss das Mädchen auch lernen, die Gäste traditionell zu begrüßen, indem sie die Hand des Gastes küsst. Falls dieser Gast ein Fremder, zudem ein Mann, ist, braucht sie nicht die Hand des Gastes zu küssen, wenn sie stattdessen ein schamhaftes Verhalten[8] zeigt (vgl. ebd., S. 145-146.). Weiterhin soll das Mädchen lernen, in Anwesenheit anderer sich ruhig zu verhalten und nicht zu sprechen, außer es wird etwas gefragt. Die Mutter-Tochter-Beziehung ist kaum von körperlicher Zärtlichkeit geprägt, sodass das Mädchen selten von der Mutter auf den Schoß genommen und zärtlich umarmt und geküsst wird. Zudem wird jedem Mädchen prinzipiell die Fürsorge für jüngere Geschwister übertragen; dies ist beim Jungen nicht der Fall (vgl. ebd., S. 146-147.).

Während dieser Zeitspanne besteht die Autorität des Vaters unangetastet und ist aufgrund der relativ großen sozialen Distanz und den Prinzipien der Achtung über die Mutter gestellt. Bei den Konflikten zwischen Mutter und Tochter schaltet sich der Vater oft ein, indem er den Konflikt durch einen lauten Befehl beendet. In vielen Fällen droht die Mutter dem Mädchen mit dem Vater, überträgt aber die Disziplinierungsmaßnahmen nicht auf den Vater, sondern führt diese selbst durch (vgl. ebd., S. 149.).

Im mittleren Alter zwischen sechs und neun Jahren verfestigt sich die familiale Erziehung, und weitere Differenzierungen der Rollenmuster werden erlernt. Die Zuordnung des Jungen zum männlichen Geschlecht wird intensiviert, die Hauptkontaktperson des Jungen wird der Vater, und der Junge begleitet nun immer den Vater auf das Feld, zu Begräbnis- und Hochzeitsfeiern in die Nachbardörfer. Durch diese ständige Begleitung des Vaters erlernt der Junge alle außerhäuslichen Tätigkeiten. Die Vater-Sohn-Beziehung lässt sich durch liebevolle Ein- und Unterweisung des Jungen in männerspezifische Bereiche charakterisieren (vgl. ebd., S. 151-153.).

Die Rolle der Mutter konzentriert sich auf das körperliche Wohlbefinden sowie auf den Bereich der Hygiene; die Beziehung ist somit weiterhin auf Fürsorge und Bedürfniserfüllung beschränkt. Die Mutter tritt erst dann als Erziehungsperson in

---

[8] Der Gast wird zwar vom weiten begrüßt, aber sie tritt nicht in das Zimmer, wo sich der Gast befindet, ein. Das Mädchen soll sich entweder in der Küche oder neben der Mutter aufhalten und den Blick nach unten richten.

Erscheinung, wenn sich der Junge im Haus aufhält und der Vater nicht da ist. Im Gegensatz zur Autorität des Vaters ist die der Mutter angreifbar (vgl. ebd., S. 155.). In der „mittleren Kindheit" bleibt die Tochter an das Haus gebunden und führt meistens die anfallenden kleinen Arbeiten, wie z.b. Ofen heizen, Tiere füttern, Geschirr spülen oder Streu einsammeln, aus. Das Mädchen verrichtet die meisten Tätigkeiten gemeinsam mit den Hauptbezugspersonen, der Mutter und der älteren Schwester. Während die Tätigkeiten des Jungen von ihm nur eine zeitlich beschränkte Arbeitsleistung erfordern, zielen die Anforderungen an das Mädchen auf eine ständige Bereitschaft zu Arbeit und Kooperation. Zweck dieser Erziehungsmaßnahme ist, dass die Mädchen immer, auch in ihrer Freizeit, mit kleinen Tätigkeiten, wie z.b. Häkeln, beschäftigt sein müssen, während die Jungen ihre Freizeit selbständig gestalten dürfen (vgl. ebd., S. 158-159.).

In dieser Phase der Erziehung dehnt sich die Erziehungskompetenz der Mutter und der älteren Schwester auf alle Verhaltensbereiche des Mädchens aus. Dem Mädchen wird gelehrt, dass sie Verhaltensmuster, z.B. Ring- oder Boxkampf, die für Jungen relevant sind, nicht braucht. Während die Ehre die kämpferische Eigenschaft beim Jungen verlangt, so erfordert sie bei der Tochter Körperbeherrschung, die im Zusammenhang mit Scham steht (vgl. ebd., S. 160-161.).

Da der Vater sich aus der Erziehung der Tochter weitgehend heraushält, ist die Vater-Tochter-Beziehung freundlich. Wenn zwischen Vater und Tochter direkte Interaktionen stattfinden, dann haben sie den Charakter von kleineren Dienstleistungen sowie von Korrekturen eines Fehlverhaltens (vgl. ebd., S. 162.).

Spätestens in der späten Kindheitsphase zwischen neun und zwölf Jahren sollte sowohl der Junge als auch das Mädchen seine bzw. ihre Rolle in der Familienhierarchie erlernt und übernommen haben.

3.5.2 Erziehung zu Respekt und Gehorsam

Die Erziehung zu Respekt, Gehorsam, Höflichkeit, Ordnung und gutem Benehmen hat insbesondere im ländlich-traditionellen Bezugsrahmen einen hohen Stellenwert – und die Kinder werden sehr früh, insbesondere gegenüber ihren Eltern, ihren älteren Geschwistern sowie anderen Verwandten, nach diesen traditionellen Wertvorstellungen unterwiesen. Die Kinder dürfen ihre Eltern, ältere Geschwister, Onkeln, Tanten etc. niemals mit dem Vornamen, sondern mit „anne" (Mutter), „baba" (Vater), „abla" (große Schwester), „abi" (großer Bruder), „teyze" (Tante) sowie „amca" (Onkel) ansprechen. Diese Regel gilt auch dann, wenn der Jüngere den Älteren überhaupt nicht kennt, sowie außerhalb der Verwandtschaft. Darüber hinaus sollen die Kinder in Gegenwart der Eltern schweigen, den Höherstehenden nicht widersprechen sowie nicht rauchen und keinen Alkohol trinken (vgl. ebd.). Ziel dieser

Erziehung ist es, „die familiären Bindungen zu festigen und einen auf das Funktionieren der Familie gerichteten Orientierungssinn für das gesellschaftliche Leben zu entwickeln. Hierbei lernen die Kinder nicht nur, die Personen zu respektieren und ihnen zu gehorchen, sondern auch die Normen, die das inner- und außerfamiliäre Leben regeln, d.h. Respekt und Gehorsam hat auch Geltung bei den älteren Menschen, die nicht der Verwandtschaft angehören.(...)" (Özkara, S. 52-53.)

Die Untersuchungen von Kağıtçıbaşı belegen, dass die Erziehung zu Respekt und Gehorsam von türkischen Eltern in der Türkei oft an erster Stelle genannt wird. 59 Prozent der befragten Mütter geben an, dass das wichtigste Erziehungsziel Respekt und Gehorsam sei; bei den Vätern ist dieser Prozentsatz leicht höher, er beträgt 61 Prozent. Im Gegensatz dazu sind die Werte zum Erziehungsziel Selbständigkeit relativ niedrig: 19 Prozent der Mütter und 17 Prozent der Väter bezeichnen dieses Erziehungsziel als wichtig vgl. (Kağıtçıbaşı, 1996, S. 102.). Die niedrigen Prozentsätze beim Erziehungsziel Selbständigkeit können damit begründet werden, dass die Eltern durch dieses Erziehungsziel das familiäre Zusammenleben gefährdet sehen. Die Kinder könnten durch Selbständigkeit ihre individuellen Interessen dem familiären Zusammenleben überordnen.

Zwei Beispiele aus dem öffentlichen Leben sollen den Wert des Erziehungsziels Respekt und Gehorsam verdeutlichen. Da der Lehrer als Erziehungs- und Respektsperson betrachtet wird, wird er, sei es auf dem Land oder in der Stadt, niemals mit dem Namen, sondern mit „hocam" bzw. „öğretmenim" – mein Lehrer – angesprochen. Wenn der Lehrer den Klassenraum betritt, stehen alle Schüler auf und begrüßen ihn höflich; in Gegenwart des Lehrers rauchen die Schüler nicht.

In den Dorfcafés oder in den Städten, wo die Menschen sich näher kennen, erheben sich die jungen Leute und bieten einer älteren Person ihren Platz an, auch wenn genügend freie Plätze im Raum vorhanden sind. Diese Geste ist ein Zeichen dafür, dass der Ältere beachtet und respektiert wird. Die älteren Personen im Dorf erwarten von Jüngeren darüber hinaus, dass die jungen Leute in ihrer Gegenwart nicht rauchen und keinen Alkohol trinken. In den großen Städten, wo die Anonymität weit verbreitet ist, kann diese Verhaltensaufforderung nicht mehr eingefordert werden.

3.5.3 Erziehung zu religiösen Pflichten

Die fünf Säulen des Islam – die religiösen Pflichten – haben in der türkischen Bevölkerung einen sehr unterschiedlichen Stellenwert. Man muss davon ausgehen, dass ein Fünftel bis ein Viertel[9] der türkischen Bevölkerung alevitischen Glaubens ist und die Regeln des Islam nicht einhält bzw. anders interpretiert.

Aufgrund ihres eher freiheitlichen Religionsverständnisses heben sich die Aleviten von der übrigen Bevölkerung in der Türkei in den politischen und gesellschaftlichen Auseinandersetzungen mit aufklärerischen bis hin zu links-revolutionären Haltungen ab (vgl. Vorhoff, 1995, S. 3.). Alemdar-Nieman (1992) definiert die Stellung der Aleviten in der Türkei folgerichtig: „Der wesentliche Unterschied zwischen Sunniten und Aleviten liegt jedoch nicht allein in der Tatsache, daß die Aleviten eine Minderheitenstellung innerhalb der türkischen Muslime einnehmen: die Trennungslinie verläuft auf Grund der Zugehörigkeit der Aleviten zu der schiitischen Glaubensrichtung des Islams." (Alamdar-Nieman, 1992, S. 266-267.) Die Aleviten darf man jedoch nicht mit den überwiegend im Iran auftretenden Schiiten gleichsetzen. Die Aleviten in der Türkei sind im gesamten Land zerstreut, aufgrund ihres Minderheitenstatus leben sie in der Regel zurückgezogen und viele geben öffentlich nicht zu, dass sie alevitischen Glaubens sind. Ein entscheidendes Merkmal der Aleviten ist, dass sie nicht an den Propheten Mohammed glauben, sondern Anhänger von Ali – Schwiegersohn und Cousin des Propheten Mohammed – sind.

> „Aleviten betonen im Unterschied zu sunnitischen Ansichten gerne, daß der Mensch nicht Sklave Gottes, sondern autonom und selbstverantwortlich sei. Zentral ist daher das Streben nach Selbsterkenntnis und Selbstbeherrschung. Hieraus erklärt sich der hohe Stellenwert, der Bildung eingeräumt wird, sowie eine große Aufgeschlossenheit gegenüber den Entwicklungen der Moderne." (Vorhoff, 1995, S. 7.)

Das ethische Ideal, reinen Herzens zu sein, ist ebenso wichtig wie Wissen und Erkenntnis. Es geht nicht darum, den Glauben in Gebetsfloskeln auf der Zunge zu tragen, sondern im Herzen und in den Taten gegenüber den Mitmenschen zu zeigen (vgl. ebd.). Folgende Merkmale fallen bei Aleviten grundsätzlich auf:

- Aleviten haben keine Moscheen, sondern Gebetshäuser,
- es herrscht größere Gleichberechtigung zwischen Mann und Frau,
- sie haben keine Vorbeter, sondern Dedes, inoffizielle Vorstände der Religionsgemeinschaft,
- es gibt eine heterodoxe, der am mystischen Islam orientierte Interpretation des Islam.

---

[9] Da seitens der türkischen Regierung keine systematischen Erhebungen vorliegen, wird in der Literatur die Zahl der Aleviten geschätzt. Die offizielle türkische Statistik weist über 98 Prozent der Bevölkerung als sunnitische Muslime auf.

Die religiösen Pflichten der sunnitischen Bevölkerung sind die Einhaltung der fünf Säulen des Islam; diese sind: *sahada* (die Annahme des Islam als Religion), *salat* (das täglich fünfmal zu verrichtende Ritualgebet), *zakat* (Almosensteuer), *saum* (das Fasten im Monat Ramadan) sowie die *Wallfahrt* nach Mekka (vgl. Kreiser/ Wielandt (Hrsg.), 1992, S. 132-133.).

Sahada: Die Annahme des Islam vollzieht sich mit dem Aussprechen des Glaubenbekenntnisses: „*ashadu an la ilaha illa llah wa-ashadu anna Muhammadan rasulullah*" ins Deutsche übersetzt heißt es: „Ich bezeuge, daß es keinen Gott außer Allah gibt, und ich bezeuge, daß Muhammad der Gesandte Gottes ist." (ebd., S. 132.)

Beten: Das wichtigste religiöse Ritual der Muslime ist das Beten. Jeder Muslim ist verpflichtet, fünfmal am Tag zu beten. Aufgrund der Erwerbstätigkeit der Bevölkerung können nicht alle dieses Ritual einhalten. Aber mindestens das Freitagsgebet (mittags), das mit dem sonntäglichen Kirchengang der Christen verglichen werden kann, soll eingehalten werden. Deshalb werden in vielen Firmen die Mittagspausen am Freitag verlängert.

Die Almosensteuer: Almosenpflichtig ist jeder volljährige, gesunde und freie Muslim; der Ertrag der Steuer ist für die Armen bestimmt. Sie wird in der religiösen Literatur als verdienstvolles Werk des Muslims bezeichnet (vgl. ebd., S. 26.). In der heutigen Türkei wird zum Opferfest ein Hammel geschlachtet und mindestens ein Drittel des Fleisches den Armen und Bedürftigen als Almosen verteilt.

Fasten: Das Einhalten des Fastenmonats Ramadan ist in der Türkei sehr verbreitet. Die Gläubigen sind verpflichtet, einen Monat lang vom Sonnenaufgang bis zum Sonnenuntergang nicht zu essen, nicht zu trinken und nicht zu rauchen. Am Abend – zwischen Sonnenuntergang und Sonnenaufgang – kann wieder gegessen werden. Der Ramadan wird nach einem Monat mit dem vier Tage anhaltenden „şeker bayramı"- Zuckerfest – abgeschlossen.

Wallfahrt: Durch das koranische Gebot (sure 3, 97) ist jeder volljährige Muslim verpflichtet, mindestens einmal in seinem Leben die Wallfahrt nach Mekka zu verrichten, sofern er die finanzielle Möglichkeit hierzu hat (vgl., ebd., S. 282.).

Auch die Kinder der nicht alevitischen Familien werden in der Schule sehr früh zu diesen Pflichten erzogen. Darüber hinaus ist, wie oben erwähnt, die Religionsunterricht an allen Primar- und Sekundarstufen bis zum Erwerb des Abiturs Pflichtfach. Der Inhalt des Religionsunterrichts besteht oft aus einer Verherrlichung des Islam, auf die Inhalte der anderen Religionen wird selten eingegangen. Es kommt auch vor, dass während des Religionsunterrichts gebetet wird. Viele Schulen haben einen Klassenraum in einen Gebetsraum umgewandelt. Auch die Minderheiten, hier insbesondere die Aleviten, müssen an diesem vom Staat angeordneten Religionsunterricht teilnehmen. Eine auf die Bedürfnisse der Minderheitenkinder bezogene Teilung des Religionsunterrichts – etwa wie in Deutschland: Religionsunterricht für Katholiken, Protestanten, Moslems – gibt es in der Türkei nicht.

3.5.4 Erziehung zum Nationalstolz

Die Erziehung zum Nationalstolz wird vom Staat – hier von der Schule – übernommen. Durch den politisch motivierten Standpunkt der jeweiligen Familie wird dieses Erziehungsziel direkt unterstützt oder latent abgelehnt. In den kurdischen Familien werden z.b. die Kinder zu diesem Erziehungsziel nicht ermutigt. In der Schule sollen hingegen alle Kinder bereits in der Primarstufe zu guten und stolzen Türken erzogen werden. Bis auf wenige Ausnahmen ist die Unterrichtssprache Türkisch, den Kindern der ethnischen Minderheiten, insbesondere den Kurden, ist es untersagt, ihre Muttersprache zu artikulieren. Der folgende Eid, den jedes Grundschulkind auswendig lernen und jeden Morgen aufsagen muss, ist das erste Indiz für die rigide Erziehung zur türkischen Identität bzw. zum Nationalstolz.

ANDIMIZ
Türküm, doğruyum, çalışkanım;
Yasam küçüklerimi korumak, büyüklerimi saymak,
yurdumu, milletimi özümden çok sevmektir.
Ülküm yükselmek, ileri gitmektir.
Varlığım, Türk varlığına armağan olsun.
Ey bu günümüzü sağlayan, Ulu Atatürk;
açtığın yolda, kurduğun ülkede, gösterdiğin amaçta
hiç durmadan yürüyeceğime ant içerim.
„Ne mutlu Türküm diyene." (Tunç, in: Eberding, 1994, S. 42.)

die deutsche Übersetzung:

UNSER EID
Ich bin Türke, ich bin ehrlich, ich bin fleißig.
Mein Gesetz ist es, die, die kleiner sind als ich zu schützen und die, die größer sind, zu ehren,
mein Land und meine Nation mehr als mich selbst zu lieben.
Mein Ideal ist aufzusteigen und voranzukommen.
Mein Existenz sei der Existenz des Türkentums geschenkt.
Hey, großer Atatürk, der du unsere heutige Zeit erschaffen hast,
ich schwöre, daß ich auf dem Weg, den du geöffnet hast, für die Ideale die du geschaffen hast, für das Ziel, daß du aufgezeigt hast, ohne anzuhalten vorwärts gehen werde.
„Wie glücklich sind die, die sagen, ich bin Türke'." (ebd. S. 42-43.)

Auf das Erziehungsziel Nationalstolz bzw. türkische Identität wird im Curriculum der türkischen Pflichtschule explizit verwiesen: „Für den Bereich Gesellschaft und Staat dominiert das ‚Richtziel' Patriotismus, verbunden mit dem ‚Stolz, Sohn eines großen Volkes und einer ehrenvollen Geschichte' zu sein und dem ‚Verständnis für demokratisches Leben und Verhalten'." (Renner, 1981, S. 126.)

Neben dem oben zitierten Eid muss in allen Grund- und weiterführenden Schulen an jedem Montag vor der ersten Stunde und an jedem Freitag nach der letzten Stunde die türkische Nationalhymne zusammen gesungen werden. Nachdem sich das „Kurdenproblem" in der Türkei „zugespitzt" hat, wurde mehr Wert darauf gelegt, die Hymne zu singen, und die türkische Fahne ist in keiner Straße zu übersehen. Weiterhin darf ein Atatürkdenkmal in keiner Stadt und keinem Dorf fehlen. Um die türkische Identität zu bekräftigen, wird mittlerweile auch vor jedem nationalen Fußballspiel, d.h. in der Liga, die Hymne gespielt.(vgl. Toprak, 2000a, S. 18.).

3.5.5 Erziehung zum Lernen und Leistungsstreben

Die Erziehung zum Lernen und zum Leistungsstreben in der Türkei basiert auf zwei wichtigen Aspekten: auf dem sozioökonomischen und auf dem historischen Aspekt.

Die historische Bedingtheit liegt in der Vergangenheit der Türkei. In den türkischen Schulbüchern werden die Erfolge der Osmanen mit Leistung und Leistungsstreben der einzelnen Bürger des Osmanischen Reiches begründet. Wer lern- und leistungsbereit war, konnte ohne Rücksicht auf seinen sozialen Status bis zu den höchsten Amtspositionen aufsteigen. Es gibt viele Beispiele dafür, dass Diener mit Leistung und Fleiß bis zur Position eines Ministers des Staates aufgestiegen sind. Heute wird der Untergang des Osmanischen Reiches damit begründet, dass man bei der Besetzung der Ämter nicht mehr das Prinzip Leistung angewendet hatte (vgl. Özkara, 1988, S. 58.). Der angeführte historische Faktor wird seit Gründung der Republik immer wieder hervorgehoben, um die armen Bevölkerungsschichten zum Lernen und zur Leistung zu motivieren. Der Faktor reicht jedoch nicht aus, um dieses Erziehungsziel der türkischen Eltern zu begründen. Die eigentlichen Gründe sind eher sozioökonomischer Natur.

Seit Ende der 50er- und Anfang der 60er-Jahre wurde die Industrialisierung und die Technisierung der Landwirtschaft vorangetrieben. Seit dieser Zeit wird den privatwirtschaftlichen Initiativen sowohl in der Landwirtschaft als auch in der Industrie Vorrang eingeräumt. Daran haben die Großinvestoren auf dem Land profitiert. Landflucht, weit verbreitete Armut und Massenarbeitslosigkeit waren die Folgen.

Der Bevölkerungsteil, der unter diesen Bedingungen leidet, strebt zur Abhilfe nach Bildung und Leistung (vgl., ebd.).

Das duale Ausbildungssystem, das in Deutschland Jugendliche, die nicht studieren wollen und können, ausbildet, kennt das türkische Ausbildungssystem nicht. Als einzig „gute" und hoch angesehene Ausbildung gilt das Universitätsstudium. Da die Kapazität der türkischen Universitäten die Zahl der Bewerber nicht bewältigen kann, bleiben 75 Prozent der Studierwilligen ein Studium verwehrt. Aus diesem Grund gewinnt das Erziehungsziel Lernen und Leistungsstreben an Bedeutung. Eltern nehmen hohe Kosten auf sich, damit ihre Kinder ein Universitätsstudium aufnehmen können, um in Zukunft bessere Chancen auf dem Arbeitsmarkt zu haben. Mit einem Universitätsstudium verbinden türkische Eltern eine Berufstätigkeit, die nicht mit schwerer körperlicher Arbeit, Schmutz, Lärm, Kälte sowie unangenehmen Arbeitszeiten verbunden ist.

3.5.6 Erziehung zur Leistungsbereitschaft

Die Erziehung zur Leistungsbereitschaft drückt sich in einer ständigen Bereitschaft der Kinder aus, Aufgaben, die ihnen von Eltern und älteren Geschwistern übertragen werden, zu übernehmen. Der Sohn der Familie wird zum späteren Oberhaupt der Familie erzogen, und er muss immer bereit sein, die Aufgaben, die vom Vater übertragen werden, anzunehmen und auszuführen. Diese Aufgaben sind z.B. einkaufen gehen, dem Vater auf dem Feld helfen und ab dem Jugendalter selbständig Feldarbeit und andere schwere körperliche Arbeit verrichten sowie bereit sein, die Familie und einzelne Familienmitglieder, insbesondere die Frauen, nach außen zu schützen. Wenn der Sohn sich weigert, diese Aufgaben zu übernehmen, wird sein Verhalten physisch und psychisch sanktioniert. Unter physischer Bestrafung sind Schläge mit der Hand sowie Klapse zu verstehen; bei der psychischen Strafe wird die Männlichkeit des Sohnes in Frage gestellt.

Die Mädchen müssen bereit sein, die Aufgaben, die von der Mutter und der älteren Schwester übertragen werden, zu übernehmen und tadellos auszuführen. Die Aufgaben des Mädchens beziehen sich ausschließlich auf das häusliche Umfeld, wie z.B. waschen, putzen, kochen, Haustiere füttern etc. Werden diese Leistungen von der Tochter nicht erbracht, wird sie von der Mutter oder der älteren Schwester bestraft.

Zusammenfassend lässt sich sagen, dass sich Leistungsbereitschaft als Erziehungsziel türkischer Familien nur auf die Erfüllung eines vorgegebenen Leistungsinhaltes bezieht, sowie auf die Bereitschaft des Kindes diese Erfüllungsnorm zu akzeptieren und Entsprechendes zu leisten (vgl. Zemlin, 1981, S. 36.).

3.6 Die Ehre

Ehre beinhaltet drei voneinander untrennbare Werte. Wenn diese – *şeref, namus,* und *saygı* – definiert und erläutert werden, kann der komplexe türkische Ehrbegriff besser verstanden werden.

3.6.1 Begriffserklärung

şeref = Ansehen: Ein Interviewpartner von Pfluger-Schindbeck (1989) definiert *şeref* folgerichtig:

> „(...) wenn ein Mann, ein Mensch, gegenüber seinen Mitmenschen, gegenüber seiner Umgebung gute Dienste leistet, z.B. ihnen hilft, ihnen in Notzeiten zur Seite steht, so erhöht sich das Ansehen dieses Mannes. Solch ehrbare Männer werden şerefli kisiler (Männer mit Ehre, Ansehen) genannt. (...) Daneben gibt es Menschen, die das Eigentum der anderen Menschen nicht achten, deren namus verletzen, lügen, stehlen und schlecht über sie sprechen. Man nennt diese şerefsiz insanlar (Menschen ohne Ehre, Ansehen)." (Pfluger-Schindbeck, 1989, S. 47.)

Der Interviewpartner spricht hier zwar von *şeref* (Ansehen) des Mannes, aber in einer anderen Passage betont er, dass *şeref* auch die gleiche Bedeutung für die Frau hat: „(...) es gibt bei Männern solche mit şeref, bei Frauen solche mit şeref und bei beiden solche ohne şeref, d.h., diese Vergehen werden von Männern und Frauen begangen." (ebd.)

Wie aus der Definition hervorgeht, kann sich der Wert von *şeref* durch gute Taten erhöhen und durch schlechte Taten verringern. Männer und Frauen haben gleichermaßen *şeref* und dieses steht in Verbindung zu *namus* (vgl. ebd.). Zusammenfassend kann gesagt werden, dass *şeref,* wie *namus,* mühsam durch gute Taten erarbeitet werden müssen.

namus = Ehre: Werner Schiffauer (1983) unterteilt *namus* in zwei verschiedene Bereiche, Innen und Außen:

> „Dem Wert der Ehre (namus) unterliegt die Vorstellung einer klaren Grenze, die Innen, den Bereich der Familie, vom Außen, der – männlichen – Öffentlichkeit des Dorfes oder der Stadt, scheidet. Die Ehre eines Mannes ist beschmutzt, wenn diese Grenze überschritten wird, wenn jemand von außen einen Angehörigen der Familie, womöglich eine der Frauen, belästigt oder angreift. Als ehrlos (namussuz) gilt der Mann, der dann nicht bedingungslos und entscheidend den Angehörigen verteidigt." (Schiffauer, 1983, S. 65.)

Ehre (namus) regelt nicht nur die Beziehung nach innen und außen, sondern sie bestimmt auch das Verhältnis zwischen Mann und Frau. Wenn von *namus* gesprochen wird, bedeutet sie für den Mann und die Frau Unterschiedliches. *Namus* bedeutet für die Frau, dass sie bis zur Ehe ihre Jungfräulichkeit wahrt und während der Ehe keusch bleibt. Die *namus* eines Mannes hängt in erster Linie vom Verhalten seiner Frau ab. Ehre im Sinne von *namus* impliziert, dass die Männer die Sexualität ihrer Frauen, Ehefrauen, Töchter und Schwestern kontrollieren und dass Männer Ehre besitzen, wenn ihre Kontrolle sozial anerkannt und gerechtfertigt ist. Schindbeck-Pfluger beschreibt diese Beziehung folgendermaßen: „Von der Frau verlangt die namus korrekte Bekleidung, korrektes Verhalten im Umgang mit fremden Männern, keine vor- oder außereheliche Beziehungen usw. Handelt sie dem zuwider, so muß der Mann, um seine eigene Ehre wieder herzustellen, sie im äußersten Fall verstoßen." (Schindbeck-Pfluger, 1989, S. 63.)

Ein Mann kann seine Ehre auch aus eigenem Verschulden verlieren, indem er, obwohl er Frau und Kinder hat, nach anderen (verheirateten) Frauen schaut (vgl. ebd.).

In der türkischen Gesellschaft ist das Urteil von Verwandten, Bekannten oder Nachbarn von großer Wichtigkeit, deshalb bliebe der Ehrbegriff unvollständig definiert, bliebe das Verhältnis zwischen Familie und sozialem Umfeld unberücksichtigt:

> „Die wesentliche Bedeutung für die Familienehre hat gerade nicht die innere Einstellung und Selbstbestätigung der einzelnen Familienmitglieder, sondern das von außen, d.h. von der sozialen Umwelt wahrgenommene Erscheinungsbild. Konsequenz dieser Priorität ist, daß nicht der Grad der Verinnerlichung gesellschaftlicher Normen, die persönliche Einstellung zählt, die sich ja kaum kontrollieren läßt, sondern allein die Handlung. Die Bewahrung der Regeln wird von der Dorfgemeinschaft oder, in Großstädten (auch in Deutschland), der Nachbarschaft kontrolliert und muß folglich kontrollierbar sein". (Özkara, 1988, S. 29.)

saygı = Respekt, Achtung: Ein anderer wichtiger Begriff für die Ehre ist Achtung (*saygı*). In der Familienhierarchie werden ältere Brüder mit *ağabey* (großer Bruder) und ältere Schwester mit *abla* (große Schwester) angesprochen. Die Ausführungen von Schiffauer (1983) bekräftigen diesen Sachverhalt:

> „Der Sohn schuldet dem Vater, die Frau dem Mann, der jüngere Bruder dem älteren Achtung. Sie kann ganz unterschiedlich bekundet werden: Der Höherstehende darf nicht mit dem Vornamen angesprochen, ihm darf nicht widersprochen werden, in der Öffentlichkeit muß man in seiner Gegenwart schweigen, man darf nicht in seiner Gegenwart rauchen oder trinken." (Schiffauer, 1983, S. 67.)

Die Verwandten dürfen nicht alleine mit dem Vornamen angesprochen werden, sondern mit Onkel, Tante oder großer Bruder. Diese Anreden werden in der Regel auch für ältere, fremde, nicht der Familie angehörende Personen verwendet.[10]

---

[10] Zu diesem Begriff siehe auch in einem anderen Kontext das Kapitel 4.2.1 im Abschnitt II.

Wie oben erwähnt, gibt es Unterschiede zwischen der Ehre (namus) der Frau und der Ehre des Mannes. Wie diese Unterschiede ausgelegt werden, soll kurz geschildert werden.

3.6.2 Die Ehre des Mannes

Bei der Definition wurde klar, dass die Ehre die Beziehung zwischen Mann und Frau sowie die Grenzen nach innen und außen klärt. Ein Mann gilt als ehrlos, wenn seine Frau beleidigt oder belästigt wird und er nicht extrem und empfindlich reagiert. Derjenige Mann gilt als ehrenhaft, der seine Frau verteidigen kann, Stärke und Selbstbewusstsein zeigt und die äußere Sicherheit seiner Familie garantierende Fähigkeiten besitzt. Eine Frau, die einen Ehebruch begeht, befleckt damit nicht nur die eigene Ehre, sondern auch die ihres Gatten, weil der Mann nicht genug Mann war, sie davon abzuhalten (vgl. ebd., S. 74.):

> „(...) ein Mann, der seine Frau nicht vom Ehebruch abhalten kann, gilt als schwach und unmännlich, er wird übervorteilt und gerät wesentlich häufiger in Auseinandersetzungen als andere Männer." (ebd., S. 33.) Es geht in erster Linie immer darum, die Frauen nach außen hin zu schützen: „(...) die Wahrung ihrer Ehre ist nicht Sache der Frauen alleine, sondern die männlichen Familienangehörigen haben die Aufgabe, Ehrverletzungen ihrer Mutter, ihrer Frau, ihrer Schwestern und Töchter zu ahnden." (Özkara, 1988, S. 28.)

Ein (ehrenhafter) Mann steht zu seinem Wort. Diese These bekräftigt ein Sprichwort aus dem Türkischen („erkek adam sözünü tutar"= „ein Mann hält sein Wort"). Er muss klar und offen zu seinem Wort stehen, und er darf niemals mit „vielleicht" oder „kann sein" ausweichen, weil diese Antwort nur von einer Frau zu erwarten ist (vgl. Petersen, 1985, S. 25.). Darüber hinaus muss ein ehrenhafter Mann in der Lage und willens sein zu kämpfen, wenn er hierzu herausgefordert wird. Die Eigenschaften eines ehrenhaften Mannes sind Virilität, Stärke und Härte. Er muss in der Lage sein, auf jede Herausforderung und Beleidigung, die seine Ehre betrifft, zu reagieren und darf sich nicht versöhnlich zeigen (vgl. ebd., S. 30.).

Der Mann muss in der Lage sein, das Geheimnis seines Hauses und seiner Intimität zu wahren (vgl. Bourdieu, 1976, S. 39.). Mit Intimität ist die Ehefrau gemeint, die niemals mit Namen, sondern immer indirekt oder mit Hilfe von Umschreibungen genannt wird, wie *Hanım* (Frau), *Çocukların anası* (Mutter meiner Kinder) (vgl. ebd.). Im Haus wendet sich der Mann niemals direkt an die Frauen noch zeigt er etwa Zuneigung und Zärtlichkeit (vgl. ebd., S. 39-40.). Wenn im Haus auch der Vater oder der ältere Bruder wohnt, ist dieses Postulat noch strenger. Der Mann ignoriert seine Frau regelrecht (vgl. ebd.). Bourdieu begründet dieses Verhalten des Mannes damit, dass der Anstand dem Mann verbietet, seine Frau zu erwähnen, da die Frau zu den Dingen gehört, derer er sich schämt, von denen er nicht spricht, ohne sich zu entschuldigen (vgl. ebd.). Bourdieu weiter: „(...) weil die Frau für den Mann von allen Dingen das heiligste ist, wie die üblichen Ausdrücke, die in Schwüren gebraucht werden, es bezeugen: ,Meine Frau möge mir unerlaubt sein.'" (ebd., S. 40.)

Alles, was zur Natur gehört, der Körper und alle organischen Funktionen, das Gefühl und die Affekte, gehört auch zur Intimität, und die Ehre gebietet, all diese Intimitäten zu verschleiern (vgl. ebd.).

Diese von Bourdieu beschriebenen strengen Vorstellungen existieren im ländlichen Gebiet sicherlich immer noch. Aber in einer modernen Kernfamilie, in der Stadt, ist dies unwahrscheinlich. Krause-Dresbach widerlegt z.b. die These, dass der Mann seine Frau nicht mit dem Namen anspricht oder sie ignoriert (vgl. Krause-Dresbach, in: Schiffauer (Hrsg.), 1993, S. 238-267.).

3.6.3 Die Ehre der Frau

Schiffauer (1983) und Petersen (1985) führen über die Ehre der Frau das Folgende aus: Die Ehre einer Frau wird darin gesehen, dass sie bis zur Ehe sexuell rein geblieben ist. Wenn eine Frau heiratet, muss sie als Jungfrau in die Ehe gehen und ihrem Mann in der Ehe treu bleiben. Ein sehr kleiner Verstoß gegen diese sexuellen Normen genügt, um ein Mädchen oder eine Frau in Verruf zu bringen (vgl. Petersen, 1985, S.11.). Die Ehrenhaftigkeit der Frau wird auch darin gesehen, dass sie eine schamhafte Frau ist. Eine Frau ist schamhaft, „(...) wenn sie ihr Haar vor Männern bedeckt hält, vor ihnen ihre körperlichen Funktionen zu verbergen weiß und sich allgemein schüchtern und scheu gegenüber Männern verhält." (ebd.) Das Verhalten einer ehrenhaften Frau wird von der *Gesellschaft* bis ins Einzelne festgelegt. Eine saubere, ehrenhafte Frau darf nicht mit fremden Männern sprechen; sie darf auch nicht alleine spazieren gehen oder ohne Erlaubnis des Mannes das Haus verlassen; sie muss die Kleidervorschriften beachten, Arme, Beine und die Haare bedeckt halten, und sie soll in der Öffentlichkeit nicht schreien und laut sprechen (vgl. Schiffauer, 1983 S.75.). Auf die Jungfräulichkeit der Frau wird gleichermaßen, sei es in der Provinz oder in der Großstadt, Wert gelegt. Die Ausführungen von Schiffauer beziehen sich grundsätzlich nur auf die traditionellen Wertvorstellungen, die er in den Dörfern beobachtet hat. Diese können nicht ohne Abstriche auf die Stadt übertragen werden, denn sehr viele Frauen in den Großstädten bewegen sich ziemlich frei, sind selbstbewusster, tragen statt Kopftuch moderne Kleidung und haben durchaus auch vor der Ehe sexuellen Kontakt zu Männern. Anhand von drei Verhaltensmustern erweist sich eine Frau als ehrenhaft, welche – so zeigt das Folgende – bei den Großstadtfrauen nur noch ansatzweise zu erwarten sind.

3.6.3.1 Die Bedeutung der Haare

Es ist allgemein bekannt, dass eine türkisch-islamische Frau den Kopf bedeckt halten muss – kein einziges Haars darf zu sehen sein. Diese Vorschrift ist im Koran festgeschrieben. Nach der Hochzeit, die auch einen neuen sozialen Status der Frau bedeutet, darf ein „Pony" aus dem Kopftuch herausschauen (vgl. Petersen, 1985, S. 13.). Noch ein weiteres Mal kann über das Haar eine Statusveränderung ausgedrückt werden, nämlich nach der Menopause: Dann tragen die Frauen ihre Haare offen, oder sie färben ihre weiß gewordenen Haare mit Henna (vgl. ebd.). Petersen begründet diese Strenge des Kopftuches damit, dass offen getragene Haare die Männer sexuell erregen und dass die Frauen ihre sexuellen Wünsche offen legen.

> „(...) hier korreliert die gelockerte bzw. in ihr Gegenteil verkehrte Regel, das Haar immer verborgen zu halten, mit der angenommenen Veränderung der sexuellen Wünsche der Frauen. Alte Frauen (...) können ihr Haar durch Rotfärbung sogar betonen. (...) unverheiratete Mädchen – wenn auch indirekt – versuchen, die Aufmerksamkeit von Männern zu erregen, indem sie z.B. das Kopftuch locker tragen." (ebd.)

Zur ehrenhaften und sauberen Frau gehört auch, dass die Achsel- und Schamhaare rasiert werden; dies gilt auch für die Männer. Man sei dadurch sauber – *temiz* – und, so Petersen, durch das Rasieren der Schamhaare werde das Geschlecht eindeutiger: „es gibt nichts, das es versteckt. Beseitigt wird, was beiden Geschlechtern gemein ist – der Unterschied wird so hervorgehoben. Durch die Entfernung des Zweideutigen, Ambivalenten wird das Geschlecht sauber, klar, rein." (ebd., S. 14.)

3.6.3.2 Die Bedeckung des Körpers

Nach islamischem Gebrauch muss der Körper einer Frau so bedeckt werden, dass die körperlichen Attribute nicht eindeutig beobachtet werden können (vgl. ebd., S. 12-13.). Die Mädchen müssen schon mit drei bis vier Jahren lernen, auf ihre Kleidung zu achten. Spätestens im Alter von elf bis zwölf Jahren (Pubertät) müssen sie ein Kopftuch tragen, und das Haar darf darunter nie offen getragen werden (vgl. ebd.). Diese Vorschriften gelten für den ländlich-dörflichen Kontext, da in Großstädten wie z.B. Ankara, Istanbul und Izmir die jungen Frauen sehr modern angezogen sind und selten ein Kopftuch tragen.

Die Kleidung bedeckt, außer den Händen und dem Gesicht, den ganzen Körper (vgl. ebd.). Diese Kleidervorschriften, die in den Dörfern Bestand haben, sind nicht so streng wie für die arabischen Frauen, weil die türkischen Frauen sich im heiratsfähigen Alter besonders modisch kleiden (vgl. ebd.).

3.6.3.3 Schamhaftigkeit in Sprache und Gestik

In Gruppen, in denen viele Männer anwesend sind, sprechen die Frauen leiser als üblich; sie rufen nicht laut, wenn Männer in unmittelbarer Nähe sind. Wenn Männer und Frauen bei Festen tanzen, tanzen sie in getrennten Räumen und Gruppen. Diese Verhaltensweisen finden sich ebenfalls am häufigsten in ländlichen Gebieten. Wenn eine Frau und ein Mann sich in der Öffentlichkeit treffen, senken beide ihre Blicke und grüßen sich nicht, auch wenn sie sich kennen (vgl. ebd., S. 17-18.). Kreuzen sich die Wege eines Mannes und einer Frau, so lässt die Frau den Mann passieren.

Mit zunehmenden Alter lockern sich die Anforderungen an die Schamhaftigkeit der Frauen. Frauen ergreifen in Anwesenheit vieler Männer das Wort, schreien laut und tragen das Kopftuch sehr locker oder überhaupt nicht. Ohne als unehrenhaft zu gelten, widersprechen die Frauen Männern und machen obszöne Scherze (vgl. ebd., S. 18.).

4. Werte und Einstellungen der türkischen Jugendlichen in der Türkei

Es gibt in der Türkei ganz wenige Studien über die türkischen Jugendlichen, die die Wertvorstellungen, Lebenslagen, politisches Engagement, Freizeitaktivität etc. untersuchen. Solche Untersuchungen werden in Deutschland relativ häufig durchgeführt, wie z.B. die Shell-Jugendstudien von 1997 und 2000 (2 Bände). In der Literatur herrscht die einstimmige Meinung, dass die Türkei ein Entwicklungsland mit überproportional jungen Menschen unter 35 Jahren ist. Um über diese große Gruppierung in der Türkei mehr Informationen sammeln zu können, hat die Konrad Adenauer Stiftung, Büro Ankara, das sozialwissenschaftliche Zentrum der Istanbul Mülkiye Stiftung beauftragt, eine landesweite Studie über die Jugend in der Türkei durchzuführen. Diese Studie, verfasst von Wulf Schönbohm, wurde 1999 in der *Zeitschrift für Türkeistudien* (Heft 1) abgedruckt. Alle folgenden Daten in diesem Kapitel beziehen sich auf den Aufsatz von Schönbohm.

Diese Untersuchung wurde, um ein einheitliches und objektives Bild zu vermitteln, in elf Provinzen (Ankara, Istanbul, Izmir, Antalya, Denizli, Diyarbakır, Edirne, Gaziantep, Sivas, Tokat und Trabzon) mit 2.223 jungen Frauen und Männern zwischen 15 und 27 Jahren durchgeführt. Ausschlaggebende Faktoren für die Befragung waren die wirtschaftlichen, sozialen und die kulturellen Variablen. Die Jugendlichen wurden in ihrer häuslichen Umgebung in einem einstündigen persönlichen Interview befragt. 51 Prozent der befragten Jugendlichen gehörten der Altersgruppe 15-20 Jahre, 49 Prozent der Altersspanne von 21-27 Jahren an. 49 Prozent der Befragten waren Frauen und 51 Prozent Männer, mit gleicher Verteilung in beiden Altersgruppen (vgl. Schönbohm, 1999, S. 31-32.).

4.1 Demographische Daten

20 Prozent der befragten Jugendlichen waren verheiratet und 14 Prozent hatten bereits einen Elternstatus. Die Zahl der weiblichen Befragten, die verheiratet waren, war zweimal so hoch wie die der männlichen Befragten. 72 Prozent aller Befragten lebten in einer Groß- und 27 Prozent in einer Kleinstadt. Bei den Geburtsorten zeigte sich das folgende Bild: 65 Prozent wurden in Großstädten, 28 Prozent in Kleinstädten und sieben Prozent in Dörfern geboren. Mehr als zwei Drittel (71 Prozent) lebten bei ihren Eltern; fünf Prozent lebten in Wohngemeinschaften bzw. Studentenwohnheimen und mehr als ein Prozent lebte allein. Während zwei Prozent der Befragten überhaupt keine Schule besucht hatten, hatten weitere 19 Prozent nur den Grundschulabschluss nach fünf Jahren erlangt. Durchschnittlich wiesen die Befragten 9,8 Jahre Schulbesuch auf. 30 Prozent der Befragten waren Stu-

denten bzw. Schüler, die keiner Erwerbstätigkeit nachgingen; 41 Prozent waren keine Studenten und entweder erwerbstätig oder auf der Suche nach einer Stelle. Weitere fünf Prozent bereiteten sich auf die Hochschulaufnahmeprüfung vor, ohne zu arbeiten; fünf Prozent arbeiteten und studierten nebenbei, zwei Prozent arbeiteten und bereiteten sich auf die Hochschulaufnahmeprüfung vor. 14 Prozent aller Befragten arbeiteten und studierten nicht.

Während der Befragung gaben 20 Prozent der erwerbstätigen Jugendlichen an, Beamter bzw. Angestellter zu sein, 36 Prozent hatten den Arbeiterstatus und 28 Prozent waren Handwerker, Geschäftseigentümer oder arbeiteten im Familienbetrieb. Hauptquelle des persönlichen Einkommens war für 57 Prozent der Befragten das von den Eltern zugeteilte Geld. Zehn Prozent der Befragten wurden von ihren Partnern unterhalten, 32 Prozent finanzierten sich selbst und weniger als ein Prozent bezogen ihren Unterhalt aus Stipendien oder Ähnlichem.

Wenn Beruf-Besitz, Einkommen und Ausbildungsstand herangezogen werden, verteilen sich die Befragten auf die folgende sozio-ökonomische Statusgruppen (A-D, vom höchsten zum niedrigen Niveau):

Statusgruppe	Anzahl	Prozent
A	102	4,6
B	234	10,5
C+	535	24,1
C	953	42,9
D	365	16,4

4.2 Die Lebensbereiche der Jugend

Beim Freizeitverhalten zeigte sich, dass die türkischen Jugendlichen ihre Freizeit nicht aktiv nutzten, da die am meisten angegebene Freizeitbeschäftigung Lesen (Bücher, Zeitschriften, Zeitungen) war. Knapp die Hälfte der Befragten gab an, sich sportlich zu betätigen (aber die meisten waren nicht Mitglied in einem Verein); Handarbeit galt als eine häufige Beschäftigung der Frauen. Die ausschließlich von Männer bevorzugten Freizeitaktivitäten sind Sport, insbesondere Fußball, computerbezogene Aktivitäten sowie Disco- und Bar-Besuche. Während die Studenten in fast allen Freizeitaktivitäten überrepräsentiert waren, widmeten sich die arbeitenden Jugendlichen, bis auf den Besuch von Fußballspielen, kaum einer Freizeitaktivität. Jugendliche aus traditionalistischen Provinzen, wie z.B. Sivas oder Diyarbakır, besuchten weniger Konzerte, Theater, Bars oder Discos als Jugendliche aus Izmir oder Antalya. Die Handarbeit war in den traditionalistischen Gebieten überrepräsentiert.

Viele junge Leute fühlten sich am allerbesten von der Mutter verstanden und am wenigsten vom Lehrer. Die primären Beziehungsrelationen (Vater, Mutter, Geschwister) war in allen Provinzen ausgeprägt, aber am höchsten im traditionell geprägten Umfeld. Je höher der sozio-ökonomische Status war, desto unwichtiger schien die Bedeutung der primären Beziehungsrelationen.

Für die Befragten ist die Familie das wichtigste soziale Umfeld, dem sie sich zur Führung eines glücklichen und sicheren Lebens anpassen müssen. Tendenziell kann festgestellt werden, dass Befragte höherer Altersgruppen sich mehr an Arbeitskollegen oder an solche Personen, mit denen sie ähnliche Ansichten oder Lebensführung teilen, anpassen.

Fast ein Drittel der Befragten hat angegeben, dass sie noch nie eine intime Bekanntschaft bzw. eine/n Freundin/Freund hatten; davon waren zwei Drittel Frauen. Mit steigendem sozioökonomischen Status steigt auch die Wahrscheinlichkeit, dass ein Freund vorhanden ist.

4.3 Der Sozialisationsprozess

Die wichtigsten Sozialisationsinstitutionen der türkischen Jugendlichen sind die Familie und das Bildungssystem. Die Jugendlichen wurden danach gefragt, ob die Familie als Schutz oder Behinderung verstanden wird. Darauf antworteten 82 Prozent, dass die Familie grundsätzlich eine Schutz gewährende Institution darstelle. Die Tendenz zur Betonung der restriktiven Natur der Familie steigt mit hohem sozioökonomischem Niveau. Zirka 37 Prozent der Befragten gaben an, dass in der Familie der Vater autoritär sei. Weitere 18 Prozent betonten, es wäre respektlos, sollten die jungen Leute ihre Meinung frei äußern. Wenn das sozioökonomische Niveau steigt, schwächt sich die väterliche Autorität ab und die Jugendlichen sind eher in der Lage, ihre Meinung zu äußern.

Ehrlichkeit ist die wichtigste Tugend, die von der Familie vermittelt wird, Respekt für Sitten und Traditionen folgt an zweiter Stelle, gefolgt von Frömmigkeit (Praktizieren der Religion) und der Fähigkeit, unabhängig zu denken und zu handeln. In hohen Statusgruppen verliert die Frömmigkeit an Bedeutung.

Gleich nach der Familie wird die Erziehung als der bedeutsamste Lebenswert genannt. „Nutzen für Land und Nation", „Vermittlung von Wissen und Fähigkeiten" und „Entwicklung der Fähigkeit zu systematischem Denken" sind die drei Hauptgründe, warum sich die Jugendlichen um die Erziehung bemühen sollten. Der letztgenannte Punkt gewinnt an Bedeutung, wenn das sozioökonomische Niveau hoch ist.

„Erwerb sowie erzieherische Fähigkeiten" und „Heranbildung von Generationen, die dem Staat und Volk nutzen" wurden als zwei Hauptaufgaben des türkischen Bildungswesens genannt. Zu viel Auswendiglernen, ungenügendes Wissen der Lehrer/Professoren, schlechte technische Ausstattung und überfüllte Klassenräume sind die Hauptkritikpunkte, die an das türkische Bildungswesen gerichtet werden.

4.4 Die wichtigsten Wertvorstellungen der türkischen Jugendlichen

Die Jugendlichen wurden darum gebeten, für sie lebenswichtige Werte anzugeben. Aus den Antworten konnte folgende Wertehierarchie zusammengestellt werden:

- Familiäre Werte (Partner, Familie, Freund/Freundin)
- Intellektuelle Werte (Bildung und Wissen)
- Soziale Werte (Verwirklichung von Idealen)
- Individuelle Werte (Erfolg im Berufsleben)
- Religiöse Werte (Religion und Glauben)
- Materielle Werte (Reichtum und Geld)

Familiäre Werte (Partner, Familie, Freund/Freundin): Diese Werte stehen an der Spitze der Skala. 60 Prozent der befragten Jugendlichen gaben an, dass mindestens einer dieser Werte ihrem Leben Bedeutung geben würde. Jugendliche aus niedrigen sozialen Schichten sowie Frauen und Jugendliche aus traditionellen Gebieten messen familiären Werten große Bedeutung bei.

Intellektuelle Werte (Bildung und Wissen): Bei diesem Wert geben zwei Drittel der Jugendlichen an, dass ein guter Schüler bzw. Student zu sein, die wichtigste Aufgabe der Jugendlichen ist.

Soziale Werte (Verwirklichung von Idealen): Die Bedeutung sozialer Werte ergibt sich auch aus der Tatsache, dass 83 Prozent der Befragten meinten, Jugendliche sollten soziale Verantwortung übernehmen.

Individuelle Werte (Erfolg im Berufsleben): Erfolg im Berufsleben wurde als Indikator für individuelle Werte genommen. Ein Viertel der Befragten gab an, dass Erfolg im Berufsleben für sie zu den drei lebenswichtigen Zielen gehöre. Die Bedeutung der individuellen Werte steigt mit höherem sozioökonomischem Niveau. „Fähigkeit zu unabhängigem Denken und Handeln" wird ebenso mit individuellen Werte assoziiert, werde aber durch die Familie vermittelt.

Religiöse Werte (Religion und Glauben): Etwa 20 Prozent der Befragten haben angegeben, dass „Religion und Glauben" für sie zu einem der drei wichtigsten Werte gehört. Mit abnehmendem soziokulturellen Niveau nimmt dieser Wert zu. Bei Frauen ist dieser Wert weniger wichtig als bei Männern.

Materielle Werte (Reichtum und Geld): Lediglich 14 Prozent der Befragten gaben „Reichtum und Geld" als für sie lebenswichtige Werte an. In der Gruppe A steigt jedoch dieser Prozentsatz auf 22,5 Prozent.

4.5 Einstellungen

Mehr als zwei Drittel sind gegen eine Eheschließung, die von den Eltern bzw. Familien arrangiert wird. Lediglich 15 Prozent sind der Meinung, voreheliche Beziehungen bei Jugendlichen seien nicht akzeptabel, weil sie gegen Tradition und öffentliche Moral verstoßen. Wenn dabei gewisse Grenzen nicht überschritten werden, sind 45 Prozent der Meinung, dass solche Beziehungen normal sind. 25 Prozent aller Befragten (16 Prozent Frauen, 32 Prozent Männer) stimmen einem vorehelichen Geschlechtsverkehr zu. Während 24 Prozent der Befragten sich negativ zu Eheschließungen zwischen Angehörigen verschiedener Religionen oder Sekten äußerten, stimmten 56 Prozent der Befragten dem zu. 83 Prozent der Befragten haben angegeben, dass der Mann und die Frau gemeinsam Verantwortung für die Familie übernehmen sollten. Nur vier Prozent äußerten den Wunsch keine Kinder zu haben, 40 Prozent äußerten den Wunsch nach zwei Kindern.

a-Autorität: Elf Prozent der Befragten gaben an, Anweisungen am Arbeitsplatz, ohne sie zu hinterfragen, auszuführen. Ein Drittel der Befragten ist der Meinung, je nach den Umständen könnten oder müssten Anordnungen ohne Hinterfragung ausgeführt werden.

b-Staat: Die Erwartungen an den Staat sind wirtschaftlicher Natur und beinhalten Ausbildung, materielle Unterstützung und „wirtschaftliche Maßnahmen". 27 Prozent der Jugendlichen erwarten vom Staat „Erziehung/Bildung" und „Beschäftigung mit den Belangen der Jugend". Andere Forderungen, wie z.B Einheit, Frieden, eine bessere Welt, soziale Dienste, Respekt und Achtung vor dem Individuum, machen 19 Prozent der Stimmen aus. Lediglich acht Prozent machen die politischen Forderungen (Demokratie, Freiheit, Glaubens- bzw. Gewissensfreiheit) aus. Die Befürwortung von zunehmenden staatlichen Interventionen in der Wirtschaft steigt mit abnehmendem Einkommensniveau.

c-Tradition: Tradition nimmt einen bedeutenden Stellenwert innerhalb des Wertesystems der Jugendlichen ein. Tradition ist fast so wichtig wie Ehrlichkeit und wesentlich wichtiger als Gehorsam gegenüber der Religion. 43 Prozent der Jugendlichen nannten als die wichtigsten von der Familie vermittelten Werte „Respekt für Sitten und Tradition".

d-Religion: Fast 90 Prozent der Befragten sind als gläubig im Sinne des Islam anzusehen. Atheismus und Agnostizismus weisen marginale Werte auf. Lediglich fünf Prozent der Befragten haben angegeben, dass sie ihrem eigenen Religionsverständnis gemäß gläubig sind. Zwei Prozent der Frauen und neun Prozent der Männer suchen regelmäßig eine Moschee auf. Einen sporadischen Moscheebesuch geben aber bei den Männern 70 Prozent und bei den Frauen 35 Prozent an. Das Abhalten der täglichen Gebete ist unter den Männern weitaus üblicher als unter den Frauen.

4.6 Vier Gruppen von Jugendlichen

Basierend auf der Faktorenanalysen von Konsumverhaltensmustern und Freizeitaktivität, wurden bei der Befragung vier Gruppen von Jugendlichen identifiziert:

* Außenseiter
* Intellektuelle mit Lebenszielen
* Wohlhabende
* Introvertierte (Einzelgänger)

Außenseiter: Die Gruppe der Außenseiter setzt sich aus Jugendlichen zusammen, die in keiner der analysierten Dimensionen an irgendwelchen Formen der Jugendkultur teilhaben. Zu dieser Gruppe gehören 47 Prozent der Befragten. Niedrige Einkommensgruppen, Frauen, Befragte mit kleinstädtischer oder dörflicher Herkunft, als Arbeiter beschäftigte und verheiratete Befragte sind in dieser Gruppe überdurchschnittlich vertreten.

Intellektuelle mit Lebenszielen: Insgesamt 23 Prozent der befragten Jugendlichen gehören dieser Gruppe an. Diese Gruppe weist eine ziemlich bescheidenes Konsumverhaltensmuster auf. Das Hauptelement ihres jungen Lebens stellen die kulturellen Aktivitäten dar und sie erscheinen in aktiver Weise in der Öffentlichkeit. Studenten, Großstadtbewohner, Unverheiratete, Männer und Angehörige der jüngeren Altersstufe (15-20 Jahre) sowie Jugendliche aus mittleren und gehobenen Einkommensstufen sind hier überdurchschnittlich vertreten.

Wohlhabende: Insgesamt 12 Prozent der befragten Jugendlichen gehören dieser Gruppe an. Auch diese Gruppe zeigt sich aktiv in der Öffentlichkeit; ihr Leben wird aber durch Luxus und auffälliges Konsumverhalten geprägt. Mittlere und gehobene Einkommensgruppen, Männer höherer Altersstufen (21-27 Jahre), verheiratete sowie im Angestellten- oder einem höheren Status beschäftigte Befragte sind hier überdurchschnittlich vertreten.

Introvertierte (Einzelgänger): Insgesamt 18 Prozent der befragten Jugendlichen gehören dieser Gruppe an. Diese Gruppe umfasst Jugendliche, die sich selten in der Öffentlichkeit zeigen. Ihr Leben ist durch individuelle Beteiligung an intellektuellen, künstlerischen oder sportlichen Aktivitäten geprägt. Das Konsumverhalten dieser Gruppe ist nur gering ausgeprägt. Im unteren Mittel liegende Einkommensgruppen, Studenten, jüngere Altersstufen (15-20 Jahre) und unverheiratete Befragte sind in dieser Gruppe überdurchschnittlich vertreten.

5. Die Bedeutung der Ehe und Familie in der türkischen Gesellschaft

Die Institution der Ehe und damit einhergehend die Familie haben – sei es auf dem Land oder in der Stadt – in der Türkei einen großen Stellenwert. Laut einer Untersuchung von Abadan-Unat sind lediglich 2,6 Prozent aller Frauen über 30 Jahren ledig (vgl. Abadan-Unat, in: Abadan-Unat, (Hrsg.), 1985, S. 19.). Im Paragraph 41 der türkischen Verfassung von 1982 wird der Familie die folgende Bedeutung eingeräumt: „Aile, Türk toplumunun temelidir. Devlet, ailenin huzur ve refahı ile özellikle ananın ve çocukların korunması ve aile planlanmasının öğretimi ile uygulanmasını sağlamak için gerekli tedbiri alır, teşkilatı kurar." (Türkische Verfassung, § 41, in: Kaneti,/Köprülü, 1989, S. 9.) Übersetzt heißt das: Die Familie ist die Grundlage der türkischen Gesellschaft. Der Staat ergreift die notwendigen Maßnahmen, um das Wohl und Heil der Familie, insbesondere den Schutz der Mütter und Kinder und die Durchführung einer gezielten Familienplanung zu gewährleisten und gründet Organisationen.[11] Folgende Tabelle, herausgegeben vom, Zentrum für Türkeistudien, soll den Familienstand der türkischen Bevölkerung verdeutlichen.

Tabelle 4:
Verteilung der Bevölkerung nach Familienstand und Geschlecht
(alle Angaben in Prozent):

Familienstand	Frauen	Männer
Ledig	28,1	34,7
Verheiratet	62,2	63,4
Verwitwet	8,9	1,6
Geschieden	0,8	0,4

Quelle: HNEE,1987, in: Zentrum für Türkeistudien, 1994, S. 144.

Nach Angaben dieser Tabelle sind knapp zwei Drittel aller Männer und Frauen verheiratet. Die hohe Zahl der ledigen Männer und Frauen resultiert aus der Tatsache, dass die Bevölkerung der Türkei aus überproportional vielen jungen Menschen unter 15 Jahren besteht, die sich nicht im heiratsfähigen Alter befinden. Da die Türkei zu den wenigen Ländern mit Männerüberschuss gehört, in denen junge Frauen auf dem Heiratsmarkt ein knappes und hochbewertetes „Gut" sind, gibt es eine hohe Zahl der ledigen Männer im Vergleich zu den Frauen (vgl. Nauck, in: Nauck/ Schönpflug (Hrsg.), 1997a, S. 169.).

---

[11] Die Übersetzung ist von Frau M. A. Alexandra Kern – Turkologin.

Das gesetzlich vorgeschriebene Mindestalter für eine Eheschließung beträgt bei Mädchen 15 und bei Jungen 17 Jahre. Das durchschnittliche Heiratsalter ist von Region zu Region unterschiedlich und ist auch von der Schul- und Berufsausbildung des Heiratswilligen abhängig. Das durchschnittliche Heiratsalter der Frauen war im Jahre 1978 17,7 Jahre, und 1988 lag diese Zahl bei 18,2 Jahren, wobei Analphabetinnen mit durchschnittlich 17,1 Jahren und Frauen mit mindestens Sekundarschulabschluss mit durchschnittlich 20,3 Jahren heiraten (vgl. ebd., S. 171.).

Auf dem Land, wo die Großfamilie weit verbreitet ist, findet die Eheschließung in der Regel durch ein elterliches Arrangement statt, da es nicht nur um eheliche Beziehungen, sondern auch um die Integration der Braut in die Familie geht (vgl. Timur, in: Abadan-Unat (Hrsg.), 1985, S. 70.). Die Heirat bei bäuerlichen Familien kann als Bündnis zwischen zwei Familien verstanden werden und nicht nur als die Verbindung zwischen zwei Personen. Demzufolge sind zwei Punkte von großer Bedeutung: 1. Wirtschaftliche Transaktionen sind mit der Heirat verbunden; 2. eine Heirat mit Verwandten wird gefördert (vgl. ebd.). Die Logik der Eheschließung könnte demnach folgendermaßen aussehen: (1.) (konsensuelle oder arrangierte) Ehe, (2.) Kinder, und dann stellt sich auch (3.) Liebe zwischen den Ehepartnern und – durch die Kinder – (4.) ökonomische Sicherheit ein (vgl. Nauck, in: Nauck/ Schönpfllug (Hrsg.), 1997a, S. 171.). Die folgende Tabelle, entnommen aus Altuntek (1993) soll die Anteile der Eheschließungen mit der Verwandtschaft aufzeigen.

Tabelle: 5
Verwandtschaftsehen nach Regionen (Alle Angaben in Prozent)

Region	1968	1983
Ägäis-Maramara	16,56	10,18
Südanatolien	38,00	29,36
Mittelanatolien	29,11	22,41
Schwarzmeer	26,04	21,78
Ostanatolien	37,80	32,86
Mittelwert Türkei	**29,20**	**20,92**

Quelle: Tunçbilek/Ulusoy, in: Altuntek, 1993, S. 39.

Bei einem Vergleich der beiden Jahre 1968 und 1983 fällt ein starker Rückgang der Verwandtschaftsehen auf. Aber zwischen Ost und West ist eine große Diskrepanz zu beobachten. Die Ehen mit den Verwandten werden weiterhin rückläufig sein, wenn die Heiratskandidaten darüber aufgeklärt werden, dass die Kinder aus solchen Ehen eventuell mit Behinderungen geboren werden. Die Heirat unter Verwandten auf dem Land wird deshalb gefördert, weil die Frau als ökonomisch wertvolle Arbeitskraft den Haushalt der Verwandten und nicht eine „fremde" Familie stärken soll. Ein weiteres Motiv für die Verheiratung innerhalb der Verwandtschaft besteht darin, dass die Verwandtschaft sich untereinander besucht und die familiären Beziehungen durch die Verheiratung verfestigt werden sollen. Werner Schiffauer (1987) fasst die Verheiratung in der Verwandtschaft folgendermaßen zusammen: „Wenn man die Beziehungen zu einem Verwandten nicht auffrischt, die Töchter nicht untereinander verheiratet, sich nicht besucht, dann vergessen die Kinder die Verwandtschaft. (...) Die Verwandtschaft soll nicht zerbrechen, deswegen verheiraten sie ihre Kinder miteinander." (Schiffauer, 1987, S. 181.) Wenn die Tochter den Brautwerber ablehnt, bedeutet das nicht nur den Verzicht auf die Intensivierung der Beziehungen, sondern wird auch als kränkende Ablehnung und damit als Absage an die Beziehung überhaupt verstanden (vgl. ebd., S. 184.).

Darüber hinaus macht Schiffauer darauf aufmerksam, dass die Eheschließung des Kindes auf dem Lande einen Tauschakt darstellt. Schiffauer beschreibt diesen Tauschakt wie folgt: „Die Gabe einer Tochter an einen anderen Haushalt gilt als der wichtigste und bedeutsamste Tauschakt im Dorf. Fast jede enge Beziehung zwischen zwei Haushalten gipfelt früher oder später in dem Wunsch, die Tochter des Tauschpartners als Frau für den eigenen Sohn zu bekommen." (ebd., S. 181.) Durch die Verheiratung der Kinder sollen die Beziehungen und die Solidarität zwischen den beiden Familien verfestigt werden (vgl. ebd.).

Eine Beziehung vor der Ehe ist nahezu ausgeschlossen, weil dadurch die Ehre der Frau „beschmutzt" wird; eine Frau, die ihre Jungfräulichkeit nicht bewahrt hat, hat fast keine Chance, einen Ehemann zu finden. Das könnte auch eine Erklärung für das niedrige Heiratsalter auf dem Land sein, denn laut einer Untersuchung von Saran (1984) liegt das durchschnittliche Heiratsalter bei den Frauen bei 17,8 und bei den Männern bei 21,4 Jahren (vgl. Saran, 1984, S. 167.). Der relativ hohe Wert bei den Männern resultiert daraus, dass sie zuerst den Militärdienst ableisten und dann heiraten. Das Heiratsalter könnte örtlich unter dem angegebenen Altersdurchschnitt liegen, weil viele nach islamischer Tradition geschlossene Ehen erst später bei den Behörden gemeldet werden.

Ein anderer Grund für die frühe Verheiratung könnte in der mit 12 Jahren abgeschlossenen Schulbildung liegen. Ein weiteres Motiv für die frühe Verheiratung der Tochter besteht darin, dass die Eltern die Verantwortung[12], die sie gegenüber der Tochter innehaben, an den Schwiegersohn abgeben wollen.

Die Ehe hat in der städtischen Türkei einen anderen Stellenwert als in den ländlichen Gebieten. Während in den Gecekondu-Gegenden der Großstädte die Motive

---

[12] Junge, heiratsfähige Frauen werden in der Familie als eine „Belastung" betrachtet, weil sie bis zur Ehe ihre Jungfräulichkeit bewahren müssen. Wenn das nicht der Fall ist, ist die Ehre der ganzen Familie, insbesondere die des Vaters, stark beschädigt. Väter versuchen sehr früh, ihre Töchter zu verheiraten, damit sie die Verantwortung dem Schwiegersohn übertragen können. Sobald die Tochter heiratet, übernimmt der Schwiegersohn die Verantwortung für seine Frau.

für die Verheiratung der Kinder ähnlich denen auf dem Land sind, gibt es in der Stadt Motivlagen, die denen in Deutschland ähneln.

Da in Geckondu-Gegenden das Schul- und Ausbildungsniveau niedrig und die Arbeitslosigkeit weit verbreitet ist, wollen die Eltern ihre Kinder durch die Verheiratung außerhalb der Gecekondu-Gegenden von der Armut befreien. Die Eltern rechnen anschließend mit einer finanziellen Unterstützung durch die Kinder (vgl. Kongar, 1996, S. 226.)[13]. Aus diesem Grund befürworten 75 Prozent der Eltern, eine Heirat außerhalb des Gecekondu (vgl. ebd.). Auch in den Gecekondu-Vierteln ist das Heiratsalter sehr niedrig. Je länger die Kinder, ob Mädchen oder Junge, aber eine weiterbildende Schule besuchen, desto später heiraten sie: das Abitur wird erst mit 17 bzw. 18 Jahren erworben. Die Väter befürworten nämlich eine verzögerte Heirat durch eine höhere Schulbildung bei den Mädchen (vgl. ebd., S. 224.). Weil der Sohn der Ernährer und das Oberhaupt der Familie sein wird, wird eine gute Schul- und Berufsausbildung des Jungen in der Regel mehr gefördert als bei einem Mädchen.

In der restlichen türkischen Bevölkerung (Mittel- und Oberschicht) könnte die Motivation der Familiengründung folgendermaßen aussehen: (1.) Liebe, (2.) Ehe, (3.) ökonomische Sicherheit und (4.) Kinder (vgl. Nauck, in: Nauck/Schönpflug (Hrsg.), 1997a, S. 171). Ehen, die seitens der Eltern arrangiert werden, sieht man hier sehr selten. Die romantische Liebesehe, die auch in Deutschland verbreitet ist, gewinnt an Bedeutung. Längere Freundschaften vor der Eheschließung sind selbstverständlich. Das Heiratsalter ist im Gegensatz zu der Land- und Gecekondu-Bevölkerung sehr hoch, da die Kinder der Mittel- und Oberschicht in der Regel studieren.

5.1 Die Ehe im türkischen Zivilrecht

Bevor die Türkei am 17.02.1926 die leicht veränderte Fassung des Schweizer Zivilrechts annahm, durften die Mädchen mit neun und die Jungen mit zehn Jahren heiraten (vgl. Abadan-Unat, in: Abadan-Unat (Hrsg.), 1985, S. 28.); zudem galt das islamisch-osmanische Familienrecht, nach dem die Eheschließungen an keine strengen Formvorschriften gebunden waren und die Männer bis zu vier Frauen heiraten durften (Zevkliler, 1989, S. 25.). Wie oben erwähnt, wurde dieses, wie alle wichtigen progressiven Gesetze, ohne die breite Zustimmung der Bevölkerung erlassen, d.h. nicht von dieser erkämpft. Das Schweizer Zivilrecht wurde in nur einer Sitzung ohne jede Gegenrede angenommen (vgl. Abadan-Unat, in: Abadan-Unat

---

[13] Die Bewohner der Gecekondus gehen davon aus, dass der Rest der Bevölkerung der Stadt reich und gebildet ist. Die Verheiratung des Kindes außerhalb der Gecekondus wäre für die gesamte Familie ein Statuswechsel.

(Hrsg.), 1985, S. 30.). Das neue Gesetz umfasst fünf Bücher (in dieser Reihenfolge: Personenrecht, Familienrecht, Erbrecht, Sachenrecht sowie Schuldrecht). In den Artikeln 82-439 des zweiten Buches werden die gesamten familienrechtlichen Verhältnisse systematisch erfasst (vgl. Zevkliler, 1989. S. 77.). Das neue Zivilrecht trat am 04.10.1926 in Kraft. Es verbietet die Polygamie und gibt beiden Geschlechtern das Recht auf Scheidung, wodurch es formell Frauen „Freiheit und Gleichberechtigung verlieh" (vgl. Abadan-Unat, in: Abadan-Unat (Hrsg.), 1985, S. 30.).

Die Eheschließung wurde an bestimmte Vorschriften gebunden: „Eine vollgültige Ehe konnte nach Art. 108. türk. ZGB, Art. 27 Eheschließungsverordnung nur noch durch amtliche Trauung begründet werden." (Zevkliler, 1989, S. 25.) Diese Trauung wird vor dem Eheschließungsbeamten mit zwei erwachsenen Zeugen in Form einer Feierlichkeit vollzogen (Art. 108 des ZGB).

Die größte Veränderung des neuen Gesetzes war die Einführung des Monogamieprinzips, wonach derjenige, der eine weitere Ehe eingeht, den Nachweis zu erbringen hat, dass seine frühere Ehe für ungültig erklärt oder durch Scheidung bzw. Tod aufgelöst worden ist (vgl. ebd., S. 77.). Die Ferntrauung wurde abgeschafft, indem eine Eheschließung nur in Gegenwart der beiden Ehepartner geschlossen werden konnte (vgl. Abadan-Unat, in: Abadan-Unat (Hrsg.), 1985, S. 30.).

Die Erziehung der Kinder wurde zur Angelegenheit beider Elternteile (Art. 226) und im Gegensatz zum alten Gesetz wurde das Sorgerecht beiden Elternteilen übertragen (Art. 262). Sollte ein Elternteil nicht mehr leben, wird das Kind dem Ehegatten zugesprochen. Im Falle einer Scheidung der Eltern soll das Gericht festlegen, welchem Elternteil das Kind zugesprochen wird (Art. 264). Das neue Zivilrecht schrieb ein Mindestalter, für Männer 18 und für Frauen 17, vor. Dieses Mindestalter wurde im Jahre 1938 bei den Männern auf 17 Jahre und bei den Frauen auf 15 Jahre herabgesetzt; in besonderen Situationen lag das gesetzliche Mindestalter bei den Jungen bei 15 Jahren und bei den Mädchen sogar bei 14 Jahren (vgl. ebd., S. 31.). Auch nach dem neuen Gesetz kann nicht von einer hundertprozentigen Gleichberechtigung gesprochen werden, weil der Mann immer noch das Familienoberhaupt ist (Art. 152); die Frau muss ihrem Mann gegenüber gehorsam sein, der Mann hat das Recht, den Wohnort der Familie zu bestimmen (Art. 152), die Frau ist verpflichtet, zum Lebensunterhalt der Familie beizutragen, indem sie entweder die häusliche Arbeit übernimmt oder finanzielle Unterstützung leistet (Art. 190). Die Frau darf ohne die Erlaubnis ihres Mannes keiner Erwerbstätigkeit nachgehen, diese Erlaubnis aber per Gerichtsbeschluss erwirken (Art. 159) (vgl. Öztan, 1989, S. 23-26; Köprülü/Kaneti, 1989, S. 11-15, 116-121.). Laut Abadan-Unat (1985) ist der Großteil des neuen Zivilrechts nur Papier geblieben, vor allem in ländlichen Gebieten mit stark ausgeprägter Feudalstruktur (vgl. Abadan-Unat, in: Abadan-Unat (Hrsg.), 1985, S. 31.). Ein bedeutendes Indiz für die Ungleichheit im türkischen Zivilrecht sind folgende Forderungen, die anlässlich des Kongresses zum Jahr der Frau 1978 in Ankara gestellt wurden:

„1. Der Status des Familienoberhauptes darf nicht ausschließlich dem Mann vorbehalten bleiben;

2. die Ehefrau darf nicht gezwungen werden, den Familiennamen des Mannes anzunehmen;

3. das Vorrecht des Mannes, seiner Frau die Ausübung eines Berufes oder einer Beschäftigung zu untersagen, muß abgeschafft werden;

4. Maßnahmen im Bereich der Gesetzgebung, der Erziehung, und Verwaltung sollten vorgenommen werden, um das Brautgeld abzuschaffen;

5. das Verbot eines religiösen Zeremoniells noch vor vollzogener Ziviltrauung muß bekräftigt werden; (...)

6. Beamtinnen und Arbeiterinnen sollte nach der Geburt eines Kindes ein bezahltes Jahr Urlaub gewährt werden; (...) (ebd., S. 32.)

Die oben genannten Forderungen standen zunächst nur auf dem Papier. Um das Familienrecht grundlegend zu reformieren, wurde im Jahre 1986 von einer Justizkommission ein Entwurf, basierend auf einen Vorentwurf, vorgelegt, mit dem Ziel, der Frau und dem Kind einen besseren Schutz zu geben, die Gleichberechtigung zwischen Mann und Frau voranzutreiben sowie Abschied von der Schuldfrage bei der Scheidung (im Sinne einer dem „Wohl des Kindes" verpflichteten Neuordnung des Kindschaftsrechts) zu nehmen (vgl. Öztan, 1986, S. 12.). Die Kommission hat u.a. Änderungsvorschläge im Bereich der Rechte des Familienoberhauptes, der Wahl des Wohnortes, des Familiennamens, des Familienunterhalts, der Berufstätigkeit der Frau, der Geschäftsbesorgung sowie der Haftung der Ehegatten gemacht (oder aber die Beibehaltung der bisherigen Regeln vorgeschlagen) (vgl. ebd., S. 23-26.). Die oben aufgezählten Änderungsvorschläge der Kommission bzw. die von der Kommission vorgeschlagene Beibehaltungen sollen im einzelnen vorgestellt werden:

Familienoberhaupt: Der Vorentwurf enthält keine Bestimmung zum Familienoberhaupt. Hier heißt es nur, dass beide Ehegatten den Haushalt gemeinsam führen sollen. Die Justizkommission bevorzugt aber die derzeitige Rechtslage: Haupt der Familie ist der Mann (vgl. ebd., S. 23.).

Wahl des Wohnsitzes: Entgegen dem Vorentwurf, der das Recht, den Wohnsitz zu bestimmen, beiden Ehegatten zuerkennt, belässt die Justizkommission dieses, wie bisher, allein dem Mann (vgl. ebd., S. 24.).

Familienname: Das „Gleichberechtigungsprinzip" wurde beim Familiennamen erreicht: Die Frau muss zwar den Namen ihres Mannes annehmen, sie kann aber den Namen ihres Mannes an ihren Mädchennamen anhängen (vgl. ebd.).

Familienunterhalt: In diesem Bereich wurde keine Änderung vorgenommen. Nach dem türkischen Zivilgesetz (Art. 152 und 153) hat der Mann für den Familienbedarf aufzukommen. Die Frau unterstützt ihn nach Kräften; sie führt den Haushalt (vgl. ebd.).

Berufstätigkeit der Frau: Auch hier konnte keine Erneuerung erzielt werden. Wenn die Frau berufstätig sein will, bedarf dies der Zustimmung ihres Mannes (vgl. ebd., S. 25.).

Geschäftsbesorgung: Laut des neuen Vorschlags sollen Artikel 165 und 169 abgeschafft werden. So soll die Frau laut des Vorschlags nicht der Zustimmung des Amtsgerichtes bedürfen, wenn sie zugunsten ihres Ehemannes Rechtsgeschäfte tätigt (vgl. ebd.).

Haftung der Ehegatten: Die Justizkommission lässt wie bisher den Mann für Handlungen zugunsten der ehelichen Gemeinschaft haften (vgl. ebd.).

Öztan (1986) fasst die Änderungen kritisch zusammen: „Die Reformen zielen offensichtlich auf einen bessern Schutz der Familie und besonders der Kinder. Indem die Eingehung der Ehe erleichtert wird, soll die Zivilehe stärker gefördert und damit die Islam-Ehe, die keine zivilrechtlichen Folgen hat, soweit wie möglich zurückgedrängt werden." (ebd., S. 33.)

Eine Studie von Köprülü/Kaneti (1989) bestätigt die Untersuchungen von Öztan (1986). Die oben angeführte Rechtslage im Zivilrecht hat auch heute noch Gültigkeit, denn ein moderner Entwurf, der die Lage der Frau verbessern soll, wird immer noch im türkischen Parlament diskutiert.

5.2 Die Bedeutung der islamischen Eheschließung

Wie bereits oben erwähnt galt bis 1926 das islamisch-osmanische Familienrecht, nach dem die Eheschließung an keine strengen Formvorschriften gebunden war und die Männer bis zu vier Frauen heiraten durften. Die Ehe nach islamisch-osmanischem Recht entsteht durch einen Vertrag, der „nikah" genannt wird. Das Wort ist arabisch und meint grundsätzlich den Geschlechtsverkehr. „Nikah" ist in diesem Falle ein Vertrag, der den legalen Geschlechtsverkehr ermöglicht: „Eine Ehe kann nach islamischem Recht nicht allein durch die Vereinigung und gemeinsame Lebensführung der Partner zustande kommen; es bedarf zur Gründung vielmehr des Abschlusses eines Vertrages (des Nikah)." (vgl. Zevkliler, 1989, S. 61-62.) Um den Vertag zu vollziehen, ist eine feierliche Abmachungsversammlung erforderlich, an der die beiden Partner oder ihre Vertreter und zwei Trauzeugen teilnehmen müssen. Grundsätzlich müssen beide Partner mündlich mitteilen, dass sie heiraten wollen, allerdings müssen sie nicht persönlich anwesend sein. An ihrer Stelle können ihre Eltern bzw. Freunde an der Versammlung teilnehmen und den Willen der Partner erklären (vgl. ebd., S. 62.).

Nach frühislamischen Regeln durften die Eltern ihre noch nicht geschlechtsreifen Kinder verheiraten, ohne die Zustimmung der Kinder einzuholen, und die Ehe war an keine Altersgrenze gebunden. Der Geschlechtsverkehr war den Verheirateten erst nach Erreichen der Geschlechtsreife erlaubt (vgl. ebd.). Die islamische Eheschließung wird als Brauch angesehen, und sie wird deshalb grundsätzlich vor einem Imam vorgenommen. Die Aufgabe des Imam besteht darin, die Ehefeierlichkeit zu leiten und am Ende ein Gebet für das Wohlbefinden und das Gelingen der eingegangenen Ehe zu sprechen; dieses Gebet ist ein unentbehrlicher Teil der Feierlichkeit (vgl. ebd., S. 74).

Nachdem das neue türkische Zivilrecht in Kraft getreten war, galten die islamischen Eheschließungen vor dem Gesetz als nicht mehr wirksam. Die religiösen Eheschließungen wurden per Gesetz zwar nicht verboten; aber ohne den Nachweis des amtlichen Ehescheines darf die religiöse Trauung nicht vorgenommen werden (Art. 110, ZGB) (vgl. ebd., S. 77.). Nach dem neuen Gesetz gelten die eingegangenen Imam-Ehen ohne amtliche Trauung vor dem Gesetz nicht als Ehen; die aus dieser Ehe hervorgegangenen Kinder gelten als nichtehelich (Art. 112, 241ff. ZGB) (vgl. ebd.). Die türkische Bevölkerung, insbesondere auf dem Lande, blieb den jahrhundertealten Traditionen treu und vollzog das neue Gesetz nicht in derselben Intensität, wie die Regierung es tat. Die Motive dafür sehen folgendermaßen aus:

- Die Imam-Ehen werden insbesondere von der ländlichen Bevölkerung akzeptiert und toleriert, obwohl bekannt ist, dass Imam-Ehen keine rechtliche Grundlage haben.
- Die Brautleute auf dem Lande heiraten des öfteren im nach dem Zivilgesetz heiratsunmündigen Alter und lassen deshalb die Ehe durch religiöse Trauung schließen.
- Der ländlichen Bevölkerung erscheint die amtliche Trauung häufig wegen der damit verbundenen Formalitäten als zu umständlich.
- Um das Monogamieprinzip umgehen zu können, heiraten Männer mehrere Frauen, indem sie sich von einem Imam trauen lassen (vgl. ebd., S. 78 und 80.).

Zevkliler (1989) fasst die gesetzliche Eheschließung vor dem Standesamt zusammen:

„Gemäß Art. 97 türk. ZGB sollte der Eheschließung ein Aufgebot vorangehen. Die Dauer des Aufgebotes betrug 15 Tage. Das Aufgebot sollte bei den Standesämtern der Wohnsitzgemeinden bzw. der Heimatorte beider Verlobten erfolgen.(...) Um die Veröffentlichung des Eheaufgebotes zu erwirken, mußten die Verlobten ihr Eheversprechen beim zuständigen Standesbeamten anmelden. Diesem Gesuch waren die im Gesetz vorgesehenen Unterlagen beizufügen, Geburtsscheine, und ggf. die schriftliche Einwilligung der Eltern oder des Vormunds sowie der Totenschein des früheren Ehegatten oder das Urteil, durch das die Nichtigkeit oder die Scheidung der früheren Ehe ausgesprochen worden war.(...) Ferner mußten die Verlobten nach Art. 122, 123 des

Gesetzes über den Schutz der allgemeinen Gesundheit (...) ihrem Gesuch ein ärztliches Zeugnis des staatlichen Gesundheitsamtes beifügen, in dem bestätigt wurde, daß sie an keiner unheilbaren Geschlechtskrankheit litten. Einer solchen Untersuchung beim Gesundheitsamt standen die Verlobten häufig reserviert gegenüber." (ebd., S. 79.)

Der oben zitierte Entwurf der Justizkommission von 1986 hat im Bereich der formalen Eheschließung folgende Änderungsvorschläge gebracht: Die Aufgebotsfrist von 15 Tagen sei abzuschaffen, ein ärztliches Zeugnis brauche man nach der Eheschließungsordnung nicht mehr vorzulegen. Außerdem wurde eine neue Regelung für den Ort der Eheschließung (außerhalb des Standesamtes) vorgeschlagen. Diese Änderungsvorschläge wurden als solche übernommen (vgl. Öztan, 1986, S. 17-20.).

Obwohl die oben beschriebenen restriktiven Formalitäten reformiert wurden, werden die religiösen Eheschließungen auf dem Land auch heute noch bevorzugt. Ein weiteres Motiv dafür könnte im Scheidungsrecht liegen. Da die religiösen Imam-Ehen keine rechtliche Grundlage haben, können die Paare sich ohne große Formalitäten trennen. Eines muss ganz klar hervorgehoben werden: Die Imam-Ehen werden in der Absicht geschlossen, miteinander – wie amtlich getraute Ehepaare – eine offenkundige und dauerhafte Beziehung zu führen. Oft sind die Ehepaare im guten Glauben, dass eine Ehe allein durch religiöse Trauung geschlossen werden kann (vgl. Zevkliler, 1989, S. 81.).

In der heutigen Türkei werden von Paaren beide Eheschließungsformen, sowohl die standesamtliche als auch die religiöse Trauung, gewählt. Die folgende Tabelle, entnommen aus Özkara (1988), soll diese Tendenz verdeutlichen:

Tabelle: 6
Form der Eheschließung (alle Angaben in Prozent)

Form d. Eheschließung	Großstädte	Land	Zusammen
Standesamtlich	24,7	5,8	11,3
Imam-Ehen	4,0	21,6	15,3
Beide Formen	69,8	70,8	71,6

Quelle: Abadan-Unat, N., in: Özkara, S., 1988, S. 36.

Auch hier sieht man eine große Diskrepanz zwischen Land und Stadt. Während der Prozentsatz der (nur) islamischen Eheschließungen in den Großstädten fast bedeutungslos ist (5,8 Prozent), ist die Zahl auf dem Lande enorm hoch (21,6 Prozent). Sowohl auf dem Land als auch in der Stadt werden bevorzugt beide Formen der Ehe geschlossen. Um die Bevölkerung auf die Rechte und auf die Pflichten einer standesamtlichen Eheschließung aufmerksam zu machen, hat die türkische Regierung Anfang der 90er-Jahre im türkischen Staatssender, TRT, eine Werbe- und Aufklärungsaktion gestartet. Ziel war es, vor allem die auf dem Land lebende Bevölkerung zu einer standesamtlichen Eheschließung zu motivieren, indem die Vorteile und die Rechte der standesamtlichen Trauung in den Vordergrund der Aufklärung gestellt wurden, wie z.B. Rechte nach einer Scheidung, juristische Regelung des Sorgerechts für die Kinder sowie Unterhalt für die Frau. Außerdem wurde in dieser Aufklärungskampagne immer wieder betont, dass eine Imam-Ehe vor dem Gesetz nicht als Ehe gilt.

5.3 Der Einfluss des Umfelds auf die Wahl des Ehepartners

Laut einer Untersuchung von Timur (1985) wird die große Mehrheit der in der Türkei geschlossenen Ehen – nach traditionellen Mustern – von den Eltern arrangiert. Mehr als zwei Drittel der befragten Frauen aller Wohnorte und Sozialschichten gaben an, dass ihre Ehen von den Eltern arrangiert worden waren, und zwar bei 67 Prozent mit ihrer Einwilligung und bei elf Prozent ohne ihre Einwilligung. Lediglich 13 Prozent aller Frauen haben laut dieser Studie erklärt, dass sie ihre eigene Entscheidung, mit Einwilligung der Eltern, getroffen haben. Neun Prozent aller Frauen gaben an, dass sie „durchbrennen"[14] mussten, da die Eltern zu der eigenen Wahl nicht ihre Zustimmung gaben. Bei den Männern sieht es ähnlich aus: Auf die Frage, wer die letzte Entscheidung hinsichtlich der Eheschließung getroffen hätte, antworteten lediglich die Hälfte, dass sie sich selbst entschieden hätten (vgl. Timur, in: Abadam Unat (Hrsg.), 1985, S. 70.). Wenn man sich die Werte der Eheschließungen auf dem Land anschaut, wird deutlich, dass dort die traditionelle Verheiratung der Kinder noch ausgeprägter ist. In der Untersuchung von Saran (1984) haben 73,2 Prozent der Befragten in den Dörfern angegeben, dass die von ihnen geschlossene Ehe von den Eltern arrangiert wurde. 15,1 Prozent gaben an, dass sie sich im Vorfeld mit dem Partner geeinigt hätten und schließlich haben 11,7 Prozent angegeben, dass sie zum Partner „geflohen" sind, weil die Eltern mit der Entscheidung nicht einverstanden waren (vgl. Saran, 1984, S. 169.).

Die zitierten Studien machen deutlich, inwieweit die Eheentscheidungen, sei es auf dem Land oder in der Stadt, zum Zeitpunkt der Untersuchung immer noch sehr stark von den Eltern, insbesondere vom Vater, beeinflusst werden. Die Eheentscheidungen der Söhne werden von der Familie eher akzeptiert als die Eheentscheidungen der Töchter. Die Gründe für die Ablehnung seitens der Familie könnten folgendermaßen zusammengefasst werden:

---

[14] Wenn ein Mädchen sich im Vorfeld mit einem jungen Mann über eine Eheschließung einigt und die Eltern gegen diese Entscheidung sind, flieht das junge Mädchen zu ihrem Freund und heiratet ihn ohne große Feierlichkeiten. Die Eltern der Tochter verstoßen in diesem Fall ihre Tochter. Sobald die Tochter ein Kind bekommen hat, versöhnen sie sich in der Regel wieder. Mehr zu diesem Thema im Kapitel 5.3.2.

- Da die Verheiratung der Kinder auch als Bündnis zwischen zwei Familien gesehen wird, wollen die Eltern, dass ihre Kinder den Ehepartner aus einer ihnen bekannten Familie wählen.
- Die Eltern lehnen die Entscheidung der Kinder ab, wenn sie die Tochter bzw. den Sohn mit einem Verwandten wie z.B. Cousin, Cousine oder mit anderen Bekannten oder Verwandten verheiraten wollen.
- Reiche Eltern lehnen oft die Eheentscheidung ihrer Kinder ab, wenn sie die andere Familie als nicht wohlhabend genug und nicht über den gleichen sozialen Status wie sie verfügend einschätzen.
- Wenn jemand, sei es Frau oder Mann, alevitischen Glaubens einen Partner sunnitischen Glaubens (oder umgekehrt) heiraten möchte, ist die Ablehnung und der Widerstand seitens der Eltern am stärksten.

Die Einflussfaktoren der Familie auf die Eheentscheidung der Kinder sollen anhand der traditionellen Brautwerbung, die auf dem Land und in den Gecekondu-Gebieten weitverbreitet ist, verdeutlicht werden.

5.3.1 Die Brautwerbung bzw. die arrangierte Ehe

Wenn ein junger Mann sich im heiratsfähigen Alter, in der Regel nach dem Militärdienst, befindet, wird er vom Vater oder aber auch von der Mutter gefragt, ob er sich darüber Gedanken gemacht hat, welche Frau er nun heiraten will. Wenn der Sohn sich bereits für ein Mädchen entschieden hat, teilt er seine Entscheidung der Mutter mit, damit die Familie als Brautwerber um die Hand der Tochter bitten kann. Wenn die Familie mehrere Söhne hat, wird zuerst der älteste Sohn verheiratet. In besonderen Ausnahmefällen, wenn der ältere Bruder krank ist oder sich in einer Berufsausbildung befindet, kann sein jüngerer Bruder vor ihm verheiratet werden. In sehr vielen Orten der Türkei gilt diese Reihenfolge nur für gleichgeschlechtliche Geschwister, weil eine sehr viel jüngere Schwester ohne Rücksicht auf die Reihenfolge verheiratet werden kann, wenn ein adäquater Brautwerber um die Hand des jüngeren Mädchens bittet. Diese Regel gilt auch in umgekehrter Weise: Ein jüngerer Sohn kann vor einer älteren Schwester verheiratet werden. Wir wollen zuerst davon ausgehen, dass sich der älteste Sohn der Familie noch für kein bestimmtes Mädchen entschieden hat und es in der näheren Verwandtschaft und Bekanntschaft kein heiratsfähiges Mädchen gibt. Ab diesem Zeitpunkt beginnt die Familie, die Mutter, die Schwester, Oma oder Tante, eine geeignete Braut für den Sohn zu suchen. In dieser Phase der Brautschau – im Türkischen *görücü usulü* – werden in erster Linie die Mädchen in Erwägung gezogen, die aus der Nachbarschaft, der Bekanntschaft, Verwandtschaft stammen sowie demselben religiösen Glauben angehören (vgl. Gartmann, 1981, S. 67.). Darüber hinaus werden solche

Mädchen bevorzugt, die in der Gesellschaft einen guten Ruf genießen (ein Mädchen darf mit einem Mann nicht verlobt und befreundet sein), sich gegenüber älteren Personen und Gästen respektvoll verhalten, fleißig und zurückhaltend sind sowie ein freundliches Wesen haben (vgl. ebd.). Helene Gartmann (1981) beschreibt die ersten Besuche der Brautschauerinnen wie folgt:

> „Bei den Besuchen im Hause des Mädchens achten die Brautschauerinnen besonders auf das Verhalten des Mädchens, u.a. wenn es den Gästen etwas zu trinken anbietet. Wenn es z.B. die Reihenfolge beim Servieren, wonach zuerst den älteren Gesten und danach den jüngeren angeboten werden muß, nicht einhält oder beim Verlassen des Raumes den Gästen den Rücken zuwendet, sehen dies die Brautschauerinnen als Respektlosigkeit an und nehmen von ihrem Vorhaben Abstand." (ebd., S. 68.)

Wenn auch die Familie des Mädchens geneigt ist, ihre Tochter zu verheiraten, sagen sie „besuchen sie uns doch ein anders Mal" (başka zaman geliniz) oder „wir müssen noch etwas darüber nachdenken" (biraz düşünmemiz lazım). Wenn die Familie des Mädchens aber ihre Tochter nicht verheiraten möchte, dann sagt sie „es gibt in unserem Haus kein Mädchen zu vergeben" (verecek kızımız yok) oder „Mein Kopf stimmt nicht zu" (kafam almıyor) (vgl. ebd. und Schiffauer, 1987, S. 16.). Sollte die Familie des jungen Mannes während der Brautschau eine Absage vonseiten der Eltern des Mädchens bekommen, erleidet das Ansehen der Familie keine Einbuße; die Familie schaut selbstbewusst nach einer anderen, für die Familie in Frage kommende, Brautkandidatin aus.

Wenn die Familie des Mannes von einem bestimmten Mädchen einen angenehmen Eindruck gewonnen hat, ihre Nachforschungen über das Mädchen positiv verlaufen sind und die Eltern der „Mädchenseite" auch ihre Zustimmung erteilt haben, d.h. die Brautschau erfolgreich war, wird entschieden, zu den Eltern des Mädchens als Brautwerber (dünürcü) zu gehen (vgl. Gartmann, 1981, S. 69.). Bevor die Familie gemeinsam mit dem Sohn das Haus des Mädchens besucht, wird die Familie des Mädchens vorher (in der Regel 2-3 Tage) benachrichtigt und der Besuch angekündigt. Der Junge nimmt nicht aktiv am Gesprächsverlauf teil, sondern zeigt sich eher der Familie, damit sie zumindest einen optischen Eindruck von ihm gewinnt. Er gibt nur Antworten auf Fragen, die ihm direkt gestellt werden. Ein Kontakt oder ein kurzes Gespräch mit der Braut kommt nicht in Frage. Die Brautwerbung wird in der Regel vom Vater des jungen Mannes, wenn der Großvater lebt, vom Großvater, mit den folgenden Worten formuliert: „Auf Gottes Befehl und mit dem Worte des Propheten wollen wir deine Tochter für unseren Sohn" (Allahın emri ile peygamberin kavli ile kızını oğlumuza istiyoruz) (vgl. ebd., und Schiffauer, 1987, S. 16.) In der Regel stimmen die Eltern der Tochter bei dem ersten Besuch nicht zu und sagen: „Wir müssen in der Familie darüber beraten". In dieser Zeit stellen die Eltern des Mädchens Nachforschungen über den jungen Mann und seine Familie an. Wichtig ist es jetzt, dass die Familie und der Sohn ein gutes Ansehen (şeref) in der Nachbarschaft und Bekanntschaft genießen, der junge Mann keine schlechten Gewohnheiten (starkes Rauchen, Alkoholkonsum, Glücksspiele etc.) hat und einer Arbeit bzw. einem angesehenen Beruf nachgeht, womit er seine zukünftige Familie ernähren kann. Wenn die Nachforschungen positiv verlaufen sind und die Tochter der Eheschließung zugestimmt hat[15], wird die Tochter den Brautwerbern versprochen (söz kesmek). Ab diesem Zeitpunkt ist die Phase der Brautwerbung beendet. Alle Vereinbarungen zwischen den beiden Familien über den Brautpreis (vgl. dazu Kapitel 5.4 unten.) und die Festlegung des Hochzeitstermins werden nach diesem Versprechen getroffen (vgl. Gartmann, 1981, S. 70.). Insbesondere auf dem Land wird nach den ersten Hochzeitsverhandlungen das ohnehin strenge Kontaktverbot vom künftigen Paar besonders nachdrücklich befolgt. Auch kurze Gespräche, sollte sich das Paar zufälligerweise treffen, sollten vermieden werden (vgl. Schiffauer, 1987, S. 17.).

In der städtischen Türkei gibt es zwar regionale Unterschiede beim Vermeidungsverbot des zukünftigen Paares. Aber wenn in den größeren Städten ein Mädchen einem bestimmten Jungen versprochen wird, lässt die Rigidität merklich nach: Das zukünftige Paar besucht sich in Anwesenheit anderer Familienmitglieder gegenseitig, plant und bereitet die Hochzeitsfeier gemeinsam vor und besorgt Einkäufe für den Hochzeitsabend bzw. für die Hochzeitstage.

5.3.2 Die Brautwerbung bei jungen Frauen

Da das Mädchen die Ehre und das Ansehen der Familie am stärksten, sei es positiv oder negativ, beeinflusst, ist es für die Familie von großer Bedeutung, wenn die junge Frau so früh wie möglich heiratet. Darüber hinaus wird das Mädchen im ländlichen (und im unterentwickelten städtischen) Kontext gleichermaßen als Hausfrau und Arbeitskraft betrachtet. Die Eltern der Frau wollen in erster Linie, dass es ihrer Tochter im „fremden Haus" (el evi) gut geht, d.h. der zukünftige Schwiegersohn soll eine Arbeit haben und gut verdienen. Falls ein wohlhabender junger Mann, wenn auch die oben genannten Voraussetzungen vorhanden sind, um die Hand der Tochter bittet, versuchen die Familienmitglieder, insbesondere aber die Mutter, das Mädchen bei der Entscheidung mit suggestiven Bemerkungen wie „er hat einen guten Beruf!", „er verdient viel!" „dort wird es dir gut gehen" unter Druck zu setzen. Der wichtigste Wert für eine Eheschließung, nämlich die Liebe, hat in dieser Argumentation keinen Platz.

---

[15] Die Tochter spricht in dieser Phase der Brautwerbung in der Regel nicht mit dem Vater. Sie wird entweder von der Mutter oder von der Schwester nach ihrem Einverständnis gefragt. Das Einverständnis der Tochter wird dem Vater durch die Mutter mitgeteilt. Vgl. dazu auch Gartmann, 1981, S. 70.

Wenn eine junge Frau ihren zukünftigen Ehemann selbst kennen lernt und sich mit ihm über eine Heirat einigt, wird sie dieses Vorhaben gegenüber ihrem Vater aus Gründen des Respekts nicht erwähnen (vgl. Gartmann, 1981, S. 72.). Die Tochter erwähnt ihr Vorhaben zuerst gegenüber den Schwestern und später gegenüber der Mutter. Wenn der Auserwählte die Zustimmung der Mutter findet, teilt sie die Entscheidung der Tochter ihrem Mann mit, damit die Familie des Jungen um die Hand der Tochter (hier fängt die Phase der Brautwerbung an) bittet. Sollte die Entscheidung der Tochter, aus den oben genannten Gründen, bei der Mutter keine Zustimmung finden, versucht die Mutter die Tochter umzustimmen.

Auch hier argumentiert sie mit den äußeren Gegebenheiten, wenn der junge Mann der Familie bekannt ist, wie z.B. „er war schon mal verlobt bzw. verheiratet!", „er hat keine gute Arbeit!", „er hat schlechte Eigenschaften" (z.B. Alkoholkonsum) oder „er hat nicht unseren Glauben!". Wenn das Mädchen sich von der Mutter nicht umstimmen lässt, wird zuerst der Vater und die anderen männlichen Familienmitglieder über das Vorhaben der Tochter in Kenntnis gesetzt. Danach können der jungen Frau im Extremfall rigide Sanktionen, wie z.B. Hausarrest, oder die Verheiratung mit einem anderen Mann auferlegt werden. Um sich von solchen Sanktionen zu befreien, ergreifen die jungen Frauen, unter vorheriger Absprache mit dem jungen Mann, oft die Flucht, um den Partner zu heiraten, den sie auch heiraten wollen. Diese Flucht wird von den Eltern missbilligt, weil sie dem Ansehen der Familie und der Ehre des Vaters schadet[16]. Für ein Mädchen, das die Flucht ergriffen hat, werden keine großen Feierlichkeiten vorbereitet, sie bekommt von den Eltern keine Aussteuer, sie wird von den Eltern verstoßen und nach einer Scheidung hat sie kein Recht, wieder in das Elternhaus zurückzukehren (vgl. dazu auch Gartmann, 1981, S. 73-76.). Oft versöhnen sich aber die Eltern, auch aufgrund des gesellschaftlichen Drucks, wieder mit der Tochter, wenn sie ein oder mehrerer Kinder bekommen hat. Diese Ambivalenz, einerseits der ausnahmslose Verstoß und andererseits die Versöhnung, ist eine gesellschaftlich tief verankerte und anerkannte Regel: denn ein ehrenhafter und angesehener Vater muss die Stärke zeigen, seine Tochter zu verstoßen und ihr gegebenenfalls zu verzeihen.

---

[16] Hier wird die Ehre des Mannes deshalb verletzt, weil er nicht stark und autoritär genug war, die Tochter von ihrem Vorhaben abzubringen. Auch das Mädchen verliert an Ansehen, weil sie dem Vater gegenüber nicht gehorsam war.

5.3.3 Die Brautwerbung bei jungen Männern

Der junge Mann wird im Vorfeld der Verheiratung von den Familienmitgliedern – hier auch vom Vater – auf eine Ehe mit einem bestimmten Mädchen angesprochen. Wenn der Junge mit dem vorgeschlagenen Mädchen nicht einverstanden ist, teilt er seine Entscheidung der Familie mit. Auch in diesem Fall versuchen die Familienmitglieder den jungen Mann in seiner Entscheidung zu beeinflussen, indem sie das Mädchen mit Aussagen wie z.B. „sie ist hübsch und ehrenhaft", „sie wird eine gute Hausfrau und Mutter sein" oder „sie hat unseren Glauben" loben. Wenn der Sohn nicht umgestimmt werden konnte, schlägt die Familie solange eine andere Frau vor, bis der Junge einverstanden ist. Die Entscheidung des jungen Mannes, will er sich mit einem bestimmten Mädchen verheiraten, wird eher akzeptiert als bei einer Tochter (vgl. Kongar, 1996, S. 225-227.). Wenn der junge Mann sich im Vorfeld, wie oben beschrieben, über eine Ehe mit einem bestimmten Mädchen geeinigt hat, gehen die Eltern als Brautwerber zu der Familie des Mädchens. Der Versuch, den Jungen von seiner Entscheidung abzubringen[17], scheitert oft an dem hartnäckigen Willen des jungen Mannes, und die Eltern stimmen schließlich einer Eheschließung des Sohnes zu, auch wenn sie seine Entscheidung nicht billigen.

5.4 Der Brautpreis

Dem Brautpreis wird in den Großstädten sowie in der westlichen Türkei immer weniger Bedeutung zugesprochen. Eine Untersuchung von Altunek (1993) macht hingegen deutlich, dass der Brautpreis in der Provinz Van (Osttürkei) immer noch eine entscheidende Rolle spielt (vgl. Altunek, 1993, S. 73-75.). Das Zahlen des Brautpreises ist darüber hinaus in den ländlichen Gegenden Ostanatoliens, an der Schwarzmeerküste und in Zentralanatolien – Gegenden, von denen bekannt ist, dass ihnen der wirtschaftliche Beitrag der Frauen in der Landwirtschaft sehr hoch ist – üblich (vgl. Timur, in: Abadan-Unat (Hrsg.), 1985, S. 71-72.). Viele Autoren sind sich einig, dass der Brautpreis bezahlt wird, um den finanziellen Ausgleich, den der Verlust der Arbeitskraft der Tochter im väterlichen Haushalt sowie in der Landwirtschaft bedingt, auszugleichen (vgl. Bates, in: Altunek, 1993, S. 74; Örnek, in: Gartmann, 1981, S. 81; Timur, in: Abadan-Unat (Hrsg.), 1985, S. 71-72.).

Timur prognostiziert, dass der Brautpreis keine Funktion mehr infolge der Urbanisierung und der mechanisierten Landwirtschaft haben wird. Nach ihrer Prognose wird der Brautpreis lediglich noch für einige Zeit symbolische Bedeutung

---

[17] Die Motive für eine ablehnende Einstellung sind dieselben wie bei den Mädchen.

haben und bald ganz verschwinden (vgl. Timur, ebd.). Nach Beschreibung von Gartmann (1981) wird der Brautpreis wie folgt entrichtet:

> „Nachdem die Eltern des Mädchens der Verheiratung ihrer Tochter mit dem Sohn der Brautwerber zugestimmt haben, trinken sie am Abend mit den Gästen zusammen den sogenannten Wortkaffee (söz kahvesi) oder Fruchtsaft (şerbet), um damit den Erfolg des Besuches zu würdigen. (...) Im Anschluß an das sogenannte Wortgeben (söz kesimi) wird über die Höhe des Brautpreises, den Umfang der Aussteuer und über den Verlobungs- und Hochzeitstermin entschieden. (...) Diese Zusammenkunft dient einmal zur Festsetzung des Brautpreises (başlık kesimi), den der Bräutigam bzw. dessen Vater an die Familie der Braut zu zahlen hat, und zum anderen zur Festlegung der von beiden Seiten in die Ehe mitzugebenden Wertsachen.(...) Je nach Vereinbarung wird entweder der gesamte Betrag des Brautpreises dem Vater der Braut gezahlt, und dieser kauft dafür die für die Aussteuer seiner Tochter notwendigen Sachen. Oder ihm wird nur ein Teilbetrag des Brautpreises in bar übergeben, und die Familie des Bräutigams besorgt einen Teil der Aussteuergegenstände im Werte der restlichen Brautpreissumme. Eine dritte Möglichkeit besteht darin, dem Wert des geforderten Brautpreises entsprechend einen Goldschmuck für die Braut zu kaufen." (Gartmann, 1981, S. 78-79.)

Die Ausführungen Gartmanns machen deutlich, dass es verschiedene Arten gibt, den festgelegten Brautpreis zu entrichten. In den östlichen, südöstlichen sowie nördlichen Provinzen, wo die Landwirtschaft und die patriarchalischen Großfamilien weit verbreitet sind, wird der festgelegte Brautpreis im vollen Umfang dem Vater der Braut ohne Gegenleistung bezahlt (d.h. der Vater der Braut muss damit nicht die Aussteuer für die Tochter entrichten). In diesem Kontext gilt der Brautpreis als Ausgleich für den Verlust einer Arbeitskraft durch den Weggang der Tochter (vgl. Timur, in: Abadan-Unat (Hrsg.), 1985, S. 71.). Die oben zitierte Prognose von Timur bezieht sich eher auf diese Art von Brautpreis, der auch als der klassische Brautpreis bezeichnet wird. In vielen Orten auf dem Lande wie auch in den Gecekondu-Gebieten der Großstädte und in einigen weiterentwickelten Orten wird zwar nicht mehr der klassische Brautpreis erhoben – jedoch ist ein latenter Brautpreis sehr verbreitet. Die Familie der Braut verlangt, dass der Tochter z.B. eine bestimmte Anzahl von Goldringen, elektronischen Geräte (Fernseher, Videorekorder, Spülmaschine, Kühlschrank, Elektroherd etc.) und Möbeln gekauft werden soll, oder aber die Familie des Bräutigams soll eine Hochzeitsfeier organisieren, die den Vorstellungen der Eltern der Braut entspricht. In diesem Fall bekommt der Vater der Braut zwar kein bares Geld, aber er umgeht hier die teure Aussteuer der Tochter sowie die Organisation der kostenaufwendigen Hochzeitsfeier.

5.5 Die Hochzeitsfeier

Sowohl auf dem Land als auch in der Stadt findet am Vorabend der Hochzeitfeier ein Hennaabend[18] (*kına gecesi*) statt, an dem Frauen aus der nähren Bekanntschaft und Verwandtschaft der Braut teilnehmen. Bei diesem Ritual dürfen in der Regel keine Männer anwesend sein. Die Männer begleiten zwar ihre Frauen, es werden ihnen aber in einem gesonderten Raum Essen und Getränke serviert, und die Stimmung ist eher ruhig und gesellig. Die Frauen hingegen feiern ausgiebig, essen, singen und tanzen gemeinsam. An diesem Abend wird die Braut rituell gewaschen, auf ihre Hand und später auf die Hand der anderen Frauen wird Henna als Hochzeitsschmuck aufgetragen, und die Braut bekommt den Hochzeitschleier, der ihr Gesicht und ihren Kopf vollständig bedeckt, angelegt (vgl. Schiffauer, 1987, S. 18.).

Die Hochzeitsfeier in der ländlichen Türkei, beginnend mit dem Hennaabend, kann bis zu drei Tage dauern. Sowohl die Brautseite als auch die Bräutigamseite feiert, isst und tanzt ausgiebig, bis am dritten Tag die Braut von der Seite des Mannes abgeholt wird. Die Stimmung im Brauthaus ist eher gedämpft, weil es sich bei der Verheiratung der Tochter auch um eine Trennung handelt. Sobald die Braut abgeholt wird, endet die Hochzeit im Hause der Braut (vgl. ebd., S. 20.). Die Braut wird mit dem Brautkleid auf ein Pferd gesetzt und in das Haus des Bräutigams gebracht (vgl. Erdentuğ, 1975, S 61.). Während die Seite des Bräutigams fröhlich tanzt und singt, weint die Seite der Braut und nimmt Abschied. Die eigentliche Vermählung des Brautpaares wird an diesem Tag im Hause des Bräutigams vom Dorfprediger oder Imam vorgenommen; erst später folgt die standesamtliche Trauung[19].

Außerdem wird das neue Paar reichlich mit Gold, Geld und elektronischen Geräten beschenkt. In vielen Orten auf dem Land werden die Feierlichkeiten auch heute noch geschlechtsspezifisch getrennt gefeiert. An diesem letzten Tag der Feier wird der Bräutigam von seinen Freunden und andern Männern des Dorfes auf den Hochzeitabend vorbereitet und zum Abschluss wird ein letztes Mal gemeinsam gebetet. Am frühen Abend wird der Bräutigam zu dem Haus, in dem die Braut auf ihn wartet, begleitet. Er verabschiedet sich ganz schnell und küsst dabei die Hände der anderen Männer, weil die anderen ihn stoßend und schlagend in das Haus treiben (vgl. dazu auch Schiffauer, 1987, S. 21.).

Am Tag nach dem Hochzeitsabend muss die Braut den Beweis ihrer Jungfräulichkeit erbringen, indem das blutverschmierte Bettlaken den Eltern des Bräutigams sowie der Nachbarschaft zur Schau gestellt wird. Sollte dies nicht der Fall sein,

---

[18] Da dieses Ritual, wie auch das Hochzeitsritual, von Ort zu Ort ganz unterschiedlich gefeiert wird, wird hier nur darauf hingewiesen, ohne ins Detail zu gehen.
[19] In manchen Orten wird die standesamtliche Trauung bereits vor der Hochzeit vollzogen.

wird die Braut in einigen Orten umgekehrt auf einen Esel gesetzt und unter Spott, Beschimpfungen und Beleidigungen zu ihren Eltern zurückgeführt (vgl. Erdentuğ, 1975, S. 62; Schiffauer, 1987, S. 21-22.).

Die Hochzeitsfeier im großstädtischen Kontext dauert keine drei Tage, sondern beginnt mit dem Hennaabend und endet am nächsten Tag mit der eigentlichen Hochzeitsfeier, die meist am frühen Abend anfängt und noch vor Mitternacht endet. Am Tag der Hochzeit werden oftmals große Säle und Hallen gemietet und Hunderte von Personen zu der Hochzeit eingeladen. Je mehr Gäste kommen, desto angesehener ist die Familie in der Gesellschaft (vgl. Zentrum für Türkeistudien, 1994, S. 83.). Bei dem Hochzeitsfest werden den Gästen je nach Finanzkraft des Bräutigams[20] ausgiebiges und gutes Essen sowie (alkoholische) Getränke angeboten, und es wird getanzt, gesungen und gefeiert.

---

[20] Es wird erwartet, dass die Organisation des Hochzeitsfestes vom Bräutigam bzw. von seinen Eltern übernommen wird.

II. Auswirkungen des Erziehungsstils auf die Partnerwahl und die Eheschließung türkischer Migrantinnen und Migranten der zweiten Generation in Deutschland

1. Die Begründung der Methode

Im Rahmen dieser Arbeit wurde die qualitative Forschungsmethode gewählt, weil diese Untersuchungsmethode die Annäherung an die soziale Realität mit Hilfe eines offenen Verfahrens erlaubt. Das heißt: das jeweilige Untersuchungsfeld wird vorwiegend ohne Zuhilfenahme standardisierter Erhebungsinstrumente erschlossen (vgl. Hopf/Weingarten (Hrsg.), 1993, S. 14.). In der qualitativen Forschung werden folgende Schritte nicht berücksichtigt:

- vorgegebene oder neu entwickelte Skalen zur Messung von Einstellungen, Intelligenz, Leistung o.Ä.;
- vorgegebene oder neu entwickelte Skalen oder Indizes zur Messung von Strukturmerkmalen von Organisationen oder Gruppen;
- vorgegebene oder neu entwickelte Instrumente zur Beobachtung sozialer Szenen;
- durchstandardisierte Fragebögen, sei es, dass in ihnen auch die Antwortmöglichkeiten von vornherein vorgegeben sind, oder sei es, dass nur die Fragen in Inhalt, Formulierung oder Reihenfolge vorgegeben sind;
- Tests unterschiedlicher Art, deren Auswertung bereits erprobt ist und nach geregeltem Schema erfolgt (vgl. ebd.).

Für die qualitative Vorgehensweise sind folgende Methoden von Bedeutung:

- „die unstrukturierte oder wenig strukturierte Beobachtung, die über einen sehr kurzen oder aber sehr langen Zeitraum erfolgen kann und die mit unterschiedlichen Graden und Arten der Teilnahme des Forschers verbunden sein kann;
- das qualitative Interview, das ebenso wie die qualitative Beobachtung von unterschiedlicher Intensität und Dauer sein kann und das zudem durch unterschiedliche Arten des Involvements von seiten des Forschers gekennzeichnet sein kann. Qualitative Interviews können unter anderem geführt werden (...) als Interviews, in denen es um die Erfassung von Deutungen, Sichtweisen und Einstellungen der Befragten selbst geht;
- die Erhebung und Analyse von Dokumenten unterschiedlichster Natur." (ebd. 14-15.)

Das wichtigste Merkmal, aufgrund dessen die qualitative Methode gewählt wurde, ist, dass die vorhandenen Erwartungen und theoretischen Überzeugungen nach Möglichkeit einen offenen Charakter haben: sie sollen in einem Austauschprozess zwischen qualitativ erhobenem Material und zunächst noch wenig bestimmtem Vorverständnis präzisiert, modifiziert oder revidiert werden (vgl. ebd., S. 15.).

1.1 Die Art des Interviews

Die mündliche Befragung – hier das (qualitative) Interview – ist die sicherste Methode, um Informationen von Probanden zu bekommen, weil selbst einfache Fragebögen von mindestens zehn Prozent der erwachsenen Bevölkerung nicht ordnungsgemäß ausgefüllt werden können (vgl. Selltiz u.a., 1972, S. 15.). Fragebögen sind nur bei Untersuchungen mit Versuchspersonen mit beträchtlichem Bildungsgrad angemessen (vgl. ebd.). In dieser Untersuchung wurde die mündliche Befragung gewählt, weil viele der Probanden keine höhere Schulqualifikation haben. Es fällt sogar vielen Universitätsabsolventen schwer „etwas zu Papier zu bringen und unter denjenigen, die gewandt genug waren, haben nur wenige die Geduld oder das Interesse so ausführlich zu schreiben, wie sie sprechen würden." (ebd.) Bei der mündlichen Befragung bzw. beim Interview lassen sich einzelne Formen unterscheiden[21]. Im Rahmen dieser Arbeit wurde das fokussierte Interview verwendet. Bei dieser Form des Interviews „geht man zwar auch im Hinblick auf die Bedeutungsstrukturierung vom Befragten aus, aber Absicht ist nicht so sehr die Generierung von hypothetischen Konzepten, sondern es geht eher um die Falsifikation von deduktiv gewonnen Hypothesen, die der Forscher vorab entwickelt hat." (Lamnek, 1995, Bd. 2, S. 79.) Das Hauptaugenmerk des fokussierten Interviews richtet sich an eine spezifische, konkrete, nicht experimentell konstruierte Situation des Befragten, die er persönlich erfahren und erlebt hat (vgl. ebd.).

Im Vorfeld dieses Interviews hat der Forscher die Feldsituation beobachtet. Im zweiten Schritt versucht er über eine Analyse der Situationen, die hypothetisch wichtigen Elemente herauszunehmen, indem er sich mit dieser Situation auseinander setzt und die Reaktionen, des in dieser Situation Beobachteten, ermittelt (vgl. ebd.). Nachdem die Beobachtungsanalyse abgeschlossen ist, formuliert der Forscher einen Interviewleitfaden, der die relevanten Themen sowie die für die Situation wichtigen Aspekte und Elemente enthält (vgl. ebd.). Das Interview selbst ist eine „Sonderform des mündlich-sprachlichen Interviews, bei der die Intervieweranweisung eine Liste von Themen, Gegenständen und Fragevorstellungen enthält,

---

[21] Lamnek, 1995, Bd. 2, unterscheidet fünf unterschiedliche Formen des qualitativen Interviews. Er spricht vom narrativen Interview, vom problemzentrierten Interview, vom fokussierten Interview, vom Tiefen- bzw. Intensivinterview und vom rezeptiven Interview.

die vom Interviewer im Laufe des Gesprächs zu behandeln ist." (Grunow, 1978, in: ebd.) Das Hauptziel des fokussierten Interviews ist es, die subjektiven Erfahrungswerte der Befragten in der früher erlebten und vom Forscher aufgrund der Beobachtung analysierten Situation zu erfassen (vgl. Lamnek, ebd.). „Dabei dienen die Befunde des fokussierten Interviews vor allem dazu, die auf der Basis der Beobachtung entwickelten und formulierten Hypothesen über vermeintlich relevante Elemente der Situation unter dem Aspekt der Gültigkeit neu zu betrachten." (ebd.) Dieses Interview unterscheidet sich z.B. vom narrativen oder problemzentrierten Interview dadurch, „dass es die quantitative Forschungslogik beibehält, es aber bei der Datenerhebung gleichwohl qualitative und interpretative Orientierungen aufweist." (ebd., S. 79-80.)

Eine bedeutende Rolle spielt dabei neben dem Fragebogen (Leitfaden) das Verhalten des Interviewers bzw. des Forschers. Das ideale Interviewverhalten des Forschers wird in der völligen Neutralität gegenüber Thema und Befragtem gesehen (vgl. Schnell/Hill/Esser, 1999, S. 301.).

„In seinen Reaktionen muß sich der Interviewer in engen Grenzen halten – es ist sogar ein Grundprinzip jeder Befragung, daß der Interviewer versuchen muß, seine eigene Einstellung zum Untersuchungsgegenstand zu verbergen. Er darf auch kein Befremden oder Mißbilligung über irgendetwas zeigen, was der Befragte sagt, und auch nicht enthusiastisch nicken, wenn der Befragte die eigenen Ansichten des Interviewers zum Ausdruck bringt ... Es hat sich als ein wirksamer Kompromiß herausgestellt, daß der Interviewer eine Haltung freundlichen Gewährenlassens annimmt. Er lacht über die Witze des Befragten, er macht Ausrufe, wenn der Befragte etwas sagt, das offensichtlich Erstaunung erregen soll (‚wirklich?', was Sie nicht sagen?'), macht unterstützende Bemerkungen wie etwa: ‚Ich sehe, was Sie meinen', ...und verwendet auch andere Ausdruckweisen, die in der betreffenden Lage normal sein würden. Er vermeidet jedoch gewissenhaft eine direkte Zustimmung oder Ablehnung der Einstellung des Befragten – kurz: er argumentiert niemals mit dem Befragten und sagt auch nicht: ‚ich denke genauso'." (Maccoby/Maccoby, in: ebd., S. 301-302.)

1.2 Das Erstellen des Interviewleitfadens

Der Interviewleitfaden besteht aus zwei Abschnitten. Der erste Abschnitt beinhaltet allgemeine Fragen und dient einerseits dazu, persönliche Daten des Interviewpartners festzuhalten, andererseits sollen Informationen über die Eltern des Probanden, die ja beim Erziehungsprozess eine entscheidende Rolle spielen, eingeholt werden. Diese Art von Fragestellung wird in der Literatur als „Fragen nach Befragteneigenschaften" bezeichnet: Dieser Fragetyp „(...) umfaßt im allgemeinen Fragen nach personalen und demographischen Eigenschaften von Befragten wie Alter, Geschlecht, Ausbildung, Beruf, Einkommen Familienstand, ethnische Zugehörigkeit,

Parteizugehörigkeit, Konfession usw. Demographische Variablen werden in den meisten Fragebögen ‚routinemäßig' erhoben; im allgemeinen und im einfachsten Fall, um (...) Zusammenhänge zwischen demographischen Eigenschaften von Personen und ihren Einstellungen, Überzeugungen und Verhaltensweisen zu ermitteln." (Schnell/Hill/Esser, 1999, S. 304-305.) Die Antworten auf die Fragen im ersten Abschnitt wurden vom Interviewer wörtlich mitgeschrieben. Das Ziel war es hier unter anderem, den Interviewpartner mit allgemeinen und einfachen Fragen auf das Hauptinterview, das auf Tonband aufgezeichnet wurde, vorzubereiten und die Nervosität des Interviewpartners bedingt abzubauen.

Das Hauptinterview ist in zehn Themen aufgeteilt worden. Diese zehn Themen wurden gewählt, um den Erziehungsprozess und das Eheverhalten des Interviewpartners rekonstruieren zu können. Allgemein betrachtet spielen die Indikatoren Schule (Kindergarten), Berufsausbildung, Wohnsituation, Religion, Peergroup sowie Erziehungsstil der Eltern beim Erziehungsprozess der Kinder und Jugendlichen eine entscheidende Rolle. Darüber hinaus wurden aufgrund des Untersuchungsgegenstandes Themen wie z.B. Ausländerstatus, Einbürgerung, Ausländerfeindlichkeit, Türkeibild, Rückkehr sowie Ehre näher betrachtet, weil diese Themen im Sozialisationsprozess der türkischen Kinder und Jugendlichen eine bedeutende Rolle spielen.

Im zweiten Teil des Interviews wurden die Fragen so formuliert, dass der Interviewpartner die Fragen mit eigenen Worten beantworten konnte[22]. Der Hauptvorteil der offenen Frage besteht darin, „(...) daß der Befragte innerhalb seines eigenen Referenzsystems antworten kann, ohne z.B. durch die Vorgabe möglicher Antworten bereits in eine bestimmte (durch die Vorstellung der Fragebogenentwickler begründete) Richtung gelenkt zu werden." (ebd., S. 309.) Der Nachteil der offenen Frage besteht darin, dass nicht jeder Befragte eine gleich gute Artikulationsfähigkeit bezüglich seiner Einstellung und Meinung besitzt (vgl. ebd., S. 310.). Darüber hinaus wird in der Literatur darauf hingewiesen, dass die Wahrscheinlichkeit von Interviewreffekten durch unterschiedliche Fähigkeiten des Interviewers beim Notieren der Antworten beeinträchtigt sein könnte (vgl. ebd.). Um diesem Effekt vorzubeugen, wurde das Hauptinterview, wie oben erwähnt, auf Tonband aufgezeichnet. Viele offene Fragen des Hauptinterviews wurden so formuliert, dass der Befragte mit seinen Antworten unterschiedliche Aspekte ansprechen konnte. In der Literatur wird diese Art von Fragestellung auch als „unstrukturierte Frage" bezeichnet. Unstrukturierte Fragen sind so formuliert, „(...) daß die Versuchspersonen die Möglichkeit haben, sich praktisch auf jeden Aspekt der Stimulussituation zu beziehen (...)." (Hopf/Weingarten (Hrsg.), 1993, S. 180.)

---

[22] In der Literatur wird diese Art von Fragen als „offene Frage" bezeichnet.

Bei der Fragestellung war es wichtig, welche Wortwahl und welchen Satzaufbau der Interviewer wählte. Auf folgende Regeln – entnommen aus Schnell/Hill/Esser (1999) – wurde besonders geachtet:

- Die gestellten Fragen sollen ganz einfache Worte enthalten: keine Verwendung von nicht gebräuchlichen Fachausdrücken, keine Fremdwörter, keine Abkürzungen und keine Slangausdrücke.
- Die Fragen sollen kurz und prägnant formuliert sein.
- Die Fragen sollen konkret formuliert sein und abstrakte Begriffe sollten in konkrete überführt werden.
- Die Fragen sollen keine bestimmte Beantwortung provozieren, d.h. Vermeidung von Suggestivfragen.
- Die Fragen sollen nach Möglichkeit neutral formuliert sein. Die Fragen dürfen keine „belasteten" Worte, wie z.B. „Kommunist", „Bürokrat", „Boss", „Freiheit", „Leistungswille" bzw. „Ehrlichkeit", enthalten.
- Die Fragen dürfen nicht hypothetisch formuliert werden.
- Die Fragen sollen sich nur auf einen Sachverhalt beziehen. Mehrdimensionalität soll vermieden werden.
- Die Fragen sollen keine doppelten Negationen haben.
- Die Fragen sollen den Befragten nicht überfordern: Eine Frage wie „Wie viel Prozent ihres monatlichen Einkommens geben Sie für die Miete aus?" soll vermieden werden (vgl. Schnell/Hill/Esser, 1999, S. 312-313.).

Zu jedem Themenbereich gab es zwar zahlreiche Fragen. Aber wenn der Befragte einige dieser Fragen bereits im Vorfeld beantwortet hatte, wurden diese Fragen nicht nochmals gestellt. Das Hauptmotiv der Fragen war es, vom Befragten die Antworten, ungeachtet der Reihenfolge, zu bekommen.

Der Leitfaden

I. Allgemeine Fragen

Name: Vorname:
Geburtsdatum: Geburtsort:
Geschlecht: Volkszugehörigkeit:
Aufenthaltsstatus: Wohnort:
Wann sind Sie nach Deutschland gekommen?
Wann sind Ihre Eltern nach Deutschland gekommen?
Aus welchem Ort in der Türkei kommen Ihre Eltern?
Bevor Ihre Eltern nach Deutschland gekommen sind, fand in der Türkei ein Umzug in eine andere Stadt statt?

Warum sind ihre Eltern oder Großeltern damals nach Deutschland gekommen?
Was hat Ihr Vater in der Türkei beruflich gemacht?
Was macht Ihr Vater in Deutschland beruflich?
Was hat Ihre Mutter in der Türkei beruflich gemacht?
Was macht Ihre Mutter in Deutschland beruflich?
Was für eine Schulbildung haben Ihre Eltern?
Was für eine Berufsausbildung haben Ihre Eltern?
Haben Ihre Eltern in Deutschland eine allgemeine- oder weiterbildende Schule besucht?
Wie viele Geschwister haben Sie (Geschlecht, Alter, Schulbildung, Beruf)?

II. Spezielle Fragen (Tonbandaufzeichnung)

1. Schule
- Beschreiben Sie bitte Ihre Kindergartenzeit?
- Wo haben Sie die Grundschule besucht?
- Beschreiben Sie ihre Grundschulzeit?
- Wer hat die Schullaufbahn mitbestimmt?
- Welchen Schulabschluss haben Sie?
- Haben Sie in der deutschen Schule Türkisch bzw. Religionsunterricht gehabt? Wenn ja, beschreiben Sie das bitte.
- Was wissen Sie über das türkische Schulsystem?
- Was wissen Sie über das deutsche Schulsystem?
- Wollten Ihre Eltern, dass Sie eine bestimmte Schule besuchen? (Warum?)

2. Beruf
- Was für eine Berufsausbildung haben Sie?
- Welche Rolle haben Ihre Eltern oder andere Bekannte bei der Wahl des Berufes gespielt?
- Arbeiten Sie in dem Beruf, den Sie gelernt haben?
- Wie zufrieden sind Sie mit Ihrem Beruf?

3. Wohnsituation (Vor der Eheschließung)
- Wie war die Lage und die Art der Wohnung?
- Beschreiben Sie bitte kurz die Wohnung, in der Sie mit ihren Eltern gewohnt haben!
- Wie viele Personen lebten im Haushalt?
- Hat jedes Mitglied ein eigenes Zimmer gehabt?

3a. Nachbarn

* Haben Sie in der Regel deutsche oder türkische Nachbarn gehabt?
* Wie waren die Nachbarn? Beschreiben Sie sie bitte kurz!

4. Ausländerstatus – Aufenthaltsdauer – Einbürgerung

* Glauben Sie, dass Sie in Deutschland aufgrund Ihres Aussehens benachteiligt werden oder wurden?
* Wie sicher ist Ihr Aufenthaltsstatus?
* Wie stehen Sie zur Einbürgerung?

5. Peergroup (vor der Eheschließung)

* Mit wem verbrachten Sie in der Regel Ihre Freizeit?
* Wo haben Sie Ihre Freizeit verbracht?
* Waren Sie Mitglied einer Jungen- oder Mädchenclique? Wenn ja, waren auch deutsche Jugendliche dabei?
* Waren Sie Mitglied in einem Sportverein? Was haben Sie dort gemacht?
* Waren Sie Mitglied in einem Kulturverein? Wenn ja, was haben Sie dort gemacht?
* Haben Sie immer noch Kontakt zu Ihren „alten Freunden"?
* Wie intensiv ist dieser Kontakt?

6. Ausländerfeindlichkeit – Türkeibild – Rückkehr

* Gibt es in Deutschland generell Ausländerfeindlichkeit? Wie äußert sich das?
* Haben Sie diese Erfahrung in Deutschland gemacht?
* Was verbinden Sie mit der Türkei?
* Wie oft fahren Sie in die Türkei?
* Schildern Sie mir bitte kurz, was Sie in der Türkei machen!
* Wurden Sie schon mal von Ihren Eltern für längere Zeit in die Türkei geschickt? Wenn ja, warum?
* Können Sie sich vorstellen, in der Türkei zu leben?

7. Religion

* Wie religiös sind Sie? (Halten Sie den Fastenmonat ein?)
* Wie religiös sind Ihre Eltern?
* Wie stehen Sie zum Islam?
* Haben Sie eine religiöse Erziehung bekommen?
* Warum bezeichnen Sie diese Erziehung als religiös bzw. unreligiös?

8. Erziehung (Autoritätsstruktur)

* Beschreiben Sie bitte Ihre Erziehung?
* Wer war an Ihrer Erziehung beteiligt? Beschreiben Sie sie bitte (Geschwister, Oma, Verwandte)!
* Wie würden Sie diesen Erziehungsstil bezeichnen?
* Was wissen Sie über den „deutschen Erziehungsstil"?

- Ist für Sie der „deutsche Erziehungsstil" besser? Warum?
- Werden Sie Ihre Kinder so erziehen, wie Sie erzogen wurden? Können Sie das begründen?

9. Ehre
- Was verbinden Sie mit dem Begriff Ehre?
- Was ist für Sie ein ehrenhafter Mann?
- Was ist für Sie eine ehrenhafte Frau?
- Soll Ihre Frau, bevor Sie sie heiraten, „Jungfrau" sein? (Eine Frage nur für Männer)
- Was halten Sie von Jungfräulichkeit? (Eine Frage nur für Frauen)

10. Ehe
- Wie haben Sie Ihre/n Ehepartner/in kennen gelernt?
- Wo haben Sie Ihre/n Ehepartner/in kennen gelernt?
- Wie lange kannten Sie Ihre/n Ehepartner/in, bevor Sie sie/ihn heirateten?
- Wie alt waren Sie, als Sie heirateten?
- Wie kam es zur Eheentscheidung – haben Ihre Eltern Druck ausgeübt?
- Was wissen Sie über den Brautpreis?
- Welche Rolle hat der Brautpreis bei Ihrer Eheschließung gespielt?
- War das eine Liebesehe? Beschreiben Sie das bitte kurz!
- Wie wurde gefeiert?
- Waren Sie vor der Ehe verlobt? Beschreiben Sie bitte die Verlobungsfeier.
- Wie stehen Sie zu Verwandtschaftsehen?
- Was bedeutet für Sie eine islamische Eheschließung?
- Wurde von den Eltern eine islamische Eheschließung verlangt? Warum?
- Akzeptieren Ihre Eltern Ihre Eheentscheidung?

1.3 Datenerhebung

1.3.1 Kontaktaufnahme

Im Rahmen einer qualitativen Untersuchung ist es allgemein sehr schwer, den Kontakt zu den Interviewpartnern herzustellen, weil das Thema der Arbeit von allen Befragten ein offenes und persönliches Gespräch verlangt. Um ein vertrauensvolles Gespräch mit dem jeweiligen Interviewpartner gewährleisten zu können, war es von großer Bedeutung, mit einigen Interviewpartnern ein Vorgespräch zu führen, um den Gegenstand des Interviews zu erläutern. Bis auf eine Ausnahme kannte ich meine Interviewpartner persönlich, mit einigen von ihnen bin ich befreundet. Um Kontakt zu den Interviewpartnern zu bekommen, habe ich mich in meinem Bekannten-, Freunden-, Familien- und Kollegenkreis erkundigt, um Probanden zu finden, die einerseits für ein Interview geeignet sind und andererseits auch gewillt sind, mit mir ein Interview zu führen. Das erste Interview, das von einer Freundin, die in Bonn studiert, vermittelt werden konnte, wurde in Königswinter durchgeführt. Das zweite Interview konnte direkt im Anschluss in Koblenz – vermittelt von der gleichen Freundin – durchgeführt werden. Hier war es wichtig, dass die Freundin mich seit mehreren Jahren kannte und für mich im Vorfeld in Bezug auf Interview und Tonbandaufzeichnung Motivations- und Vertrauensarbeit bei den beiden Probanden geleistet hat. Zwei Interviews wurden in Hessen – in der Nähe von Frankfurt – durchgeführt. Der Kontakt zu diesen beiden Interviewpartnern kam durch meine Mutter zustande. Ein Interview konnte in Regensburg durchgeführt werden. Der Kontakt kam auf Umwege und über eine Probandin zustande, mit der ich im Rahmen meiner Diplomarbeit ein Interview geführt hatte. Drei Interviews wurden in München mit meinen Arbeitskollegen durchgeführt. Die Kontaktaufnahme zu den Arbeitskollegen war sehr einfach und unkompliziert. Ein weiteres Interview, das in München durchgeführt werden konnte, fand mit einem Klienten von mir statt. Die drei Interviews, die in München durchgeführt werden konnten, kamen über komplizierte Umwege zustande, die an dieser Stelle nicht näher beschrieben werden können.

1.3.2 Auswahl der Probanden

Es wurde darauf Wert gelegt, dass die Interviewpartner der zweiten Generation der türkischen Migranten angehören sollten. Für diese Untersuchung konnte kein Interviewpartner der dritten Generation gewonnen werden. Das lag auch u.a. daran, dass viele Migranten, die zur dritten Generation zählen, für eine Ehe zu jung sind. Bei der Auswahl der Probanden hat neben den Kriterien Alter, Geschlecht, Bildungsniveau sowie Berufsausbildung folgende Frage eine entscheidende Rolle gespielt: Mit wem war der Interviewpartner verheiratet? Durch meine Beobachtungen konnte ich feststellen, dass türkische Migranten, die in Deutschland aufgewachsen sind, oft gleichaltrige türkische Migranten, die ebenfalls in Deutschland aufgewachsen und sozialisiert sind, heiraten. Aber ein nicht unbedeutender Anteil dieser Migranten heiratet auch heute noch einem Partner, der in der Türkei lebt. Auch wenn einer der Partner in der Türkei lebt, entscheidet sich das Paar in der Regel in Deutschland zu leben. Nur ein kleiner Anteil der türkischen Migranten heiratet einen deutschen Ehepartner. Ziel war es, mit allen drei angegebenen Kategorien im gleichen Verhältnis Interviews zu führen. Da die meisten einen Partner heiraten, der auch in Deutschland lebt – aber keinen deutschen Partner – konnten bei dieser Kategorie die meisten Interviews durchgeführt werden.

1.3.3 Beschreibung der Untersuchungsgruppe

Alle zwölf Interviewteilnehmer – sechs Frauen und sechs Männer – sind Kinder der ersten Generation der Arbeitsmigranten. Vier der zwölf Interviewpartner haben zwar einen türkischen bzw. deutschen Pass, geben aber an, Kurden zu sein. Sieben der Interviewpartner gaben an, Muslime sunnitischen Glaubens zu sein, fünf sagten, sie seien Muslime alevitischen Glaubens. Drei der Interviewpartner haben bereits je zwei Kinder, sechs Interviewpartner haben je ein Kind und drei Interviewpartner haben keine Kinder[23]. Drei Interviewpartner hatten während der Befragung einen Universitätsabschluss, einer hatte einen Fachhochschulabschluss, einer war Student, vier hatten eine abgeschlossene Berufsausbildung[24] und drei hatten keine Berufsausbildung. Das Alter[25] der Untersuchungsgruppe bewegt sich zwischen 21 und 39 Jahren und weist einen Durchschnittswert von 28,7 Jahren auf. Der Aufenthaltsstatus der Population kann als sehr sicher bezeichnet werden: Vier der Befragten haben einen deutschen Pass, einer hat sowohl den deutschen als auch den türkischen Pass, vier Befragte haben eine unbefristete Aufenthalterlaubnis, zwei Interviewpartner haben eine Aufenthaltsberechtigung. Nur ein einziger Befragter hat eine befristete Aufenthaltserlaubnis. Acht der zwölf Befragten befinden sich seit mehr als 15 Jahren in Deutschland, vier sind in Deutschland geboren worden. Die Hälfte der Interviewpartner hat drei oder mehr Geschwister, ein Interviewpartner hat zwei Geschwister, vier Befragte haben ein Geschwister und einer ist Einzelkind.

Die Struktur der Eltern (der Probanden) sieht folgendermaßen aus: Drei geben an, aus der Marmara-Region zu kommen, vier kommen aus West- bzw. Mittelanatolien und fünf kommen aus Ost- bzw. Südostanatolien. Bei fünf der zwölf Angaben ist eine Binnenmigration, die vor allem nach Istanbul, Ankara und Izmir führte, festzustellen. Der Grund für eine Migration nach Deutschland ist bei neun Elternteile der Befragten „Geld verdienen", bei zwei Elternteilen „Neugier bzw. Abenteuerlust" und bei einem Elternteil „politische Verfolgung". Vier Väter waren während der Befragung Arbeiter, vier waren Rentner bzw. verstorben, zwei waren arbeitslos und zwei waren Lehrer bzw. Dolmetscher. Während der Befragung waren vier Mütter Arbeiterinnen, zwei waren Hausfrauen, zwei arbeiteten als Küchen- bzw. Putzhilfen, eine war Angestellte, eine war arbeitslos und zwei waren in Rente bzw. verstorben.

---

[23] Es ist wichtig zu betonen, dass die Interviews mit diesen Befragten kurz nach der Hochzeitsfeier – in der Regel sechs bis zwölf Monate danach – durchgeführt wurden. Die Befragten wünschen sich zwar ein Kind, wollen aber damit noch etwas warten.

[24] Die Berufausbildung der Befragten lag – siehe auch Tabelle unten – bei den Männern im handwerklichen Bereich und bei den Frauen im Einzelhandel.

[25] Hier wurde nicht das Geburtsdatum während der Auswertung berücksichtigt, sondern das aktuelle Alter während des Interviews in die Berechnung aufgenommen.

Tabelle 7: Interviewpartner im Überblick

Erzie-hungsstil	Name	Al-ter	Berufsausb.	Aufenthalt in Deutsch-land	Ehepart-ner	Kin-der	Aufenthalts-status
Konser-vativ-sparta-nisch	Osman (m)	21	Keine	In D. geboren	aus d. Tür.	2	Befristet
	Nurhan (w)	24	Einzelhandel	In D. geboren	aus Deu.	-	Unbefristet
	Cüneyt (m)	21	Keine	In D. geboren	aus Deu.	1	Unbefristet
	Sevgi (w)	32	FH-Abschl.	Seit 1971	aus d. Tür.	1	Deutsch
	Umut (m)	30	Uni-Abschl.	Seit 1972	aus Deu	-	Deutsch
Verständ-nisvoll-nach-sichtig	Latife (w)	39	Uni-Abschl.	Seit 1979	aus d. Tür.	1	Unbefristet
	Levent (m)	29	Kaufmänn.	Seit 1976	aus Deu.	1	Unbefristet
	Mustafa(m)	31	Uni-Abschl.	Seit 1973	Deutsche	2	Deu/Tür
«Tradition Moderne»	Oya (w)	29	Studentin	In D. geboren	Deutscher	2	Berechtigung
	Ali (m)	35	Handwerk	Seit 1973	aus Deu.	1	Berechtigung
	Filiz (w)	24	Einzelhandel	Seit 1981	aus Deu.	-	Deutsch
	Pakize (w)	29	Einzelhandel	Seit 1978	aus Deu.	1	Deutsch

1.3.4 Gesprächsvorbereitung und -nachbereitung

Jedem Interviewpartner wurde angeboten, sich den Interviewleitfaden im Vorfeld des Interviews anzuschauen. Da es einigen schwer fiel, sich mündlich zu artikulieren, haben diese Kandidaten mindestens zwei Tage vor dem Interview den Leitfaden zugeschickt bekommen, damit sie sich auf die Fragen bzw. Themen vorbereiten konnten. Bei einigen Befragten, wie z.B. bei zwei Hochschulabsolventen, wurde zwar der Leitfaden beiläufig zur Einsicht angeboten, aber bewusst nicht herausgegeben, um auf die Fragen eine spontane Antwort zu bekommen. Wie aus dem Interviewleitfaden entnommen werden kann, waren die Fragen, so weit es geht, allgemein formuliert. Darüber hinaus wurde immer eine Zusatzfrage überlegt, sollte der Befragte mit der Fragestellung überfordert sein oder die Frage nicht verstanden haben. In solchen Fällen wurde die Frage neu formuliert oder es wurden Zusatz- bzw. Hintergrundinformationen gegeben.

Kurz nach jedem Interview hat der Interviewer ein Gedächtnisprotokoll angefertigt, um dieses später in die Auswertung einfließen zu lassen. Alle nonverbalen Bemerkungen wie, z.B. Gestik, Mimik, Kopfschütteln oder Handzeichen, wurden notiert und bei der Transkription an der entsprechenden Interviewstelle eingebaut, um diese Passage besser verstehen und analysieren zu können.

1.3.5 Durchführung

Jedes Interview dauerte zwischen 60 und 90 Minuten und wurde in der Regel in deutscher Sprache geführt. Den Interviewten wurde angeboten, notfalls auch Ausdrücke in der türkischen Sprache zu formulieren; einige haben dieses Angebot angenommen. Die Interviewsprache war deshalb Deutsch, weil alle Interviewpartner die deutsche Sprache – bis auf wenige Ausnahmen – besser beherrschen als die türkische Sprache. Darüber hinaus kam dem Interviewer die deutsche Sprache gelegen, da die Interviews sonst hätten übersetzt werden müssen und dadurch auch eventuelle Feinheiten bei der Ausdrucksweise verloren gegangen wären. Nachdem jedes Interview abgeschlossen war, wurde noch heftig diskutiert. Einige der Gesprächspartner riefen später nochmals an, um Informationen nachzutragen. Diese wertvollen Informationen wurden notiert und bei der Transkription an der entsprechenden Stelle eingebaut.

Drei der Interviews wurden in den Räumlichkeiten der Arbeiterwohlfahrt – Referat Migration – durchgeführt; diese Interviewpartner waren meine Arbeitskollegen. Die übrigen Interviews wurden in den Wohnungen des jeweiligen Interviewpartners durchgeführt.

Während der Durchführung gab es kleinere Probleme, weil einige Interviewpartner die Fragen nicht ausführlich beantworten wollten. Diese Interviewpartner wollten mir – einem Migranten -, der die Materie kennt, nicht so ausführlich berichten, wie z.B. einem deutschen Forscher. Nachdem geklärt war, dass die persönliche Einstellung und Meinung des jeweiligen Interviewpartners und nicht die allgemeine Meinung der türkischen Bevölkerung insgesamt der Untersuchungsgegenstand war, haben diese Interviewpartner ausführlich ihre Sichtweise dargestellt.

1.3.6 Transkription

Im Rahmen dieser Arbeit wurden die Interviews wörtlich transkribiert. „Durch wörtliche Transkription wird eine vollständige Textfassung verbal erhobenen Materials hergestellt, was die Basis für eine ausführliche Interpretation bietet."(Mayring, 1999, S. 69.) Mayring (1999) unterscheidet drei Haupttechniken der wörtlichen Transkription:

Das Internationale Phonetische Alphabet (IPA): IPA ist die exakteste Technik; sie wurde eigens für das gesprochene Wort entwickelt, um auch alle Arten von Dialekten und Sprachfeinheiten festhalten zu können (vgl. ebd.). Für die meisten sozialwissenschaftlichen Untersuchungen – auch für diese Arbeit – sind aber diese sprachlichen Feinheiten nicht von Interesse (vgl. Arbeitskreis Qualitative Sozialforschung (Hrsg.), 1994, S. 78.).

Die literarische Umschrift: Bei dieser Technik wird der Dialekt in das übliche Alphabet übertragen (vgl. Mayring, 1999, S. 70.). Auch wenn die Lesbarkeit dieser Technik sehr gewöhnungsbedürftig ist, gewinnt diese Technik für viele qualitativen Auswertungsmethoden an Bedeutung (vgl. Arbeitskreis Qualitative Sozialforschung (Hrsg.), 1994, S. 79.).

Die Übertragung in normales Schriftdeutsch: Bei dieser Technik wird der Dialekt komplett bereinigt, die Satzbaufehler werden behoben und der Stil wird geglättet. Hier steht die inhaltlich-thematische Ebene im Vordergrund, und der Befragte hat in der Regel die Rolle eines Experten, Zeugen bzw. Informanten (vgl. Mayring, 1999, S. 70.).

Im Rahmen dieser Arbeit wurde die letztgenannte Technik verwendet, weil das primäre Ziel des Interviews auf der inhaltlich-thematischen Ebene lag. Dialekte, Sprachfärbungen oder Sprach- bzw. Stilfehler sind für den Untersuchungsgegenstand nicht von großer Relevanz. Die Interviewpartner wurden wie Informanten betrachtet, weil sie die authentischsten und neusten Informationen, Einsichten und Einstellungen über sich und die türkische Gesellschaft geben konnten.

1.3.7 Auswertung des Materials

Zwölf der dreizehn durchgeführten Interviews konnten ausgewertet werden. Ein Interview konnte nicht ausgewertet werden, weil der Befragte die Veröffentlichungsrechte für das Interview zurückgezogen hat. Das Interview – samt Protokoll und Tonbandaufzeichnung – musste dem Befragten ausgehändigt werden. In zwei Interviews wurden kürzere Passagen in türkischer Sprache geführt, die der Autor sinngemäß ins Deutsche übersetzt hat.

Bei der Auswertung des Materials wurde die qualitative Inhaltsanalyse als Methode gewählt, weil diese Methode das Material zergliedert und schrittweise bearbeitet sowie theoriegeleitet die Analyseaspekte aufgrund eines am Material entwickelten Kategoriensystems festlegt (vgl. ebd., S. 91.). Mayring (1999) schlägt hier drei Grundformen qualitativer Inhaltsanalyse vor.

Zusammenfassung: Ziel ist es, das Material so zu reduzieren, dass der wesentliche Inhalt erhalten bleibt. Außerdem soll durch Abstraktion ein überschaubares Korpus geschaffen werden, das immer noch ein Abbild des Grundmaterials ist (vgl. ebd., S. 92.).

Explikation: Das primäre Ziel dieser Analyseform ist es, zu einzelnen fraglichen Textteilen zusätzliches Material heranzutragen, welches das Verständnis erweitert, die Textstelle erläutert, erklärt und ausdeutet (vgl. ebd.).

Strukturierung: Das Ziel dieser Auswertungsmethode ist es, bestimmte Aspekte aus dem Rohmaterial herauszunehmen, unter vorher festgelegten Ordnungskriterien einen Querschnitt durch das Material zu legen oder aber das Material aufgrund bestimmter Kriterien einzuschätzen (vgl. ebd.).

Da bei dieser Arbeit die strukturierte qualitative Inhaltsanalyse verwendet wurde, soll diese Methode in ihren einzelnen Schritten kurz beschrieben werden. Wie bereits oben erwähnt, ist das Ziel dieser Methode, eine bestimmte Struktur aus dem Material herauszufiltern; diese Strukturen können formale bzw. inhaltliche Aspekte oder bestimmte Typen sein (vgl. ebd., S. 94.). Das Herzstück dieser Methode ist aber nach Mayring nun, „(...) daß das aus den Strukturierungsdimensionen zusammengestellte Kategoriensystem so genau definiert wird, daß eine eindeutige Zuordnung von Textmaterial zu den Kategorien immer möglich ist." (ebd., S. 94-95.) Bei dieser Methode haben sich drei Schritte – nach Mayring – bewährt, die auch bei dieser Arbeit berücksichtigt wurden:

Schritt 1, Definition der Kategorien: Hier wird explizit definiert, welche Textauszüge unter eine Kategorie fallen sollen.

Schritt 2, Ankerbeispiele: In diesem Fall werden konkrete Textstellen angeführt, die unter eine Kategorie fallen und als Beispiel für diese Kategorie gelten sollen.

Schritt 3, Kodierregeln: Es werden dort, wo Abgrenzungsprobleme zwischen Kategorien bestehen, Regeln formuliert, um eindeutige Zuordnungen zu ermöglichen.

2. Migration

Um die Migrationsgeschichte der türkischen Bevölkerung komplettieren zu können, soll zunächst die Binnenmigration, die in den 50er- und 60er-Jahren begann und kontinuierlich in den 70er-, 80er- und auch in den 90er-Jahre des letzten Jahrhunderts aus unterschiedlichen Motiven ununterbrochen weiterging, näher betrachtet werden. Das Augenmerk bei der Binnenmigration soll auf die 50er- und 60er-Jahre gerichtet werden, weil diese Migrationsbewegungen die ersten Auswirkungen auf die Migration ins Ausland, vor allem aber nach Deutschland, gehabt haben und dadurch die ersten „Gastarbeiter" nach Deutschland gekommen sind.

2.1 Binnenmigration

Nach den neueren Untersuchungen lebten im Jahre 1997 65 Prozent der türkischen Bevölkerung in Städten; 1980 wurden lediglich 49,2 Prozent der Einwohner zur Stadtbevölkerung gezählt (vgl. Ausländer in Deutschland, 1999/3, S. 12.). Noch vor 1950 lebten weniger als 20 Prozent der Bevölkerung in Städten und Provinzen mit mehr als 10.000 Einwohnern (vgl. Wedel,. In: Zeitschrift für Türkeistudien, 1999/1, S. 53.). In der Stadt wohnen heißt aber nicht automatisch von der städtischen Infrastruktur und den Lebensbedingungen Gebrauch machen zu können, denn das Lebensmuster der Migranten verändert sich nicht zwingend, und das ländliche Leben und die Gewohnheiten werden am Rande der Großstädte fortgeführt. Die Industrialisierung und die Schaffung städtischer Arbeitsplätze für die industrielle Entwicklung konnte nicht mit der Zunahme der städtischen Bevölkerung mithalten (vgl. ebd.). Viele der Migranten wohnen in Gecekondu-Vierteln, wo die Infrastruktur (Wasser-, Strom- sowie Gesundheitsversorgung, Straßen und Schulen) teilweise nicht besser sind als auf dem Land. Innerhalb von 70 Jahren hat sich die Bevölkerung der Türkei verfünffacht und Mitte 1999 betrug die Bevölkerungszahl 64,4 Millionen. Obwohl die Bevölkerungswachstumsraten von 2,8 Prozent (1960) auf 1,5 Prozent (1997) gesunken ist, nimmt die Bevölkerung um jährlich rund 1,3 Millionen Menschen zu (vgl. Ausländer in Deutschland, 1996/3, S. 10; 1999/3, S.12.).

Schon seit den Reformen Atatürks in den 30er-Jahren versucht die Türkei die Industrialisierung zu forcieren und eine eigenständige Entwicklung zu verwirklichen, um den Anschluss an die westlichen, insbesondere mitteleuropäische Ländern zu finden. Diese Reformvorhaben, zu denen auch die Bodenreform gehört (vgl. Gümrükçü, 1986, S. 45.), konnten wegen unterschiedlicher innenpolitischer Machtkämpfe sowie wegen des Zweiten Weltkrieges nicht realisiert werden. Um die Produktion und Effektivität in der Landwirtschaft zu erhöhen, wurde ohne jeg-

liche Vorbereitung zwischen 1948 und 1953 die Bodenreform mit Hilfe des Mar-
shallplans durchgeführt. Der Marshallplan war an folgende Forderungen gebunden:

- Die Produktion, Einfuhr und Montage von landwirtschaftlichen Maschinen soll-
  te durch amerikanische Firmen erfolgen. Türkische Unternehmen sollten nur
  einfache Geräte herstellen.
- Der türkischen Regierung sollte kein Kredit für den Kauf von Schiffen gewährt
  werden.
- Dem ausländischen Kapital sollten dieselben Rechte wie dem inländischen ge-
  währt und es sollten Garantien für die Kapitalanlage übernommen werden.
- Amerikanischen Banken und Kreditgesellschaften war die Gründung von
  Zweigstellen zu gestatten.
- Für den Transport im Fernverkehr sollten Lastwagen amerikanischer Herkunft
  benutzt werden.
- Amerikanische Zeitungen, Illustrierten und Bücher sollten in ausreichender
  Menge eingeführt werden (vgl. Borris, 1974, S. 55-56.).

Im gesamten Zeitrahmen stieg die Anzahl der Traktoren von 1.756 auf 35.600 an,
1980 erhöhte sich diese Zahl dann auf eine halbe Million (vgl. Gümrükçü, 1986,
S. 46-47.). Nach dieser Reform haben sich nach Gümrükçü (1986) zwei wesentliche Subkulturen in der Landwirtschaft gebildet: 1. ein Selbstversorgungssektor und
bäuerliche Kleinbetriebe und 2. durchkapitalisierte oder feudalistische Großbetriebe (vgl. ebd., S. 46.). Von der Reform haben in erster Linie die Großbetriebe profitiert, da sie staatliche Staats- und Kredithilfen sowie verbilligtes Saatgut und Dün-
gemittel erhielten. Sie vergrößerten sich dadurch noch und lösten durch die forcier-
te Einführung der Landwirtschaftsmaschinen die feudalen Institutionen zunehmend
ab. Dadurch wurden auch die traditionellen Arbeitsformen der Kleinbauern ver-
drängt: in vielen Orten wurde der Übergang von Hakenpflug zum Traktor vollzogen (vgl. ebd., S. 46-47.). Die armen Kleinbauern konnten sich keine Traktoren
und modernen Landwirtschaftsmaschinen leisten; außerdem war die Wartung des
Traktors sehr kostenaufwendig, weil die Ersatzteile importiert werden mussten und
somit sehr teuer waren (vgl. ebd., S. 47.). Zahlreichen kleinen Bauern blieb die Alternative, entweder mit großem Arbeitseinsatz unter sehr schwierigen Bedingungen
ihr Produktionsniveau zu halten oder ihre Nutzflächen durch Traktorbauern bear-
beiten zu lassen. Viele gaben die landwirtschaftliche Tätigkeit auf, weil sie sich,
um den Anschluss an die Produktionsausweitung zu schaffen, verschuldet hatten
(vgl. ebd. S. 48-49.). Ausgehend von den obigen Ausführungen, können als Ursachen für eine Binnenmigration sowohl geringes Einkommen, Massenarbeitslosigkeit auf dem Land und Armut als auch eine kaum entwickelte Industrialisierung an
bestimmten Orten sowie natürliches Bevölkerungswachstum festgehalten werden.
Die letztgenannte Argumentation wird von Fırat (1996) folgerichtig beschrieben:

Hier „werden die landwirtschaftlichen Nutzflächen auf Grundlage der herkömmlichen Konventionen der Erbschaft oder der Sitten ständig zersplittert bzw. die Erbschaftsregelung setzt erst nach dem Tod des Haushaltsvorstandes verspätet ein, so daß in der ländlichen Bevölkerung nicht zuletzt durch die Mechanisierung infolge der Industrialisierung Arbeitskräfte freigesetzt werden".(vgl. Fırat, 1996, S. 30.)

Betrachtet man die Volkszählungen, die in der Türkei alle fünf Jahre durchgeführt werden, lässt sich feststellen, dass 44 von insgesamt 67 Provinzen Wanderungsverluste aufweisen. Von diesen Provinzen liegen 30 in der Ost- und in der Südosttürkei sowie in Zentralanatolien. In der Zeitspanne von 1960 bis 1980 entfielen 71,3 Prozent der Abwanderungen auf die drei wichtigen Metropolen Istanbul (43,4 Prozent), Ankara (17,6 Prozent) und Izmir (10,3 Prozent) (vgl. Gümrükçü, 1986, S. 70.). Da sich die Wanderungsbewegungen auf diese drei Metropolen des Landes konzentrierten und immer noch konzentrieren, lebte 1990 ein knappes Viertel (23,44 Prozent) der Gesamtbevölkerung in den Metropolen Istanbul, Ankara und Izmir (vgl. Wedel, in: Zeitschrift für Türkeistudien, 1999/1, S. 52.).

Durch die Migration in die Metropolen wurden die Probleme der Migranten nicht gelöst. Viele von ihnen brachten keine entsprechenden Qualifikationen für den urbanen Arbeitsmarkt mit; dadurch blieben ihnen die hoch bezahlten und gut angesehenen Jobs verwehrt (vgl. Fırat, 1996, S. 31.). Außerdem wurde die Binnenmigration von der Regierung weder gründlich vorbereitet noch wurden gezielte Maßnahmen ergriffen. Niedriges Einkommen, schlechte Arbeitsbedingungen, Beteiligung der minderjährigen Kinder und Frauen am Familieneinkommen, Massenarbeitslosigkeit, Armut sowie schlechte Wohn- und Infrastrukturbedingungen waren die Folgen der Migration.

2.2 Migration ins Ausland

Ab Mitte der 50er-Jahre wurde zwischen der Bundesrepublik und Staaten wie Italien, Spanien, Portugal, Griechenland, Marokko, Tunesien, Ex-Jugoslawien und der Türkei ein Anwerbevertrag unterschrieben, da der Bedarf an Arbeitskräften auf dem deutschen Arbeitsmarkt durch inländische Arbeitskräfte nicht mehr gedeckt werden konnte (vgl. ebd., S. 34.). Die Vermittlung der türkischen Arbeitskräfte basiert auf einer Anwerbevereinbarung, die im Jahre 1961 zwischen der Türkei und Deutschland unterschrieben wurde. Das ist eine Verwaltungsvereinbarung im Sinne des Art. 55, Abs. 2, Satz 2 des Grundgesetzes (vgl. Uçar, 1982, S. 24.). Diese Vereinbarung enthielt damals keine Mengen- und Qualifikationsbeschränkungen. Sie beschrieb lediglich die Organisation und die technische Abwicklung der Vermittlung der türkischen Arbeitnehmer. Die Vereinbarung sollte gewährleisten, dass die

Arbeitnehmer alle erforderlichen Auskünfte, die mit der Beschäftigung und der Aufnahme im Zusammenhang stehen, erhalten (vgl. ebd.).

Nach dieser Vereinbarung von 1961 wurden in den Großstädten der Türkei Anwerbebüros eingerichtet, in denen die Arbeitswilligen medizinisch gründlich untersucht wurden. Ziel war es, vor allem junge und gesunde Menschen nach Deutschland zu vermitteln, die vorwiegend in der Metall-, Auto- und Baubranche arbeiten konnten sowie durch Rotation und ohne größere Gesundheitskosten wieder zurückkehren konnten. Auffällige Zähne oder Mandelentzündung galten beispielsweise als Hindernis für eine direkte Anwerbung (vgl. Fırat, 1996, S. 34.). Von den im Jahre 1971 untersuchten 260.000 Menschen wurden 14,6 Prozent (vgl. Gümrükçü, 1986, S. 146.) aus gesundheitlichen Gründen und wegen ihres fortgeschrittenen Alters abgelehnt. Wenn ein Bewerber abgelehnt wurde, musste er seine eigenen Auslagen, die medizinische Behandlung sowie die Einreisekosten selbst tragen, sofern seine Finanzen dies zuließen (vgl. Fırat, ebd.).

Die Anwerbung der türkischen Arbeitnehmer sollte in der Regel anonym zustande kommen. Sie erfolgte aufgrund des konkreten Auftrags des jeweiligen Arbeitgebers und enthielt alle Angaben über den Arbeitnehmer (vgl. Uçar, 1982, S. 28.). Diese Art von Anwerbung hat sich aber in der Praxis nicht lange bewehrt, und ein bestimmter Personenkreis wurde von der türkischen Seite (den Anwerbebüros in Großstädten der Türkei) bevorzugt behandelt. Diese waren:

- namentlich angeforderte Arbeitnehmer,
- Personen, die Deutsch, Englisch oder Französisch sprechen konnten,
- Ehegatten, von schon in Deutschland tätigen Arbeitnehmern,
- Arbeitnehmer aus Gebieten, die von Naturkatastrophen betroffen waren,
- Personen, die eine Produktionsgesellschaft gegründet haben und auf Verdienste angewiesen sind, mit denen sie die Genossenschaft aufrecht erhalten können (ebd.).

Im Laufe der Zeit hat sich der erstgenannte Aspekt, namentliche Anforderung, als Bevorzugungsgrund durchgesetzt: „Die namentlichen Anforderungen sind teilweise auf solche Arbeitgeber beschränkt, die bereits mit einem im Bundesgebiet Tätigen verheiratet, verwandt oder ausnahmsweise verschwägert sind und eine Familienzusammenführung anstreben. Der Nachweis der Familienbeziehung ist jeweils zu erbringen." (ebd., S. 30.)

Das Hauptmotiv der Migration nach Deutschland war der kurzfristige Aufbau von Ersparnissen, um später in der Türkei über einen gesicherten Lebensunterhalt zu verfügen (vgl. Fırat, 1991, S. 40.). Die folgende Tabelle soll die Hauptmotive der türkischen Arbeitnehmer für eine Migration besser verdeutlichen.

Tabelle 8:
Hauptmotive für die Migration – Mehrfachnennungen
(alle Angaben in Prozent)

Motive	Männlich	Weiblich
Arbeitslosigkeit	25,6	22,3
Niedriger Verdienst	27,8	24,4
Geld verdienen	38,4	35,5
Abenteuerlust	2,4	6,7
Persönliche Konflikte	5,8	11,1

Quelle: Uçar, 1982, S. 17.

Die ersten drei Nennungen können nicht voneinander getrennt werden, denn das Motiv „Geld verdienen" kann auf die ersten beiden Motive „Arbeitslosigkeit" und „niedriger Verdienst" zurückgeführt werden. Neben den oben genannten ökonomischen Motiven für eine Migration gibt es auch sozialpsychologische und andere Motive, wie z.B. Propaganda durch bereits Ausgewanderte, soziale Isolation, Unzufriedenheit mit den Sozialbeziehungen und starke Kontrollmechanismen in der Nachbarschaft und Dorfgemeinschaft (vgl. ebd.).

Die ersten „Gastarbeiter", die ohne Kinder und Familien nach Deutschland kamen, wurden in erster Linie in Wohnheimen und in Sammellagern untergebracht. Die Bewohner wurden nach Geschlecht getrennt, in qualitativ schlechte, überbelegte und dadurch beengte sowie überproportional teure Wohnheime untergebracht (vgl. Borris, 1974, S. 134.). Anfang der 70er-Jahre war der überwiegende Teil der türkischen Arbeitnehmer männlich und verheiratet. Mehr als die Hälfte der verheirateten Männer hatten ihre Frauen in der Türkei zurückgelassen (vgl. ebd., S. 17.).

Die „Gastarbeiterbeschäftigung" erreichte mit insgesamt 2,5 Millionen im Jahre 1973 ihren vorläufigen Höhepunkt. Der Wendepunkt der Anwerbung von ausländischen Arbeitnehmern war ebenfalls das Jahr 1973, als die Bundesrepublik aufgrund der Wirtschaftskrise einen Anwerbestopp für „Gastarbeiter" verhängte, wobei der Nachzug der engen Familienangehörigen (Ehepartner und Kinder unter 18 Jahren) der bereits in Deutschland tätigen Arbeitnehmer im Rahmen der Familienzusammenführung ausgenommen worden war (vgl. Fırat, 1996, S. 37.).

2.3 Auswirkungen des Anwerbestopps für „Gastarbeiter" von 1973

Am 23.11.1973 verfügte der Bundesminister für Arbeit und Sozialordnung die Einstellung der Anwerbung der ausländischen Arbeitnehmer durch die Bundesanstalt für Arbeit. Dies war zu einer Zeit, als Massenarbeitslosigkeit und Rezession in der Wirtschaft deutlich zu beobachten waren. Ziel war es, einerseits den Vorrang des nationalen Arbeitsmarktes sicherzustellen und andererseits einen Wendepunkt in der staatlichen Ausländerpolitik zu symbolisieren, da der Anwerbestopp von Anfang an auf Dauer geplant war. Der Anwerbestopp sollte nur dann aufgehoben werden, wenn sich dadurch die Folgeprobleme nicht verschärfen würden (vgl. Dohse, 1981, S. 309.).

Während der Rezession von 1966/67 wurde kein Anwerbestopp erlassen. Hier wurden weniger Arbeiter angeworben, viele Arbeitsverträge wurden nicht verlängert und Entlassungen wurden vorgenommen. In der Rezessionszeit nahm die Zahl der ausländischen Männer in Deutschland binnen eines Jahres um 36 Prozent ab (vgl, Borris, 1974, S. 34.). Darüber hinaus wurde durch die Verschärfung des Zulassungsverfahrens für ausländische Arbeitnehmer und durch ein rigides Inländerprimat beim Arbeitsmarkt die Ausländeranwerbung über die Bundesanstalt für Arbeit erschwert (vgl. Dohse, ebd.).

Die Auswirkungen des Anwerbestopps für die deutsche Wirtschaft fasst Ebert (1974) wie folgt zusammen:

„Wenn es schließlich doch einigermaßen gelaufen ist, dann nicht, weil es mehr deutsche Arbeitslose gab, die in diese Arbeitsbereiche gegangen wären, sondern durch Entwicklungen, bei denen man bezweifeln muß, ob sie sozialpolitisch als gut einzustufen sind. Zum Beispiel haben die Hotels und die Gaststätten an der Nord- und Ostsee ihren Bedarf an Serviererinnen und Zimmermädchen gedeckt, indem vor allem sehr kurzfristig Schüler eingestellt wurden, bei denen dann der Sozialversicherungsschutz entfiel. In der Torfindustrie hat man sich durch Werkverträge mit Jugoslawien aus der Bauwirtschaft über die Runden geholfen. In Südbayern, im Fremdenverkehrsgewerbe sprach man von illegaler Beschäftigung mit nachträglicher Legalisierung. Diese Beispiele zeigen, daß man sich nicht auf Dauer den Marktkräften entgegenstellen kann, wenn wirtschaftlicher Bedarf besteht, der aus der deutschen Arbeitskräftereserve nicht zu decken ist. Das hat dann Folgen, die noch fragwürdiger sind." (Ebert, in: ebd., S. 312.)

Durch den Anwerbstopp hatten 27 Prozent der Industrie im Jahre 1975 einen Arbeitskräftemangel im Bereich der an- und ungelernten Arbeitskräfte zu verzeichnen (vgl. Dohse, ebd., S. 314.). Ein Blick auf die Entwicklung der Migrantenbevölkerung zwischen September 1973 bis September 1975 zeigt folgendes Bild: die Migrantenbeschäftigung ist um 23,1 Prozent zurückgegangen, die Zahl der Migrantenbevölkerung zwischen 0-15 Jahren hat um 34,0 Prozent und die Zahl der weiblichen Migranten über 25 Jahren hat um 7,9 Prozent zugenommen; die Zahl der männlichen Migranten über 25 Jahre hat um 11,5 Prozent abgenommen (vgl. ebd., S. 356.). Diese Entwicklungen können wie folgt interpretiert werden:

• Die kurzfristigen Arbeitsverträge wurden nicht verlängert, die alleinstehenden Arbeitnehmer sind in die Heimatländer zurückgekehrt und durch den Anwerbestopp wurde die Einreise für junge Männer über 18 Jahren erschwert.

- Der Anwerbstopp hat Auswirkungen auf die Ausländerbeschäftigung gehabt, und viele Stellen wurden von Einheimischen besetzt.
- Nach dem Anwerbestopp haben sehr viele verheiratete Männer ihre Kinder und Frauen nach Deutschland geholt, weil sie sich für einen dauerhaften Aufenthalt entschieden haben.

2.4 Herkunftsgebiete der Migranten der ersten Generation

Nach einer Untersuchung von Maria Borris stammen 70 Prozent der türkischen Migranten der ersten Generation aus einem Agrargebiet und nur 21 Prozent aus einer Industrieregion (vgl. Borris, 1974, S. 63.). Wenn zum Vergleich die unterentwickelten Gebiete der Türkei, Ost-, Südwest- sowie Nordanatolien, zugrunde gelegt werden, wird deutlich, dass lediglich 41,4 Prozent der Befragten Migranten der ersten Generation aus diesen Gebieten stammen. Die übrigen der Migranten kamen aus den industriell besser entwickelten Gebieten, wie z.B. der Marmararegion, West- und Mittelanatolien (vgl. Isoplan Erhebung, 1982/83.). Tabelle 9 soll die genauen Zahlen der einzelnen Regionen besser verdeutlichen.

Tabelle 9:
Die regionale Herkunft der Migranten der ersten Generation

Region	Absolut	In Prozent
Marmararegion	140	23,5
Westanatolien	87	14,6
Nordanatolien	148	24,8
Mittelanatolien	122	20,5
Südanatolien	63	10,6
Ostanatolien	36	6,0
Keine Angaben	4	0,7
Zusammen	600	100

Quelle: Isoplan Erhebung 1982/83.

Wie bereits oben erwähnt, fand in den 50er- und 60er-Jahren eine starke Binnenmigration statt, die sich vor allem auf die Metropolen Istanbul, Ankara und Izmir konzentrierte. Deshalb muss davon ausgegangen werden, dass die Migranten der ersten Generation nicht den Ort angeben, in dem sie geboren sind, sondern in dem sie zuletzt gewohnt haben. Würde man die erste Generation nach dem Geburtsort fragen, würde das Bild anders aussehen: Die Prozentsätze der Orte Ost-, Südost- sowie Nordanatoliens würden entschieden höher und die Prozentsätze der Orte der Marmararegion sowie West- und Mittelanatoliens niedriger ausfallen.

2.5 Bildungsniveau und Beruf der Migranten der ersten Generation

Obwohl im Jahre 1928 eine Volksschulpflicht von fünf Jahren eingeführt wurde, war Ende der 60er- und Anfang der 70er-Jahre Analphabetismus in der Türkei sehr weit verbreitet. Viele Dörfer hatten keine Grundschulen, es gab großen Lehrermangel, die Klassen waren mit 80-90 Schülern pro Klasse überfüllt und die Schulzeit wurde immer wieder aufgrund der Anbau- und Erntezeit verkürzt (vgl. Borris, 1974, S. 63). Vom Analphabetismus waren in erster Line die Frauen betroffen, weil die Väter – wenn überhaupt – aufgrund der finanziellen Lage und der Einstellung, „Mädchen brauchen nicht zu schreiben", eher die Jungen in die Schule geschickt haben.

Tabelle 10:
Schulbildung der erwerbstätigen Bevölkerung in der Türkei (15-64 Jahren)

Schulbildung	1960 (v.H.)	1970 (v.H.)
Uni/Hochschule	0,8	1,7
Berufsschule	1,0	2,3
Abitur	0,8	1,6
Mittelschule	2,1	3,2
Grundschule	23,0	36,1
Autodidakt	---	10,0
Analphabet	72,3	45,1

Quelle: Mertens/Akpınar, 1977, S. 29.

Wie aus der Tabelle entnommen werden kann, war Analphabetismus in den 60er- und 70er-Jahre verbreitet. Binnen zehn Jahren ist zwar die Zahl der Analphabeten stark zurückgegangen, war aber mit 45,1 Prozent immer noch hoch. Diese niedrigere Zahl kam auch deshalb zustande, weil viele entweder selbständig, ohne je eine Schule besucht zu haben, Lesen und Schreiben gelernt haben; insbesondere den Männern wurde während der Militärzeit Lesen und Schreiben beigebracht. Die Zahl der Hochschulabsolventen und der Abiturienten hat sich innerhalb von zehn Jahren verdoppelt, ist aber weit unter der Fünf-Prozent-Marke.

Ein ähnliches Bild kann auch bei den Berufen der Migranten der ersten Generation beobachtet werden. Gefragt nach dem ausgeübten Beruf vor der Einreise nach Deutschland, haben knapp 80 Prozent Kleinbauer oder Arbeiter in der Landwirtschaft bzw. in der Industrie angegeben (vgl. Rückert, 1985, S. S. 27).

Tabelle 11:
Beruf des Vaters vor der Einreise nach Deutschland

Beruf	Prozentsatz
Bauer	39,5
Arbeiter	40,8
Facharbeiter	9,9
Selbständige	5,3
Angestellte	2,3
Keine Angaben	2,2

Quelle: Rückert, 1985, S.27.

Darüber hinaus kann aus Tabelle 11 entnommen werde, dass die Zahl der Facharbeiter (9,9 Prozent) und die Zahl der Selbständigen (5,3 Prozent) sehr gering ausfällt. Wichtig ist es auch zu erwähnen, dass der Bevölkerungsanteil, der in der Türkei einen Angestelltenstatus hatte, kaum (2,3 Prozent) Interesse an eine Ausreise nach Deutschland gezeigt hat.

2.6 Erziehungsvorstellungen der Migranten der ersten Generation

Es kann davon ausgegangen werden, dass die Erziehungsvorstellungen, die im ersten Abschnitt detailliert erläutert wurden, von der ersten Generation mit wenigen Abstrichen immer noch befürwortet werden. In diesem Abschnitt soll lediglich die rigide Erziehung, die ein Mädchen in Deutschland oft erfährt, beschrieben werden.

In einigen Familien sind die türkischen Mädchen in Deutschland vor allem aufgrund der elterlichen Erziehung von den traditionellen Wertvorstellungen ihres Heimatlandes geprägt. Das türkische Mädchen (auch die Familie) gerät zusätzlich in den Einfluss einer für sie völlig fremden Kultur (vgl. Auernheimer, 1988, S. 130.). „(...) die Migration (...) wird gesehen als ein Wechsel aus Tradition und Rückschrittlichkeit in eine Welt des Fortschritts und der Emanzipation." (Hebenstreit, 1986, S. 177.)

Aber hier findet nicht nur ein Kulturwechsel durch Migration statt, sondern Werte und Normen aus zwei unterschiedlichen Kulturen treffen aufeinander. Dabei entstehen nach Neumann unterschiedliche Orientierungsmuster: „(...) das sogenannte Festhalten an traditioneller Orientierung ist eine solche Strategie, denn dieses Festhalten ist nicht zu verstehen als selbstverständliche Fortsetzung der heimatlichen Lebensweise, sondern als Defensive gegenüber der veränderten Umwelt." (Neumann, 1982, S. 23.)

Eine ähnliche Begründung kommt von Georg Auernheimer (1988):

> „Daß sehr viele traditionelle Werte und Normen für die Migranten der ersten Genera-
> tion ihren Sinn behalten, verdankt sich erstens wohl der Tatsache, daß die neue Le-
> benswirklichkeit über lange Zeit in der traditionellen Sichtweise wahrgenommen
> wird, zweitens dem Umstand, daß das Leben in dieser fremden Welt als vorüberge-
> hendes Stadium betrachtet wird und daß außerdem die gesellschaftliche Reprodukti-
> onsform des kapitalistischen Systems die Abgrenzung des Privaten und den Rückzug
> ins Private ermöglicht, ja aufdrängt." (Auernheimer, 1988, S.130.)

Als zweite Möglichkeit nennt Neumann die der „temporären Suspension traditioneller Erziehung". Das heißt, dass verschiedene Verhaltensweisen und Rollenzu-
weisungen aus der eigenen Tradition vorübergehend außer Kraft gesetzt werden
(vgl. Neumann, ebd.).

Die dritte Möglichkeit einer Orientierungsstrategie, die allerdings auch eine
partielle Anpassung bewirkt, ist die „(...) Korrektur der (eigenen) Werte, Normen
und Verhaltensmuster in Richtung auf die Werte, Normen und Verhaltensmuster
der Gesellschaft." (ebd., S. 25.)

Nach Ansicht einiger Autoren tritt bei dem größten Teil der türkischen Familien
die erstgenannte Orientierungsstrategie auf (vgl. Rosen/Stüwe, 1985; Özkara, 1988;
Riesner, 1990.).

Viele türkische Familien sind oft wie im Heimatland patriarchalisch strukturiert,
und die traditionellen Norm- und Wertvorstellungen gelten weiterhin im familiären
Zusammenleben (vgl. Riesner, 1990, S. 27.). Doch die Werteorientierung dieser
Familien gerät durch eine völlig fremde Kultur in Gefahr: „(...) die Familien kommen in eine Situation, die mittels traditioneller Orientierungen nicht verstanden
werden kann und in der sie auf der Suche nach Orientierung weitgehend auf sich
selbst angewiesen sind." (Schiffauer, 1983, S. 102.)

Durch die Konfrontation mit einer fremden Umwelt und deren Kultur setzt eine
Unsicherheit bei den türkischen Familien ein, die dazu führen kann, dass die Migranten ihre traditionellen Norm- und Wertvorstellungen überbetonen, das Heimatland idealisieren und Kontakte zu Deutschen vermeiden (vgl. Marburger, 1987,
S. 96; Auernheimer, 1988, S. 130.).

Der Eindruck von der deutschen Gesellschaft, den die türkischen Migranten
meist nicht durch persönliche Kontakte, sondern oft durch Medien und Beobachtungen erhalten, lässt Vorurteile entstehen. Die liberale Erziehung deutscher Kinder, die fremde Religion, die Befürchtung, ihre Kinder könnten der türkischen Kultur entfremdet werden, und vor allen Dingen die sexuelle Freizügigkeit, die sie auf
den Straßen beobachten können, veranlassen sie, ihre Kinder vor diesem „schlechten Einfluss" schützen zu wollen.

Dies gilt in besonderem Maße für die Töchter, deren Erziehung sich weiterhin
auf die Vorbereitung für die traditionelle Rolle der türkischen Frau und auf die

Ehre des Mädchens konzentriert. Damit steht die Jungfräulichkeit des Mädchens auch in Deutschland im Vordergrund. Sollte das Mädchen Geschlechtsverkehr vor der Ehe haben, wird ihre Verheiratung erschwert. Einige Mädchen, die trotzdem vor der Ehe Geschlechtsverkehr hatten, ergreifen Maßnahmen, die viele Gynäkologen in Deutschland in eine Gewissenskonflikt bringen: viele Mädchen suchen einen Arzt auf, mit der Bitte, dass das gerissene Jungfernhäutchen rekonstruiert werden soll (vgl. Schweer, 1999.).

Um die Töchter von der sexuellen Freizügigkeit fernzuhalten, reagieren die Eltern mit einer rigiden Erziehung. Durch Verbote und Maßnahmen, welche die Mädchen in ihrer Freizeit drastisch einschränken, versuchen sie, die Ehre des Mädchens zu bewahren. Eine freundschaftliche Beziehung zu Jungen ist fast unmöglich, denn schon allein eine unbegründete Vermutung kann die Ehre der türkischen Mädchen in Verruf bringen. War in der Türkei die Dorfgemeinschaft neben der Familie eine Kontrollinstanz für das Verhalten der türkischen Mädchen, so ist die Beaufsichtigung der Mädchen in Deutschland entweder durch ihre eigene Familie oder, was besonders in türkischen Wohnsiedlungen (Ghettos) der Fall ist, durch Nachbarn oder Bekannte möglich.

Viele türkische Familien sehen noch heute ihre Zukunftsperspektive in einer Rückkehr in ihr Heimatland. Auch deshalb wird die Kontrolle der Mädchen verschärft gehandhabt. Denn wenn ein türkisches Mädchen ihre Jungfräulichkeit verlieren sollte, hätte dies Konsequenzen für die ganze Familie. Ihr Ansehen ginge verloren und eine Rückkehr wäre nicht mehr möglich. Zusammenfassend lässt sich sagen, dass „(...) die geschlechtsspezifische Erziehung türkischer Eltern in der BRD in ihren Grundstrukturen denen entsprechen, die sie in ihrer eigenen Sozialisation in der ländlichen Türkei vermittelt bekamen." (Özkara, 1988, S. 52.)

3. Erziehungsbedingungen der türkischen Migrantinnen und Migranten der zweiten Generation in Deutschland

3.1 Die Schule

Bevor die Schulsituation der türkischen Migrantenkinder beschrieben werden soll, ist es wichtig, die Möglichkeiten für den Besuch eines Kindergartens näher zu betrachten. Es ist statistisch nicht belegbar, wie viele Migrantenkinder einen Kindergarten besuchen, weil laut einer Aussage des Statistischen Bundesamtes und des Bundesministeriums für Familien, Senioren und Jugend solche Zahlen nicht vorliegen. Nach einer Untersuchung des Bundesministeriums für Arbeit und Sozialordnung suchen 21 Prozent der 25- bis 29jährigen und etwa 17 Prozent der 30- bis 34jährigen Eltern nichtdeutscher Herkunft intensiv einen Kindergartenplatz (vgl. Mitteilungen der Beauftragten der Bundesregierung für Ausländerfragen, 1997, S. 127.).

Als eine flankierende soziale Maßnahme wurde zum 01.01.1996 der Anspruch auf einen Kindergartenplatz eingeführt, damit die Frauen konfliktfreier ihre Schwangerschaft annehmen konnten. Darüber hinaus sollte der Anspruch auf einen Kindergartenplatz eine Garantie dafür bieten, dass den Müttern gegenüber anderen berufstätigen Frauen nach dem Mutterschaftsurlaub keine Nachteile entstehen (vgl. Bundesministerium für Familie, Senioren, Frauen und Jugend. Zehnter Kinder- und Jugendbericht, 1998, S. 194.). Inwieweit dieser Rechtsanspruch auf einen Kindergarten in der Praxis umgesetzt werden kann, muss noch abgewartet werden, weil viele Länder schon finanziell nicht in der Lage sind, so viele Plätze bereitzustellen wie benötigt würden.

Für Migrantenkinder kann festgestellt werden, dass in den Städten eine Unterversorgung vorherrscht. Tendenziell lässt sich beobachten, dass der Anteil der Kindergartenkinder unter den Migrantenkindern nicht so hoch ist wie unter den deutschen Kindern. Es gibt aber auch nationalitätenspezifische Unterschiede: türkische, ex-jugoslawische und spanische Kinder besuchen öfter einen Kindergarten als Kinder anderer Nationalitäten. Mit zunehmender Aufenthaltsdauer steigt die Wahrscheinlichkeit für den Besuch des Kindes in einem Kindergarten (vgl. ebd.). Die Gründe für die Unterrepräsentanz von Migrantenkindern wird im Zehnten Kinder- und Jugendbericht wie folgt zusammengefasst: die Gründe „lagen und liegen auch heute noch in erster Linie in den fehlenden geeigneten Plätzen und darin, daß Eltern nicht wissen, wie sie an die Plätze herankommen. Sei es, weil sie nicht mit den Modalitäten vertraut sind (z B. nicht wissen, daß sie sich vormerken lassen müssen; daß sie ihre Kinder in mehreren Kindergärten gleichzeitig anmelden sollten, um sich auf jeden Fall einen Platz zu sichern), oder auch weil ihnen die Plätze vorenthalten werden, z.B. wegen des vom Träger vorgeschriebenen begrenzten Anteils von ausländischen Kindern in Tageseinrichtungen." (ebd., S. 194-195.)

Viele türkische Eltern melden ihre Kinder in einen Kindergarten an, weil sie die Aufgabe des Kindergartens darin sehen, dass der Kindergarten die Kinder, besonders in Bezug auf das Erlernen der deutschen Sprache, auf die Schullaufbahn vorbereiten soll. Die Eltern zeigen dann eine große Bereitschaft, ihre Kinder in einen Kindergarten anzumelden, wenn beide erwerbstätig sind und tagsüber keine Zeit haben. Dazu zwei Interviewauszüge:

> „Ja, damit ich die Sprache besser lerne und unter Kinder komme; und weil sie eh keine Zeit hatten." (Nurhan)

> „Ja (...) bis zur Grundschule (...) ich bin sowieso mit drei Jahren nach Deutschland gekommen und dann kam ich direkt in den Kindergarten und (...) damals waren beide berufstätig und ich musste." (Sevgi)

Hinzu kommt, dass sehr viele Familien mit mehreren Kindern aufgrund des geringen Einkommens überhaupt nicht in der Lage sind, einen Kindergartenplatz zu finanzieren. Insbesondere bei der zweiten Generation kann festgestellt werden, dass der Besuch eines Kindergartens oft aufgrund des späten Einreisealters in das Bundesgebiet überhaupt nicht mehr in Frage kommen konnte. Pakize und Ali gehören zu denen, die wegen des späten Einreisealters keinen Kindergarten besuchen konnten.

> „Nein, habe ich nicht (...) Ja, weil ich, als ich klein war, in der Türkei war. Ich habe die Grundschule in der Türkei nicht beendet und nach der dritten Klasse bin ich erst nach Deutschland gekommen und habe hier die Grundschule weitergemacht." (Pakize)

> „Nein (...) Weil ich in der Türkei erst mit neun Jahren hier nach Deutschland kam. Und für einen Kindergarten war es zu spät." (Ali)

Obwohl bei den türkischen Schülern seit Mitte der 80er- und Anfang der 90er-Jahre ein leichter Trend zu gymnasialer Ausbildung und höheren Schulabschlüssen festzustellen war, kann beobachtet werden, dass dieser Trend seit Mitte der 90er-Jahre wieder leicht rückläufig ist (vgl. Mitteilungen der Beauftragten der Bundesregierung für Ausländerfragen, 1997, S. 30.). Die Verteilung der türkischen Schüler auf Grundschulen und auf allgemeinbildende Schulen sehen folgendermaßen aus:

Tabelle 12:
Verteilung der türkischen Schüler auf Schultypen

Schultyp	Absolut	Prozent
Vorklassen	3.267	0,8
Schulkindergärten	5.219	1,2
Grundschulen	181.730	45,0
Hauptschulen	100.497	24,9
Schularten mit mehreren Bildungsgängen	1.366	0,3
Realschulen	30.352	7,5
Gymnasien	22.222	5,5
Gesamt- und Waldorfschulen	31.255	7,7
Abendschulen und Kollege	3.089	0,7
Sonderschulen	24.577	6,0
Gesamt	403.574	99,6*

Quelle: Mitteilungen der Beauftragten der Bundesregierung für Ausländerfragen, 1999, S. 37.
*Die Prozentsätze wurden vom Autor berechnet: dabei wurde lediglich die erste Ziffer nach dem Komma berücksichtigt. Deshalb ergibt die Summe nicht 100 Prozent.

Auch wenn der Besuch einer qualifizierten Schule bei türkischen Eltern ganz oben auf der Wunschliste steht, ist der Anteil der türkischen Jugendlichen an den Gymnasien und Realschulen, verglichen mit deutschen und anderen ausländischen Jugendlichen, sehr gering. Zu diesem Wunsch der Eltern äußert sich Nurhan:

> „Meine Mami wollte immer, dass ich ins Gymnasium komme. Aber ich wollte das nicht, weil ich wusste, dass ich das nicht schaffe. Und dann bin ich auf die Realschule gekommen (...)." (Nurhan)

Dass die Mutter von Nurhan auf den Besuch eines Gymnasiums besteht, ist eine Seltenheit, denn die älteren Migranten kennen das Schulsystem in Deutschland nicht. Ältere Migranten setzen das deutsche System mit dem türkischen gleich. Bei ihnen herrscht die Meinung vor, man solle sich nicht um die Angelegenheiten des Schulwesens kümmern, weil die Schule schon das Richtige tun wird. Ali antwortet auf die Frage, wer für ihn die weiterbildende Schule ausgesucht hat:

> „Das hat der Schuldirektor entschieden, weil ich kein Deutsch konnte. (...) hat er gesagt (...) vielleicht, wenn ich Glück habe, in die Realschule oder Gymnasium reinrutsche. (...) Meine Eltern haben sich darum nicht gekümmert, weil sie sich nicht auskennen. Vielleicht haben sie auch gedacht, die Schule wird schon das Richtige machen. Du kennst doch die Einstellung unserer alten Leute." (Ali)

Ali hat mit der Realschule bzw. mit dem Gymnasium kein „Glück" gehabt, weil er bis zu seinem Schulabschluss auf der Hauptschule geblieben ist.

Der Anteil der türkischen Schüler an den Haupt- und Sonderschulen ist überproportional hoch (vgl. Mitteilungen der Beauftragten der Bundesregierung für Ausländerfragen, 1999, S. 36-37; Gomolla, in: Attia/Marburger (Hrsg.), 2000, S. 59-63.). Wenn nur die allgemeinbildenden Schulen berücksichtigt werden (siehe Tabelle oben), entfallen auf die Hauptschule 47,1 Prozent, auf das Gymnasium 10,4 Prozent, auf die Realschule 14,2 Prozent und auf die Sonderschule 11,5 Prozent[26] der türkischen Schüler. Unabhängig von der Nationalität zeigt sich, dass der Erfolg in der Schule in vielfältiger Weise von der sozialen Herkunft der Schüler abhängig ist. Es wird festgestellt, dass sich eine klare Chancenrangfolge gebildet hat: Beamte, Angestellte, Selbständige (ohne Beschäftigte), schließlich Arbeiter (vgl. Beer-Kern, 1994, S. 37.). Diese These wird auch von einer anderen Interviewpartnerin, wie schon oben bei Ali zu sehen war, klar belegt:

> „Ich war auch in der Hauptschule. Also nach der Grundschule war ich in der Hauptschule. (...) Die Lehrer haben das entschieden. (...) Es war auch so, dass zum Beispiel mein Vater – ich habe sehr gute Noten gehabt in der Grundschule. Dann ist mein Vater ins Gymnasium, weil er unbedingt wollte, dass ich studiere. Dann ist er ins Gymnasium und wollte mich anmelden. Und der Rektor hat dort gesagt, zu meinem Vater: ‚ein Arbeiterkind bleibt ein Arbeiterkind.'" (Sevgi)

Wenn die Kriterien für einen Schulwechsel von der Grundschule in eine weiterbildende Schule näher betrachtet werden, stellt man zwar fest, dass die erzielten Noten die entscheidende Rolle spielen. Aber es ist auch zu beobachten, dass ein Kind aus einer Arbeiterfamilie, wie in der Interviewpassage zu lesen ist, auch bei gleicher schulischer Leistung eine geringere Chance auf den Besuch eines Gymnasiums hat (vgl. Stallmann, in: Bott/Merkens/Schmidt (Hrsg.), 1991, S. 135.).

> „Die Werte bestätigen die triviale Aussage, daß gute Noten die Chance für das Gymnasium erhöhen. Für die deutschen Kinder behält – wie beim Wechsel zur Realschule – der Berufsstatus des Vaters weiterhin seine Relevanz. Bezüglich der Bezirkszugehörigkeit ergeben sich für türkische Kinder im Bezirk mit durchschnittlich höherem Sozialstatus etwas größeren Chancen für den Wechsel zum Gymnasium." (ebd., S. 133.)

Die Diskrepanz bezogen auf die Bildungswilligkeit der Eltern kann damit begründet werden, dass die Eltern mit einer hohen Schul- und Berufsausbildung der Kinder das individuelle Bedürfnis nach sozialem Aufstieg und das Erreichen gesellschaftlichen Ansehens stellvertretend realisieren (vgl. Alamdar-Niemann, 1992, S. 278.).

Die türkischen Eltern bevorzugen eine geschlechtsspezifische Unterscheidung hinsichtlich der Bildungsorientierung. Der Grund für die unterschiedliche Haltung gegenüber Töchtern und Söhnen könnte in der Versorgerrolle für Jungen und der

---

[26] Alle diese Prozentsätze wurden - ausgehend von Tabelle 12 - vom Autor berechnet.

Familienrolle für Mädchen liegen. Während der Junge in der Zukunft die Ernährerrolle übernehmen wird, wird die Tochter die Pflege und die Erziehung von Kindern und die reproduktiven Arbeiten ausüben. Wird die Einbindung des Mädchens in ein Ausbildungs- oder Berufsverhältnis eher bis zum Zeitpunkt der Eheschließung geduldet, so gewinnt die Schul- und Berufsausbildung des Jungen eine funktionale Bedeutung (vgl. ebd. 276.). In vielen Fällen äußern die Mädchen zwar selbst, einer beruflichen Tätigkeit nachgehen zu wollen, geben aber keine genauere Berufsbezeichnung an – wie das etwa bei den deutschen Mädchen der Fall ist –, weil sie sich im Falle einer Heirat oder Verheiratung stärker an den Haushalt gebunden fühlen (vgl. Häßler, in: Bott/Merkens/Schmidt (Hrsg.), 1991, S. 109 und Deutsche Shell (Hrsg.), 2000, Bd. 2, S. 11.):

> „Die Mädchen antizipieren in diesem Punkt den Erwartungsdruck, der aus ihrer unmittelbaren Lebensumgebung auf sie einwirkt. Daß sie ihre Zukunft nicht selbstbestimmt gestalten zu können meinen, zeigt sich, wenn sie keine Wunschreihenfolge in der Art wie: ‚erst Ausbildung, dann Berufstätigkeit, dann Heirat, dann Kinder ...‘ anzugeben vermögen. In einer angestrebten Erwerbstätigkeit sehen die türkischen Schülerinnen in stärkerem Maß eine Form des Beitrags zum Familieneinkommen, denn einen Schritt zur ökonomischen Selbständigkeit gegenüber dem späteren Lebenspartner." (vgl. Häßler, ebd.)

In Bezug auf Schule und Beruf empfangen die Jungen von den Eltern in viel stärkerem Maße Rückhalt und Unterstützung. Aus dieser Position heraus sind die Jungen eher in der Lage, andere Zukunftsvorstellungen zu entwickeln als dies bei den Mädchen der Fall ist. Ein wesentlicher Unterschied besteht schon darin, dass die Mädchen im Gegensatz zu den Jungen dem Druck der Frühverheiratung ausgesetzt sind, der bereits gegen Ende der Schulzeit auf den Schultern der Mädchen lastet (vgl. ebd., S. 113.). Da hohe Bildung bei türkischen Eltern eine zentrale Rolle spielt, erwerben die türkischen Mädchen immer häufiger aus Eigeninitiative das Abitur, obwohl sie von ihren Eltern, im Gegensatz zu Jungen, weniger gefördert und ermuntert werden. Wenn die Töchter danach ein Universitätsstudium beabsichtigen, dulden die Eltern den Auszug der Mädchen aus dem Elternhaus, auch wenn diese nicht geheiratet haben. Dadurch wird einerseits der Druck der Verheiratung für die türkischen Mädchen zunächst außer Kraft gesetzt und andererseits lernen die Mädchen mit „Freiheit", Selbständigkeit und gesellschaftlichem Druck anders umzugehen und sie neu zu definieren.

Für die türkischen Jungen ist die nahe Zukunft mit weniger Ängsten verbunden, weil sie sehr locker angeben, dass sie nach der Schule entweder eine Lehre beginnen oder aber einfach nur „erst mal jobben" wollen, um z.B. ausreichend Geld für ein Auto oder die Familienplanung zu verdienen (vgl. Deutsche Shell (Hrsg.), 2000, Bd. 2, S. 11.).

3.2 Der Beruf

Trotz der sehr langen Aufenthaltsdauer in Deutschland und der leicht verbesserten Schulabschlüsse der Migrantenjugendlichen sind sie in der Berufsausbildung unterrepräsentiert. Die Ausbildungsbeteiligung der Migrantenjugendlichen erhöhte sich zwar bundesweit von 2,8 Prozent an allen Auszubildenden 1985 auf 8 Prozent 1994, liegt aber trotzdem weit unter ihrem Anteil von 15 Prozent an der Gruppe der 15- bis unter 18-Jährigen in Deutschland insgesamt (vgl. Haugg, in: iza Zeitschrift für Migration und Soziale Arbeit, 1997/3-4, S. 71.). Seit Mitte der 90er-Jahre wird ein Rückgang bei der Ausbildungsbeteiligung der Migrantenjugendlichen festgestellt: Die Ausbildungsbeteiligung Jugendlicher ausländischer Herkunft lag 1986 bei 25 Prozent und stieg 1994 deutlich auf 43,5 Prozent. Seit diesem Höchststand sind die Zahlen aber wieder rückläufig.

Während von den deutschen Jugendlichen knapp zwei Drittel eine Ausbildung im dualen System aufnehmen, erreicht die Ausbildungsbeteiligung Jugendlicher ausländischer Herkunft 1997 mit 37,3 Prozent gerade den Stand vom Anfang der 90er-Jahre (vgl. Mitteilungen der Beauftragten der Bundesregierung für Ausländerfragen, 1999, S. 14.).

Die Berufsausbildung der Migrantenjugendlichen, vor allem aber die der türkischen Jugendlichen, konzentriert sich auf einige wenige Berufe, deren Verwertbarkeit auf dem Arbeitsmarkt als gering zu veranschlagen ist (vgl. Tabelle 13). Die Berufswahl der Migrantenjugendlichen konzentriert sich auf weniger zukunftsträchtige Branchen oder gering bezahlte Tätigkeiten. In Metallberufen erreicht die Ausbildungsbeteiligung der nichtdeutschen Jugendlichen nahezu ihren Anteil an der Bevölkerung ihrer Altersgruppe. In den beliebten Berufen unter den Jugendlichen, wie z.B. Bank- oder Versicherungskaufmann, ist die Ausbildungsbeteiligung mit 2-3 Prozent weit unter dem Durchschnitt (vgl. Haugg, in: iza Zeitschrift für Migration und Soziale Arbeit, 1997/3-4, S. 71.). Das heißt aber nicht, türkische Jugendliche würden sich nur für ganz wenige Berufe interessieren. Aus den Ausführungen von Attia, Aziz, Marburger und Menge kann entnommen werden, dass dieser Zustand nicht allein mit Interessen und Wünschen der Jugendlichen zusammenhängt, sondern auch mit Möglichkeiten und Chancen, die ihnen nur in wenigen Berufen geboten werden (vgl. Attia/Aziz/Marburger/Menge, in Attia/Marburger (Hrsg.), 2000, S. 73.). Ali resümiert seinen Ausbildungseinstieg wie folgt:

> „Ich habe Elektroinstallation und SPS-Programmierer gelernt (...). Das heißt, viele Betriebe, Maschinen werden von Speicherprogrammierergeräten gesteuert und ich programmiere diese. (...) Mein Vater war nur am Arbeiten, meine Mutter war gestorben. (...) Meine Schwester und ich, wir mussten selber entscheiden. (...) Ich war früher schon sehr gern Bastler. Ich habe viele Kassettenrekorder aufgeschraubt oder Schalter, daheim, auseinander genommen. Meistens kaputt gemacht, aber (...). Außer-

dem konnte ich mit meinem Abschluss nicht viel anfangen. Die Noten waren gut, aber es war eine Hauptschule. Die Lehrer haben mir gesagt, ich soll doch was Handwerkliches lernen. Es war auch leicht, in diesem Bereich eine Ausbildung zu bekommen." (Ali)

Im Einzelnen sieht die Ausbildungsbeteiligung der nichtdeutschen Jugendlichen in ausgewählten Berufen folgendermaßen aus:

Tabelle 13:
Ausbildungsberufe mit hohen Anteilen an Auszubildenden mit ausländischem Pass (alle Angaben in Prozent)

Ausbildungsberuf	1996	1997
Kraftfahrzeugmechaniker/in	13,3	9,0
Friseur/in	23,9	18,0
Arzthelfer/in	11,7	10,9
Elektroinstallateur/in	11,3	7,4
Kaufmann/Kauffrau im Einzelhandel	10,7	7,8
Gas- und Wasserinstallateur/in	15,1	9,8
Zahnarzthelfer/in	11,6	10,8
Maler und Lackierer/in	13,6	8,6
Kaufmann/Kauffrau im Groß- und Einzelhandel	7,4	5,9
Bürokaufmann/Bürokauffrau	8,1	5,5

Quelle: Statistisches Bundesamt, in: Mitteilungen der Beauftragten der Bundesregierung für Ausländerfragen, 1999, S. 43.

Wie aus der Tabelle deutlich wird, sind handwerkliche Berufe sowie Tätigkeiten in Dienstleistungen, wie Friseur/in oder Arzthelfer/in stark vertreten. Das sind Bereiche, in denen die Zugangsvoraussetzungen niedrig sind und die Bezahlung sehr gering ist. Es ist auch zu beobachten, dass die Ausbildungsbeteiligung der Migrantenjugendlichen in allen Berufen im Jahre 1997 im Vergleich zu 1996 rückläufig ist.

Die Gründe für die geringe Beteiligung der nichtdeutschen Jugendlichen an Ausbildungsberufen können in vier Punkten zusammengefasst werden: Zunächst seien die fehlenden schulischen Voraussetzungen genannt. Zweitens gibt es Firmen, die bevorzugt deutsche Bewerber einstellen. Drittens brechen mehr Jugendliche mit einem ausländischen Pass eine angefangene Lehre ab als deutsche Jugendliche (vgl. Mitteilungen der Beauftragten der Bundesregierung für Ausländerfragen, S. 36, 1997.). Und viertens brechen Jugendliche eine Lehre ab, weil sie während der Ausbildung heiraten, was bei Migrantenjugendlichen überdurchschnittlich oft der Fall ist. Diese strukturellen Bedingungen können hinsichtlich der Migrantenjugendlichen wie folgt interpretiert werden: Obwohl die Ausbildungsordnung für keinen Beruf einen bestimmten Schulabschluss vorschreibt, scheiden sehr viele Hauptschulabsolventen aufgrund der Anforderungen der Berufsschule aus. Viele Firmen stellen bevorzugt Absolventen der höheren Schulen, wie z.B. Realschule oder Gymnasium, ein (vgl. Attia/Aziz/Marburger/Menge, in: Attia/Marburger (Hrsg.), 2000, S. 89.). Auch heute noch verlassen 62,1 Prozent (vgl. Mitteilungen der Beauftragten der Bundesregierung für Ausländerfragen, 2000, S. 116.) der Jugendlichen nichtdeutscher Herkunft bundesweit eine allgemeinbildende Schule entweder mit oder ohne einen Hauptschulabschluss. Es sei hinzugefügt, dass der Anteil der türkischen Jugendlichen, die eine Hauptschule besuchen, im Vergleich zu den anderen Bevölkerungsgruppen besonders hoch ist. Dadurch erfüllen viele türkische Jugendliche bereits das erste Auswahlkriterium der Firmen nicht.

Es gibt nach wie vor deutsche Firmen, die bevorzugt deutsche Jugendliche als Auszubildende einstellen. Einige Ausbilder stufen Jugendliche ausländischer, insbesondere türkischer, Herkunft als „Risikoauszubildende" ein, da sie negative Erfahrungen mit solchen Jugendlichen hatten, die sie verallgemeinern und auf andere Jugendliche projizieren (vgl. Attia/Aziz/Marburger/Menge, in: Attia/Marburger (Hrsg.), 2000, S. 96.). Diese Einstellung wird auch durch das allgemein negative Bild von türkischen Jugendlichen in der Öffentlichkeit verstärkt. Für dieses negative Bild von türkischen Jugendlichen können in erster Linie die Medien verantwortlich gemacht werden, da sie diese Gruppe von Jugendlichen oft mit Problemen (Kriminalität, Arbeitslosigkeit, Armut und Konflikten untereinander) in Verbindung bringen 8vgl. Haugg, in: iza Zeitschrift für Migration und Soziale Arbeit, 1997/3-4, S. 72.).

Im Gegensatz zu den deutschen Jugendlichen brechen türkische Jugendliche häufiger eine angefangene Ausbildung ab. Das könnte daran liegen, dass die sprachlichen Fertigkeiten der türkischen Jugendlichen für die Fachtheorie in der Berufsschule nicht ausreichen, obwohl viele hier geboren und aufgewachsen sind. Ein anderer Grund könnte durch die betriebliche Atmosphäre hervorgerufen werden: die türkischen Jugendlichen fühlen sich nicht verstanden.

Es gibt auch Beispiele für Jugendliche, die ihre Lehre abbrechen oder aber keine Lehre beginnen, weil sie heiraten wollen. Nicht nur türkische Mädchen brechen ihre Lehre wegen der Eheschließung ab. Das Motiv für den Abbruch einer Lehre liegt bei den Männern häufig in der schlechten Ausbildungsvergütung. Zu diesem Thema sagt ein Interviewpartner:

> „Ne, habe ich nicht. (...) Ja, nachdem ich halt geheiratet habe, musste ich; ich konnte mir halt nicht erlauben, einen Beruf auszuüben, weil ich dann finanziell nicht auskommen werde. Deshalb habe ich halt angefangen, direkt zu arbeiten." (Cüneyt)

Eine Argumentation von Haugg befasst sich mit dem Kern des Fehlverhaltens bei der Ausbildung der türkischen Jugendlichen:

„Anders als bei der Mehrzahl der deutschen Jugendlichen ist die Berufswahl keine individuelle Entscheidung, sondern wird im Zusammenhang mit den Familienzielen (Selbständigkeit, finanzielle Absicherung, Statusverbesserung oder -sicherung) getroffen und weniger aufgrund von Neigungen und Fähigkeiten des oder der Jugendlichen. Kenntnisse aus dem Herkunftsland über Berufe und Aufstiegschancen werden auf die Situation in der Bundesrepublik übertragen. (...) Hinzu kommt, daß die Aufnahme einer Berufsausbildung häufig nur die zweite Wahl ist, nachdem das ursprüngliche Ziel einer akademischen Laufbahn aufgegeben werden musste." (ebd. 71-72.)

Die geringe Beteiligung der Migrantenjugendlichen an der Berufsausbildung schlägt sich im Niveau der Erwerbstätigkeit nieder. Von 8.500 Erwerbstätigen ausländischer Herkunft unter 25 Jahren, die in Frankfurt a.M. tätig waren, hatten mehr als zwei Drittel im Jahre 1992 keine Berufsausbildung; unter ihnen waren fast 18 Prozent ohne Schulabschluss (vgl. Kuske-Schmittinger, in: Informationsdienst zur Ausländerarbeit, 1994/3-4, S. 105.). Unter allen niedrig qualifiziert beschäftigten Arbeitern befinden sich 60 Prozent Jugendliche mit Ausländerstatus, aber unter den Angestellten mit Berufsausbildung lediglich 13 Prozent (vgl. ebd.).

3.3 Die Wohnsituation

Die Wohnverhältnisse haben nationalitätenübergreifend Auswirkungen auf die gesamte Lebenssituation von Jugendlichen. Sie haben Auswirkungen auf die Art und Weise des Zusammenlebens innerhalb des Haushaltes, auf die Erziehung der Kinder, die Erholung nach der Arbeit, die Pflege von Kontakten und das Freizeitverhalten. Darüber hinaus beeinflussen die Wohnverhältnisse den schulischen Werdegang, die Ausbildung und den Beruf. Zusätzlich hat die Wohnsituation von Migranten Auswirkungen auf die rechtliche Stellung, weil das Ausländerrecht das Vorhandensein ausreichenden Wohnraums[27] für eine Familienzusammenführung vorschreibt; ausreichender Wohnraum verfestigt auch den Aufenthaltsstatus der Migranten. Bei der Verlängerung der Aufenthaltserlaubnis muss ein ausreichender Wohnraum, in der Regel mit einem gültigen Mietvertrag, belegt werden. Sollte dieser Beleg nicht vorliegen, wird ein Familiennachzug nicht gestattet und nur eine kurze Aufenthalterlaubnis erteilt (vgl. Bendit, 1997, S. 175). Bei der Wahl des Wohnortes bevorzugen 80 Prozent der Migranten Städte, die mindestens eine Einwohnerzahl von 100.000 aufweisen (vgl. Mitteilungen der Beauftragten der Bundesregierung für Ausländerfragen, 1997, S. 64.).

---

[27] Jedes Mitglied eines Haushaltes soll mindestens 12 qm Wohnfläche zur Verfügung haben. Bei Kindern zwischen 0-6 Jahren reichen 8 qm aus.

Die Untersuchungsergebnisse der Bundesregierung von 1993 zeigen, dass die großen Ballungszentren in den alten Bundesländern einen mehr als doppelt so hohen Migrantenanteil aufweisen wie die ländlichen Räume. In diesen Gebieten erreicht der Migrantenanteil eine durchschnittliche Höhe von 15 Prozent an der Gesamtbevölkerung. In einigen Fällen, wie z.b. in Frankfurt (29 Prozent), Stuttgart (24 Prozent) und München (23 Prozent), liegt diese Zahl sogar deutlich über 15 Prozent (vgl. ebd.). Die Verteilung der verschiedenen Nationalitäten ist keineswegs einheitlich, weil beispielsweise Menschen türkischer Herkunft überdurchschnittlich stark in Regionen vertreten sind, deren Industrie von Bergbau und Eisen- und Stahlerzeugung geprägt ist: In Gelsenkirchen, Salzgitter, Duisburg, Herne und Bottrop ist über die Hälfte aller Migranten türkischer Staatsangehörigkeit (vgl. ebd.).

Gute Wohnverhältnisse sind bei türkischen Familien ein wichtiges Indiz für das Erreichen eines hohen Lebensstandards, weil die Mieten für große und gut ausgestattete Wohnungen, vor allem in großen Städten, sehr hoch sind. Für türkische Migranten stehen im Allgemeinen nur bestimme Segmente des Wohnungsmarktes offen (vgl. dazu auch: Deutsche Shell (Hrsg.), 2000, Bd. 2, S. 228-230.). Die allgemeine (Rechtsstatus) und individuelle (Zahl der Kinder, Beruf der Paare sowie Einkommen) gesellschaftliche Positionierung der türkischen Migranten steigern oder verringern deren Chancen, eine angemessene Wohnung in dem gewünschten Stadtteil zu finden.

Allgemein kann festgestellt werden, dass die türkischen Migrantenfamilien in Wohnquartieren untergebracht sind, die eine schlechten Bausubstanz sowie eine schlechte Lage haben und bei denen es sich meist um dicht besiedelte Hochhäuser handelt. Diese Gebiete haben einen niedrigen Sozialstatus und sind für die deutsche Bevölkerungsgruppe unattraktiv (vgl. Mitteilungen der Beauftragten der Bundesregierung für Ausländerfragen, 1997, S. 65.). Eine Interviewpartnerin beschreibt das Wohnviertel, in dem sie mit ihren Eltern gewohnt hat, als eine Ghettogegend.

> „Erst waren wir in einer Wohnung: Zwei Zimmer, große Küche. Dann haben wir in einer Drei-Zimmer-Wohnung gewohnt; die war eigentlich recht groß mit Balkon. Das war aber auch in einer – ich würde sagen in einer Ghettogegend. (...) da haben nur Türken gewohnt. (...) In dem Viertel haben – auch Deutsche – aber vor allem viele, viele Türken gewohnt. (...) Ja, draußen gab`s eben eine Wiese und da saßen eben die türkischen Frauen, und die Kinder haben dort gespielt." (Sie lacht hier sehr herzhaft.) (Sevgi)

Darüber hinaus wohnen die türkischen Familien in den Zentren der Großstädte, verlassen diese aber, wenn sie saniert und somit teuer werden (vgl. ebd.). Der Grund für die schlechten Wohnverhältnisse ist einerseits das geringe Einkommen der türkische Familien, die die hohen Mieten ihren großen Wohnraumbedarf nicht aufbringen können; andererseits werden die türkischen Migrantenfamilien von einigen Vermietern diskriminiert, sodass ihnen keine andere Wahl bleibt, als unattraktive Wohnquartiere zu beziehen (vgl. ebd.).[28] Zum Thema Diskriminierung bei der Wohnungssuche äußert sich Mustafa:

> „Wir haben uns eine sehr schöne Wohnung hier in München angeschaut.(...) Ja, die Vermieterin war eine sehr reiche, konservativ aussehende, ältere Dame. Wir haben uns sehr lange mit ihr unterhalten und haben uns die Wohnung angeschaut. Sie schaute mich so an, etwas einschätzend, und als ich ihr meine Adresse hinterlassen wollte – ich habe ihr meine Karte gegeben. Und dann hat sie gesagt: ,oh Sie sind ja Türke!' Dann hat sich das Gesicht sehr verzogen. Dann haben wir sehr schnell eine Absage bekommen, obwohl sie sich das länger überlegen wollte." (Mustafa)

Die türkischen Migrantenfamilien leben in überdurchschnittlich großen Haushalten mit fünf oder mehr Personen (23 Prozent); bei den deutschen Familien ist der Anteil wesentlich geringer – 8,2 Prozent (vgl. ebd., S. 66.). Der Interviewpartner Ali beschreibt diese beengte Wohnsituation:

> „Das war ein Vier-Zimmer-Wohnung, aber das eine Zimmer konnte man nicht als Schlafzimmer oder Wohnzimmer nehmen. Das war reines Esszimmer, wo von jeder Richtung eine Tür reinkam. Also, zum Schlafen und Wohnen hatten wir nur drei Zimmer: War schön renoviert, war alles sauber, auch gute Lage, hat eigenen Garten gehabt. Nur war für die Familie fast zu klein. (...) Wir haben dort mit fünf, fünf Leute haben dort gewohnt. (...) Kein eigenes Zimmer habe ich gehabt. (...) Ich hatte mit meiner Schwester zusammen ein Zimmer. Ich war selber selten daheim. Also, ich hab, sagen wir, mal, mein Zimmer halt wie ein Hotelzimmer benutzt. Also, ich war nur zum Schlafen da." (Ali)

Der Anteil der Haushalte mit einer Überbelegung liegt bei Migrantenfamilien in München um das Fünffache über dem entsprechenden Wert für die deutschen Haushalte. Es kann deutlich beobachtet werden, dass es zwischen einzelnen Nationalitäten große Unterschiede gibt. Weit über dem Durchschnitt rangiert die Überbelegung in den meist größeren türkischen Haushalten (vgl. Landeshauptstadt München (Hrsg.), 1997, S. 78.).

Wie oben geschildert, kann die Wohnsituation nicht nur Auswirkungen auf die rechtliche Lage der Migranten haben, sondern auch auf die Gesundheit und das familiäre Zusammenleben. In sehr vielen türkischen Familien können sich die Kinder aufgrund der beengten Wohnräume nicht zurückziehen und einen eigenen Wohnbereich und eine Intimsphäre aufbauen[29]. In dauerhaft beengten Wohnverhältnissen wuchs mindestens die Hälfte der Interviewpartner heran. Sevgi äußert dazu:

---

[28] Beim Thema Ausländerfeindlichkeit sind sich viele Interviewpartner einig, dass Migranten bei der Wohnungssuche diskriminiert und benachteiligt werden. Die Beispiele für Diskriminierung und Ausländerfeindlichkeit werden aus dem Bereich Wohnungssuche gegeben. Deshalb wird hier explizit auf das nächste Kapitel (Kapitel 3.4: Ausländerstatus) verwiesen.

[29] vgl. dazu die oben zitierte Interviewpassage von Ali.

„Wir haben zu viert in der Wohnung gewohnt: Also, meine Eltern, mein Bruder und ich. (...) Nein, wir hatten nie Einzelzimmer gehabt. (...) Ja das war auch irgendwie eine Ungerechtigkeit: mein Bruder hat ein Zimmer gekriegt, zum Schluss, als wir in der Drei-Zimmer-Wohnung waren, und ich habe halt im Wohnzimmer geschlafen. (...) Es war einfach so: wir haben einfach ein Zimmer zu viel, das soll der Junge bekommen: ‚er ist doch einfach jung, der ist jünger als du, du bist älter, du musst nachgeben, du bist vernünftig' und so. Mit diesen Argumenten." (Sevgi)

Viele familiäre Konflikte ergeben sich dadurch, dass den Kindern die Intimsphäre fehlt. Darüber hinaus fehlt den Kindern und Jugendlichen ein eigenes Zimmer bzw. ein fester Platz, an dem sie ihre Schulaufgaben ungestört erledigen können. Viele Kinder und Jugendliche schlafen im Wohnzimmer, wenn sich die anderen zurückgezogen haben (vgl. dazu auch Bendit, 1997, S. 176 und Toprak, 2000a, S. 85.). Häufig leiden die Leistungen in der Schule bzw. in der Berufsausbildung unter diesen Bedingungen.

3.4 Der Ausländerstatus

Im deutschen Ausländerrecht wird der Begriff „Ausländer" folgendermaßen definiert:

„Ausländer bezeichnet dem ursprünglichen Wortsinn nach einen Menschen, dessen Lebensmittelpunkt sich außerhalb des Landes befindet und der daher nicht zu diesem Land und zu seiner Gesellschaft gehört. Anders der juristische, (...) Sprachgebrauch: Ausländer ist danach jeder, der nicht die deutsche Staatsangehörigkeit (oder die Volkszugehörigkeit im Sinne des Art. 116 Abs. 1 GG) hat. Ausländer im Rechtssinn sind daher auch viele Inländer, die u.a. als sogenannte Gastarbeiter in dieses Land einwanderten und ihre Familienangehörigen und ihre Nachkommen." (Deutsches Ausländerrecht, 2000, S. IX.)

Wie bereits oben erwähnt, wurden die Migranten aus den klassischen Anwerbeländern nach Deutschland geholt, um die Nachfrage nach niedrig qualifizierten Arbeitskräften, die der deutsche Arbeitsmarkt nicht erfüllen konnte, teilweise zu stillen. Ziel der Anwerbung war es von Anfang an, die Arbeitskräfte mittels des Rotationsprinzips durch neue, junge und vor allem gesunde Arbeitskräfte zu ersetzen. Seit Inkrafttreten dieses Anwerbeprinzips ist die „Ausländerpolitik" der Bundesrepublik bis heute von zwei sehr wichtigen Grundsätzen geprägt:

- Die „Ausländerbeschäftigung" ist und war von der Arbeitsmarktsituation und der wirtschaftlichen Lage abhängig, d.h. Arbeitsmarktinteressen stehen im Mittelpunkt[30].

---

[30] Auch die Greencard-Diskussion und die aktuelle Einwanderungsdebatte sind dafür ein Beispiel. Während Deutschland nach dem Zweiten Weltkrieg niedrig qualifizierte Arbeitskräfte angeworben

- Deutschland definierte sich bis vor einem Jahr als Nicht-Einwanderungsland (vgl. Bendit, 1997, S. 155.)[31]

Obwohl seit drei Jahrzehnten das Gegenteil der Fall ist, hält Deutschland im Gegensatz zu anderen Ländern (Schweden, USA, Australien und Neuseeland) daran fest, kein Einwanderungsland zu sein. Als ein wichtiges Indiz dafür, dass Deutschland ein Einwanderungsland ist, können die langen Aufenthalte der „Gastarbeiter" sowie die Familienzusammenführungen dieser Migranten genannt werden. Alle Interviewpartner haben sich dafür entschieden, in Deutschland zu leben. Dazu zwei Beispiel aus den Interviews:

„Dauerhaft in der Türkei leben? Hm, ich weiß es nicht. Ja, so vorübergehend kann ich mir vorstellen, in der Türkei zu leben. Das kann ich mir vorstellen. Muss aber natürlich ... ich muss natürlich finanziell sehr gut abgesichert sein. (...) Ja, weil die Türkei ist eigentlich nicht so billig. Wenn man da unten lebt, ist es eigentlich ganz schön teuer. Und eigene Wohnung muss man haben, damit es einem finanziell gut geht. Eigene Wohnung und ein eigenes Auto; dann kann man sagen, dass einem dort gut geht." (Pakize)

„Ja, wenn ich viel Geld hätte dann schon (...) Geld deshalb, weil man diesen Lebensstandard nicht so verwirklichen kann. (...) Also, man ist doch diesen Lebensstandard gewöhnt, ne. Dann hat man es dort einfacher, wenn man viel Geld hat. Dort ist es schwerer, einen gewissen Lebensstandard zu erreichen. Hier kannst Du, wie soll ich das sagen, einfach besser mit deinem Geld umgehen. Dort, denke ich mir mal, ist es schwieriger. Ich sehe eh bei meiner Tante und so weiter. Also, sie hat zwar eine Arbeitsstelle. Die ist Direktorin in einem Behindertenheim und hat zwei Kinder. Sie kommt sehr schwer über ihre Runden.(...)." (Nurhan)

Die beiden Interviewpartnerinnen betonen zwar in der Türkei leben zu können, machen das aber von sehr gewichtigen Bedingungen abhängig. Bei Pakize wird deutlich, dass sie sich dauerhaft nicht in der Türkei niederlassen will. Nurhan führt das Beispiel ihrer Tante an, um hervorzuheben, wie schwierig ein gutes Leben in der Türkei auch mit einer gesicherten und qualifizierten Arbeit ist. Die finanziellen Bedingungen, die alle Interviewpartner als „Alibifunktion" für ein dauerhaftes Leben in der Türkei angeben, sind sehr hoch angesetzt. Die Interviewten betrachten die Rückkehr als eine offene Option, die sie nicht aufgegeben wollen.

---

hat, hat sich die Lage Ende der 90er-Jahre in Richtung hoch qualifizierter Computerspezialisten verändert. Im Rahmen der Greencard-Regelung wurde der Anwerbestopp von 1973 faktisch teilweise außer Kraft gesetzt, um Spezialisten vor allem aus Indien anzuwerben.

[31] Auch in diesem Zusammenhang wird mittlerweile in Deutschland – nachdem im Jahre 1998 ein Regierungswechsel stattgefunden hat – offen diskutiert. Deutschland soll sich mittlerweile als Einwanderungsland definieren. Die gegenwärtige Diskussion, die vor allem von der CDU/CSU geführt wird, bezieht sich eher auf die Begrenzung der Zuwanderung, d.h. auch die Union hat mittlerweile in einem Eckpfeilerpapier vom 06.11.2000 akzeptiert, dass Deutschland ein Einwanderungsland ist, will dies aber begrenzen, da sie der Meinung ist, dass Deutschland nicht zu viele „Ausländer" verkraften kann.

Für die Interviewpartner, die einen deutschen Ehepartner haben, kommt ein Leben in der Türkei nicht in Frage:

„Ich persönlich kann mir vorstellen, unter bestimmten finanziellen Konditionen, für ein zwei Jahre mit der Familie dort unten zu leben. Wenn ich beruflich gut abgesichert bin, kann ich mir das vorstellen. Aber was ich mir nicht vorstellen kann, wie meine Frau sich mit der Situation anfreunden könnte – eher nicht. Insofern würde das nicht in Frage kommen. (...) Für mich persönlich würde das auch lediglich für eine gewisse Zeitspanne in Frage kommen, nicht für eine Ewigkeit.(...).“ (Mustafa)

„Also kommt auf die Situation dort an, in welchem Verhältnis ich dort lebe. (...) Ja, ich glaube, man hört ja das immer von anderen, dass es sehr schwer ist, dort Geld zu verdienen. Ja, und der Verkehr... Nein, ich habe eine Freundin, die jetzt da unten jemanden geheiratet hat und dahin gezogen ist. Ganz selbstverständliche Dinge, wie zum Beispiel wenn man Wasserhahn aufdreht und dort Wasser kommt oder wenn man Lichtschalter anmacht und es brennt Licht oder Heizung ist vorhanden, aber brennt nicht. Also, ganz normale Sachen, die man hier selbstverständlich betrachtet, hat man da unten wohl nicht immer und überall. Also, das müsste gewährleistet sein. Dass es so richtig funktioniert, wie hier. (...) Also, leben, leben ...?, Nicht, wenn man Geld verdienen muss und davon leben muss. Nicht da unten. Da muss man bisschen mehr haben, glaube ich. Ach, ich weiß es nicht. Ich glaube von heute auf morgen kann ich das nicht. Außerdem weiß ich nicht, ob mein Mann für immer in der Türkei leben will.“ (Oya)

Die Frage hat bei diesen Interviewpartnern für Konfusion gesorgt, weil sie sich vorher darüber keine Gedanken gemacht haben, wie es wäre mit dem deutschen Partner in der Türkei zu leben. Auch sie machen einen Aufenthalt in der Türkei von Standards abhängig, die sie in Deutschland gewöhnt sind und stellen zum Schluss fest, dass sie nicht wissen, ob die deutschen Partner mitkommen wollen würden. Sie spekulieren eher auf eine ablehnende Haltung der Partner. Die Hauptgründe dafür sind die sprachlichen Barrieren[32], gute Lebensbedingungen in Deutschland sowie die beruflichen Perspektiven, die in der Türkei nicht realisiert werden können.

Der Ausländerstatus spielt im Leben von Migranten eine entscheidende Rolle, weil Deutschland am 01.10.1965 ein Ausländergesetz mit folgender Begründung verabschiedet hat: „(...) der Staat, seine Einrichtungen und seine Rechtsverordnungen seien für die eigenen Staatsangehörige geschaffen, denen insbesondere die politischen Rechte, wie Versammlungsrecht und Wahlrecht vorbehalten sind. Fremde Staatsangehörige und ‚Staatenlose' stehen dem Aufenthaltsstaat gegenüber nicht in einem Treue- und Rechtsverhältnis mit eigenen Rechten und Pflichten. Ihnen gegenüber handelt der Staat nach Zweckmäßigkeitserwägungen, die durch politische Ziele induziert sind.“ (Ausländergesetz 1965, nach Popp, in: iza Zeitschrift für Mi-

---

[32] Die deutschen Partner können zwar etwas Türkisch; dies reicht aber nicht aus, um sich in der Türkei zurecht zu finden. Einige haben Türkischkurse an der Volkshochschule belegt oder vom Partner bzw. während der Urlaubsaufenthalte in der Türkei etwas dazugelernt.

gration und Soziale Arbeit, 1996/1, S. 59.). Dieses Ausländergesetz hatte seine Gültigkeit, bis es am 01.01.1991 von einer völlig neuen Fassung ersetzt wurde.

Einige Auszüge aus dem Ausländergesetz von 1991, die die Lebensbedingungen der Jugendlichen tangieren, werden an dieser Stelle zitiert. Laut Ausländergesetz wird die Aufenthaltsgenehmigung in Form von einer Aufenthaltserlaubnis, einer Aufenthaltsberechtigung, einer Aufenthaltsbewilligung und einer Aufenthaltsbefugnis erteilt (vgl. Deutsches Ausländerrecht, 2000, S. 2.).

Aufenthaltserlaubnis: „Die Aufenthaltsgenehmigung wird als Aufenthaltserlaubnis erteilt, wenn einem Ausländer der Aufenthalt ohne Bindung an einen bestimmten Aufenthaltszweck erlaubt wird." (ebd., § 15, S. 5.)

Die Aufenthaltserlaubnis kann unbefristet verlängert werden, „wenn der Ausländer 1. die Aufenthaltserlaubnis seit fünf Jahren besitzt, 2. eine Arbeitsberechtigung besitzt, sofern er Arbeitnehmer ist, 3. im Besitz der sonstigen für eine dauernde Ausübung seiner Erwerbstätigkeit erforderlichen Erlaubnis ist, 4. sich auf einfache Art in deutscher Sprache mündlich verständigen kann, 5. über ausreichenden Wohnraum für sich und seine mit ihm in häuslicher Gemeinschaft lebenden Familienangehörigen verfügt und wenn 6. kein Ausweisgrund vorliegt." (ebd., § 24, S. 10.)

Aufenthaltsberechtigung: „Einem Ausländer ist die Aufenthaltsberechtigung zu erteilen, wenn 1. er seit a) acht Jahren die Aufenthaltserlaubnis besitzt oder b) drei Jahren die unbefristete Aufenthaltserlaubnis besitzt und zuvor im Besitz einer Aufenthaltsbefugnis war, 2. sein Lebensunterhalt aus eigener Erwerbstätigkeit, eigenem Vermögen oder sonstigen eigenen Mitteln gesichert ist, 3. er mindestens 60 Monate Pflichtbeiträge oder freiwillige Beiträge zur gesetzlichen Rentenversicherung geleistet hat oder Aufwendungen nachweist für einen Anspruch auf vergleichbare Leistungen einer Versicherungs- oder Versorgungseinrichtung oder eines Versicherungsunternehmens, 4. er in den letzten drei Jahren nicht wegen einer vorsätzlichen Straftat zu einer Jugend- oder Freiheitsstrafe von sechs Monaten oder einer Geldstrafe von 180 Tagessätzen oder einer höheren Strafe verurteilt worden ist und 5. die in §24 Abs. 1 Nr. 2 bis 6 bezeichnet Voraussetzungen vorliegen." (ebd., § 27, S. 11.)

Aufenthaltsbewilligung: „Die Aufenthaltsgenehmigung wird als Aufenthaltsbewilligung erteilt, wenn einem Ausländer der Aufenthalt nur für einen bestimmten, seiner Natur nach einen nur vorübergehenden Aufenthalt erfordernden Zweck erlaubt wird." (ebd., § 28, S. 12.)

Aufenthaltsbefugnis: „Die Aufenthaltsgenehmigung wird als Aufenthaltsbefugnis erteilt, wenn einem Ausländer aus völkerrechtlichen oder dringenden humanitären Gründen oder zur Wahrung politischer Interessen der Bundesrepublik Deutschland Einreise und Aufenthalt im Bundesgebiet erlaubt werden soll und die Erteilung einer Aufenthaltserlaubnis ausgeschlossen ist (...). (ebd., § 30, S. 13.)

Wichtig zu erwähnen ist, dass Kinder, die in Deutschland geboren und aufgewachsen sind, eine Aufenthaltserlaubnis beantragen müssen. Bis zum 02.04.1997
konnten Kinder unter 16 Jahren, deren Eltern oder Elternteile in Deutschland lebten, ohne Visum nach Deutschland einreisen und hier geborene Kinder ohne Aufenthaltserlaubnis in Deutschland leben. Durch die neue Verordnung der Bundesregierung von 1997 brauchen die Kinder aus den ehemaligen Anwerbeländern ein
Visum bzw. eine eigene Aufenthaltserlaubnis, wenn sie nach Deutschland einreisen
bzw. hier auf die Welt kommen (vgl. ebd., S. XVII.). Bezeichnenderweise gilt die
Regelung für das Kindervisum nicht für EU-Bürger und Diplomatenkinder. So haben sich in Deutschland zwei Kategorien von „Ausländern", nämlich privilegierte
und nichtprivilegierte, gebildet.

Nach dem neuen Staatsbürgerschaftsgesetz vom 01.01.2000 bekommen neuge-
borene Kinder neben dem Pass des Herkunftslandes automatisch auch die deutsche
Staatsangehörigkeit, wenn mindestens ein Elternteil sich rechtmäßig seit acht Jahren in Deutschland befindet. Da Deutschland die Mehrstaatlichkeit vermeiden will,
müssen sich diese Kinder spätestens mit Erreichen des 23. Lebensjahres für eine
Staatsangehörigkeit entscheiden (vgl. ebd., § 85, S. 42.).

Neben der Aufenthaltserlaubnis gibt es eine weitere Reglementierung: Migrantenkinder müssen mit Erreichen des 16. Lebensjahres beim zuständigen Arbeitsamt
eine Arbeitserlaubnis beantragen. Ohne die aufenthaltsrechtliche Zulassung darf in
der Regel keine Arbeitserlaubnis erteilt werden. Für türkische Staatsangehörige besteht der Anspruch auf eine Arbeitsberechtigung, wenn sie vier Jahre ordnungsgemäß erwerbstätig waren. Ihre Kinder mit abgeschlossener Berufsausbildung in
Deutschland haben auch diesen Anspruch, wenn ein Elternteil seit drei Jahren ordnungsgemäß beschäftigt ist (vgl. ebd., S. XVII und XVIII.).

3.4.1 Die Aufenthaltsdauer

Nach dem Anwerbestopp der Bundesregierung von 1973 konnte für die türkischen
Migranten tendenziell festgestellt werden, dass sie sich für einen langfristigen Aufenthalt entschieden haben. Viele allein stehende Migranten türkischer Herkunft haben ihre Ehepartner und minderjährigen Kinder nach Deutschland gebracht. Ein
Blick auf die Aufenthaltsdauer der Migranten türkischer Herkunft belegt diesen
Trend. Für die türkische Bevölkerung kann festgestellt werden (vgl. Tabelle 14),
dass 1.456.700 Personen oder 69,1 Prozent[33] seit mehr als zehn Jahren in Deutschland leben. 34,9 Prozent oder 735.700 Migranten türkischer Herkunft befinden sich
gar seit über 20 Jahren im Bundesgebiet. Für alle ehemaligen Anwerbeländer kann

---

[33] Die hier angegebenen Prozentsätze wurden vom Autor berechnet.

die Ausrichtung hin zu einem langfristigen Aufenthalt beobachtet werden. Zum
Beispiel leben 298.200 Personen oder 49 Prozent der italienischen Migranten seit
über 20 Jahren in Deutschland. Für diese Menschen, die seit Jahren im Bundesgebiet leben, ist die Bundesrepublik zum Einwanderungsland geworden, unabhängig
von den Beteuerungen der Politiker oder dem artikulierten Rückkehrwunsch der
Migranten selbst (vgl. Bendit, 1997, S. 143.).

Für die Untersuchungspopulation kann in diesem Zusammenhang Folgendes
festgestellt werden: Wie bereits bei der Begründung der Methode erwähnt wurde,
sind einige der Interviewten hier geboren worden, oder sie befinden sich seit 15
Jahren oder länger im Bundesgebiet. Einige haben bereits die deutsche Staatsangehörigkeit angenommen oder beantragt und wollen nicht in absehbarer Zeit in die
Türkei gehen. Einige von ihnen haben aufgrund eines abgeschlossenen Universi-
täts- bzw. Fachhochschul-Studiums einen gewissen Lebensstandard erreicht, den
sie nicht aufgeben wollen.

Die anderen geben an, in Deutschland leben zu wollen, weil der erreichte Lebensstandard, insbesondere die Infrastruktur (Schulbildung der Kinder oder Gesundheitsversorgung) oder materieller Besitz, wie zum Beispiel Auto, Haus etc., in
der Türkei nicht wie in Deutschland erreicht werden können. Viele betrachten die
Türkei als ein schönes Urlaubsland, in dem auch ein paar Verwandte leben.

Tabelle 14:
Aufenthaltsdauer der ausländischen Bevölkerung am 31.12.1997
(Angaben in 1000)

Staatsan-gehörigkeit	Insge-samt	Unter 1	1-4	4-6	6-8	8-10	10-15	15-20	20-25	25-30	30+x
Türkei	2107,4	67,1	247,1	166,1	169,6	155,2	210,3	356,4	366,4	311,4	57,9
Jugoslawien*	721,0	24,0	101,2	177,2	84,4	33,6	30,0	43,2	65,4	140,1	21,9
Griechenland	363,2	9,8	35,0	23,7	30,3	31,3	23,3	26,8	40,8	87,7	54,5
Spanien	131,6	4,2	9,6	4,9	4,0	3,3	6,3	8,5	17,7	37,3	36,0
Portugal	132,3	7,9	27,9	12,7	10,7	5,5	6,6	9,4	24,1	21,5	6,0
Italien	607,9	21,2	63,0	28,7	31,1	30,5	59,5	75,8	77,3	120,3	100,6

Quelle: Beauftragte der Bundesregierung für Ausländerfragen, 2000, S. 237.
* Serbien/Montenegro

3.4.2 Die Einbürgerung

Die absoluten Einbürgerungsquoten zeigen, dass die Tunesier mit 6,60 Prozent, die
Marokkaner mit 4,78 Prozent und die Vietnamesen mit 3,55 Prozent eine relativ
hohe Einbürgerungsquote aufweisen. Während für die Afghanen mit 2,19 Prozent,

die Türken mit 1,86 Prozent und die Ungarn mit 1,29 Prozent mittlere Einbürgerungsquoten ausgemacht werden können, gibt es bei den Kroaten, den Iraner, den Jugoslawen aus der Bundesrepublik Jugoslawien, den Italiener und den Griechen eine niedrige Einbürgerungsquote, und zwar unter einem Prozent (vgl. Beauftragte der Bundesregierung für Ausländerfragen, 2000, S. 23.).

Die Griechen und die Italiener lassen sich deshalb nicht so häufig einbürgern, weil sie zur Europäischen Union gehören und dadurch fast die gleichen Rechte haben wie die Deutschen. Die niedrigen Zahlen bei den Kroaten, den Iranern und den Jugoslawen resultieren daraus, dass diese Länder ihre Staatsangehörigen, die sich in Deutschland befinden, nicht aus dem Staatsverband entlassen. Laut §86 Abs. 1 des Ausländergesetzes darf ein „Ausländer" nur eingebürgert werden, wenn er „seine bisherige Staatsangehörigkeit aufgibt oder verliert". (Deutsches Ausländerrecht, 2000, S. 42.)

Obwohl die Türkei für ihre Staatsangehörigen in Deutschland keine solch rigide Haltung an den Tag legt, ist die Zahl derjenigen, die sich einbürgern, sehr gering. Es ist eigentlich im Gegenteil zu beobachten, dass die Türkei ihre Staatsangehörigen, die in Europa leben, zur Einbürgerung ermuntert. Zum Beispiel werden junge Türken seit Mitte der 90er-Jahre ausgebürgert, auch wenn sie ihren Militärdienst in der Türkei nicht abgeleistet hatten (was bis dahin nicht der Fall war). Das Motiv der Einbürgerung ist bei türkischen Migranten der zweiten Generation, wenn sie sich überhaupt dazu entscheiden, von Pragmatismus geprägt:

> „Es gab eigentlich keinen speziellen Grund für die Einbürgerung. Es war damals so: Ich glaube das war '93, glaube ich. Ich bin viel gereist und der türkische Pass ist der unmöglichste Reisepass, den man überhaupt haben kann, weil man ja für überall Visa braucht. Ich wollte einfach leichter verreisen, und deshalb habe ich den deutschen Pass. Gegenüber dem deutschen Staat hat sich da nichts verändert. (...) Damals, als ich reisen wollte, brauchte man sogar für Holland, Belgien, Frankreich, Österreich und für die Schweiz ein Visum. Als ich mit der Claudia wegfahren wollte, habe ich erst mal sechs Monate auf ein Visum gewartet." (Mustafa)

> „Einbürgerung... ja, ich würde die deutsche Staatsangehörigkeit annehmen. Aber ich würde mich nicht als Deutscher fühlen. Ich würde nur annehmen, weil ich viele Rechte dadurch erzielen könnte. (...) Zum Beispiel Wahlrecht, was ich nicht unbedingt haben will. Oder dass sie mich nicht per du ausweisen können, dass ich keine Angst mehr habe, dass ich ausgewiesen werde oder sonstiges, und ich mich viel freier bewegen könnte."(Ali)

Beim Thema Einbürgerung weisen die Interviewpartner explizit darauf hin, türkisch zu sein, da sie in der Familie die türkischen Norm- und Wertvorstellungen vermittelt bekamen, die sie nicht aufgeben. Zu diesem Sachverhalt ein Auszug aus dem Interview mit Ali:

„Ich habe, sagen wir mal vielleicht von Kind ab größtenteils auch die türkische Erziehung mitgekriegt als die deutsche Erziehung. Nach meinem achtzehnten Lebensjahr
habe ich viel mehr Kontakte zu Türken gehabt als zu Deutschen. Ich denke vielleicht
türkisch, und deswegen fühle ich mich auch nicht deutsch." (Ali)

Darüber hinaus lassen sich junge türkische Männer ein weiteres Mal vom Pragmatismus leiten, um den Militärdienst in der Türkei zu umgehen. Wenn ein junger
Mann sich nach dem 28. Lebensjahr einbürgern lässt, wird er aufgrund des fortgeschrittenen Alters in Deutschland nicht mehr gemustert. Für die türkischen Behörden ist er dann ein deutscher Staatsangehöriger und wird nicht mehr zum Militärdienst in die Türkei berufen. Zu diesem Punkt äußern sich zwei Interviewpartner:

„(...) und der dritte Grund: Aufgrund meiner juristischen Ausbildung habe ich natürlich nach Möglichkeiten gesucht, wie ich mich dem Wehrdienst entziehen kann. (...)
Sowohl den türkischen als auch den deutschen Wehrdienst. Ich habe dann bisschen
recherchiert und herausgefunden, dass man ab dem siebenzwanzigsten Lebensjahr in
Deutschland nicht mehr gemustert beziehungsweise eingezogen werden kann. Und
ich habe gewartet, bis ich siebenundzwanzig war. Ich habe dann die deutsche Staatsangehörigkeit beantragt. Ich bin dann vom türkischen Staatsverband entlassen worden, ohne dass ich zum Wehrdienst musste. Und nachdem ich für die Deutschen zu alt
war, habe ich mich auch von der Bundeswehr gedrückt. Dadurch, dass ich jetzt nur
den deutschen Pass habe, musste ich dort auch nicht mehr zum Militärdienst." (Umut)

„Ja, das wollen wir schon machen. Aber der Murat war nicht in der Bundeswehr,
weißt du, beziehungsweise den Wehrdienst hat er noch nicht gemacht. Wir wollen das
noch bisschen aufschieben, damit er praktisch für dort zu alt ist[34] und für hier auch zu
alt ist, damit er nicht eingezogen wird. Dann wollen wir bisschen warten. (...) Wir
wollen uns dann gemeinsam einbürgern." (Nurhan)

Weiterhin hat die türkische Regierung eine so genannte *pembe kart* – rosa Karte –
eingeführt, damit die eingebürgerten Türken trotz der aufgegebenen türkischen
Staatsangehörigkeit mit dieser Karte ihre Rechte in der Türkei wahrnehmen können. Als Motiv für die niedrigen Einbürgerungsquoten bei den türkischen Migranten können zwei Ursachen genannt werden: das strenge Einbürgerungsgesetz und
die Haltung der türkischen Migranten, vor allem aber die Haltung der älteren Migranten. Bis zum 31.12.1999 hatten die „Ausländer" unter den folgenden „erleich-
terten Bedingungen" Anspruch auf Einbürgerung: „Ein Ausländer, der seit 15 Jahren rechtmäßig seinen gewöhnlichen Aufenthalt im Bundesgebiet hat, ist auf Antrag einzubürgern, wenn er 1. seine bisherige Staatsangehörigkeit aufgibt oder ver-

---

[34] In diesem Zusammenhang muss die Interviewpartnerin korrigiert werden; denn die türkischen
Behörden bürgern ihre Staatsangehörigen aus, ohne auf Alter und Geschlecht zu achten. Wehr-
pflichtige Männer, die einer dauerhaften Erwerbstätigkeit in Europa nachgehen, können den Militärdienst bis zum 39. Lebensjahr aufschieben. Spätestens, wenn sie 39 werden, müssen sie zum türkischen Militär, wenn sie noch die türkische Staatsangehörigkeit haben. Mit „zu alt werden" meint
die Interviewpartnerin in diesem Kontext die Prozedur des deutschen Wehrdienstes.

liert, 2. nicht wegen einer Straftat verurteilt worden ist und 3. den Lebensunterhalt für sich und seine unterhaltsberechtigten Familienangehörigen ohne Inanspruchnahme von Sozial- oder Arbeitslosenhilfe bestreiten kann." (ebd., § 86, S. 41-42. Neben diesem Anspruch auf Einbürgerung, gibt es die vereinfachte Einbürgerung für junge Migranten zwischen 16 und 23 Jahren sowie die Ermessenseinbürgerung, die abweichend von § 86 unter bestimmten Bedingungen gewährt werden. Bei allen Einbürgerungsformen, auch nach dem neuen Gesetz vom 01.01.2000[35], sieht das Gesetz vor, dass der „Ausländer" seine Staatsangehörigkeit verliert oder aufgibt.

Da sehr viele Migranten türkischer Herkunft sich emotional der Türkei verbunden fühlen, wollen sie ihr „letztes Verbindungszeichen", nämlich den türkischen Pass, nicht abgeben. Die junge Studentin, die mit einem deutschen Mann verheiratet ist und zwei Kinder hat, hängt an ihrem Pass:

„Wenn man das Recht zu wählen hat, finde ich das sehr gut. Oder wenn ich das von Kommilitonen höre, kriegt man Benachteiligungen, wenn man Türke ist. Dann mache ich das aus politischen Gründen, die Einbürgerung. Es ist, ich finde das gut, weil man sich dadurch voll integriert fühlt. Ich habe das Problem jetzt letztendlich nicht. Ich habe jetzt ganz bewusst die türkische Staatsangehörigkeit behalten, weil ich möchte, dass meine Kinder automatisch die beiden Staatsangehörigkeiten bekommen. Wenn ich Deutsche wäre, dann wären sie praktisch nur Deutsche. (...) Ich möchte irgendwie Türkin bleiben. Es ist für mich gefühlsmäßig so. Ich bin gefühlsmäßig Türkin. Ja, ich neige dazu. Der Pass ist dafür ein Beleg." (Oya)

Oya will einerseits mit dem türkischen Pass den emotional wichtigen Verbindungsbeleg zur Türkei nicht aufgeben, weil sie sich türkisch fühlt. Anderseits denkt sie auch an ihre Kinder, die auf diese Weise nicht nur den deutschen Pass bekommen, sondern auch den türkischen. Oya lässt erkennen, dass sie ihre Kinder u.a. nach türkischen Wert- und Normvorstellungen erziehen wird. Sie spricht mit ihren Kindern in der Regel in türkischer Sprache.

Darüber hinaus ist die Rückkehr in die Türkei für viele ältere Migranten noch eine Option, die sie bewahren wollen – auch wenn es sich nur um eine schwache und teilweise nicht mehr realisierbare Möglichkeit handelt. Einige türkische eingebürgerte Migranten haben in der Türkei negative Erfahrungen mit der *pembe kart* gemacht, da die Behörden in der Türkei diese Karte nicht kannten. Einige konnten z.B. keine Grundstücke verkaufen oder kaufen, weil sie nicht türkische Staatsangehörige waren. Diese negativen Erfahrungen mit der *pembe kart* werden auch auf viele Migranten in Deutschland projiziert. Dazu die Interviewpartnerin Latife:

---

[35] Das neue Gesetz vom 01.01.2000 wurde oben kurz zitiert. Hier hat dieses neue Gesetz keine große Relevanz, da das Gesetz relativ neu ist und keine Zahlen darüber existieren, wie es von Migranten aufgenommen wurde. Aber nach einem inoffiziellen Bericht der Süddeutschen Zeitung vom 24.07.2000 haben lediglich 1,1 Prozent der 620.000 „Ausländer" in Bayern, die sich nach dem neuen Gesetzt einbürgern könnten, einen Antrag auf Einbürgerung gestellt.

„Mir ist es egal, ob ich Deutsche bin oder nicht. Beide haben Vor- und Nachteile. Ich habe ein Haus in der Türkei – ist aber beim Erdbebeben zerstört. Vielleicht hätte ich dieses Haus nicht verkaufen können – ohne den türkischen Personalausweis." (Latife)

3.5 Die Peergroup

„Peergroups sind als freizeitgebundene Formen des Zusammentreffens meist dadurch charakterisiert, daß sie ihren Mitgliedern vollwertige Teilnahmechancen gewähren, die ihnen in den übrigen Handlungsbereichen, insbesondere Familie und Schule, in diesem Umfang nicht gewährt werden. Deshalb gewinnen sie eine so große Bedeutung in der psychosozialen Orientierung schon von jüngeren Jugendlichen ab 10-12 Jahren." (Hurrelmann, in: Unger, 2000, S. 90.)

Vor allem zwischen dem 15. und dem 20. Lebensjahr scheint die Zugehörigkeit zu einer Gruppe und Clique gleichen Alters eine entscheidende Rolle zu spielen. Einen Freund oder eine Freundin zu finden, stellt für Jugendliche ein vorrangiges Problem dar (vgl. Unger, 2000, S. 90.). Insbesondere bei Jugendlichen türkischer Herkunft fällt auf, dass sie häufiger entweder mit gleichaltrigen türkischen Jugendlichen oder mit jugendlichen Migranten anderer ethnischer Herkunft ihre Freizeit verbringen. Diese Aussage wird auch von vielen Interviewpartnern bestätigt. Hierzu zwei exemplarische Beispiele aus den durchgeführten Interviews:

„Ich habe meine Freizeit meistens mit Freunden verbracht. (...) Meistens waren diese Freunde Türken. (...) Ja, das war halt so: Am Anfang war es eigentlich gemischt. Nach einer Zeit haben wir uns halt getrennt, und ich war dann meistens mit türkischen Nationalitäten zusammen. (...) Meistens waren wir am Ostbahnhof, und dort haben wir Billard gespielt." (Cüneyt)

„(...) Ja, ich bin auch sehr gerne alleine; zu Hause bin ich sehr gerne. Es ist eigentlich, wie soll ich sagen, so wie ein Aufstand. Man wollte mit dreizehn, vierzehn Jahren immer rausgehen, mit Freunden zusammen sein. Ich habe da eigentlich sehr viele Freunde gehabt. Also, von der Schule – von der Hauptschule – mit denen ich zusammen war, das waren Freunde – aus Zwang international: die eine war Französin, die andere war halb Perserin halb Deutsche, die andere war Türkin, die andere war, kam aus Griechenland." (Filiz)

Mit Zwang meint die Interviewpartnerin ihre Schule, die ihrer Meinung nach kaum von deutschen Schülern besucht wird. Aus diesem Grund habe sie auch während der Schule wenig Kontakt zu deutschen Jugendlichen gehabt. In ihrer Schule waren überwiegend Migrantenjugendliche, vor allem aber Jugendliche aus dem türkischen Kulturkreis.

Alle bekannten Untersuchungen – Schrader u.a. (1976), Neumann (1982), Bundesinstitut für Berufsbildung (1989) sowie Deutsche Shellstudie (2000) –, die bis heute durchgeführt wurden, belegen, dass die türkischen Jugendlichen die wenigsten Kontakte zu Deutschen haben. Wie aus der Tabelle (siehe Tabelle 15 unten) entnommen werden kann, haben Spanier, Italiener und Jugoslawen die häufigsten Kontakte zu Deutschen.

Tabelle 15:
Nationalität der Freizeitpartner nach Nationalitäten der Befragten
(in Prozent, Mehrfachnennungen)

Nationalität	Freizeitpartner			
	Eigene Nationalität	Andere Nationalität	Deutsche	Keine Freizeit
Griechen	61,0	13,8	36,0	-
Italiener	56,3	20,7	57,6	1,1
Jugoslawen	38,0	20,0	63,3	1,0
Portugiesen	59,9	13,5	46,5	0,3
Spanier	43,9	23,9	57,8	1,7
Türken	75,2	14,7	29,3	2,1

Quelle: Bundesinstitut für Berufsbildung (BIBB), 1989, in: Beer-Kern, 1994, S. 25.

Keine Nationalität verkehrt annähernd so häufig wie die türkischen Jugendlichen in der eigenen ethnischen Gruppe. Drei Viertel aller türkischen Jugendlichen gaben an, ihre Freizeit innerhalb der eigenen Nationalität zu verbringen. Lediglich 29,3 Prozent haben angegeben, ihre Freizeit gemeinsam mit deutschen Jugendlichen zu gestalten. Einen ähnlich niedrigen Wert gibt es bei den griechischen Jugendlichen, während die anderen Nationalitäten höhere Werte aufweisen. Aus der neuen Shell-studie (2000) geht hervor, dass der Kontakt zwischen deutschen Jugendlichen und Migrantenjugendlichen häufiger auf den Schulalltag beschränkt ist; bei Freizeitaktivitäten bleiben vor allem die türkischen Jugendlichen häufig unter sich (vgl. Deutsche Shell (Hrsg.), 2000, Bd. 1, S. 222-234.). Diese Argumentation wird schon in einer Untersuchung von Beer-Kern (1994) vertreten. Aus ihren Ausführungen geht hervor, dass die Jugendlichen aus den ehemaligen Anwerbeländern insbesondere in der Schule und im Berufsleben Kontakte zu deutschen Altersgenossen haben. Mit höherer Schulbildung haben die Migrantenjugendlichen auch intensivere Kontakte zu deutschen Jugendlichen: „Dabei scheint der gemeinsame Schulbesuch von besonderer Bedeutung zu sein. Die ausländischen Befragten, die besonders lange in der Bundesrepublik in die Schule gegangen sind und hier das Abitur erreicht haben, haben mit 59 Prozent am häufigsten Kontakt zu Deutschen. Solche Kontakte gelingen aber nur 24 Prozent der Befragten ohne deutschen Schulabschluß." (Beer-Kern, 1994, S. 25.). Auch sie stellt fest, dass die Migrantenjugendlichen türkischer Herkunft die geringsten Kontakte zu deutschen Altersgenossen haben (ebd., S. 24-25.). Die Gründe für diesen Sachverhalt könnte man folgendermaßen zusammenfassen:

- Ein Grund für den niedrigen Wert bei türkischen Jugendlichen könnte darin liegen, dass die türkischen Jugendlichen von den deutschen Jugendlichen häufiger diskriminiert und abgelehnt werden als andere Migrantenjugendliche (vgl. Beer-Kern, 1994, S. 24; Toprak, 2000a, S. 35-36.).

  „Mit Türken deshalb, weil die anderen sich halt distanziert haben. (...) Außerdem war ich in einer türkischen Klasse und da gab es nur Türken." (Oya)

- Ein anderer Grund könnte sein, dass die unterschiedlichen Wert- und Normvorstellungen, die sehr eng mit den religiösen Vorstellungen der türkischen Jugendlichen zu tun haben, einen engeren Kontakt außerhalb der Schule und des Berufslebens behindern. In diesem Zusammenhang äußert Filiz:

  „Ich habe noch nie deutsche Freunde gehabt. (...) Weil ich mich nicht so sehr an sie anpassen könnte, wie an meine eigene Leute. Es gibt da zum Beispiel, was weiß ich, sie können zum Bespiel länger wegbleiben. Bei uns ist es eine andere Kultur. Wir haben eine Verantwortung zu tragen. Das ist aber jetzt nicht so, dass ich gegen Deutsche bin, aber sie sind einfach freier. Ich hätte niemals zu Hause meine Eltern anrufen können: ‚ja, ich schlafe bei Paula oder Michaela'. Das konnte ich halt nicht. Ich bin nicht so erzogen worden." (Filiz)

- Die gemeinsame (türkische) Sprache trägt dazu bei, dass die türkischen Migranten häufiger zueinander finden: das Sich-Verstanden-Fühlen, gemeinsam die Probleme, die die deutschen Jugendlichen nicht haben, besprechen zu können, sind dafür die Hauptmotive (vgl. Toprak, 2000a, S. 89.).

- Darüber hinaus ist es einigen Eltern lieber, dass ihre Kinder mit Landsleuten verkehren als mit deutschen Jugendlichen (vgl. ebd., S. 103.). Die Eltern haben Angst, ihre Kinder könnten sich durch diesen Kontakt von den türkischen Norm- und Wertvorstellungen entfernen. Nurhans Vermutung über das Motiv der Mutter – sie durfte sich nur mit Türkinnen befreunden – legt nahe, dass einige türkische Eltern die deutschen Norm- und Wertvorstellungen ablehnen:

  „Mit Freundinnen, mit türkischen Freundinnen. (...) Ja, Mädchen deshalb, weil mit Jungen durfte man sich sowieso nicht unterhalten. (...) Die Eltern haben das verboten, weil immer die Gefahr bestand, dass man irgendwelche sexuellen Kontakte herstellt oder so. Oder dass die Leute über einen reden beziehungsweise die türkischen Leute reden: ‚ja, ich habe deine Tochter mit dem und mit dem gesehen' und so weiter. (...) Früher durfte ich nicht mal einen Jungen grüßen; es war verboten. Das kam aber eher immer von meiner Mutter aus. (...) Meine Mutter hat diesen Verbot nie begründet; es war halt so. Es gab keine Begründung. (...) Ich denke halt, dass sie Angst hatte, dass irgend etwas passiert, dass ich, was weiß ich, dass ich mich mit zu viel Deutschen anfreunde. Ich denke mal, sie hatte Angst, dass da was passiert, was nicht der Regel entspricht bei den Türkischen. Ja, dass ich halt nicht zu sehr verdeutscht bin." (Nurhan)

Wie die Bedingungen der türkischen Jugendlichen im Einzelnen in der Peergroup aussehen, soll im Folgenden näher betrachtet werden. Da die türkischen Jungen ihre Freizeit eher außerhalb der Wohnung verbringen und „extrovertiert" sind und die Mädchen ihre Freizeit im familiären Umfeld verbringen und „introvertiert" sind, soll ggf. auf Unterschiede verwiesen werden.

Unabhängig von Geschlecht und Nationalität stellen Mansel/Hurrelmann (1994) fest, dass die Freizeitaktion und die Interaktion in der Gleichaltrigengruppe stressauslösende Momente enthalten. Diese sind: materielle Mangellage, mangelnde Freizeit, Stellung in der Gleichaltrigengruppe, Trennung von Freunden und fehlende gegengeschlechtliche Partnerbindung (vgl. Mansel/Hurrelmann, 1994, S. 164.). Diese Stressfaktoren können bei den türkischen Jugendlichen wie folgt interpretiert werden:

Materielle Mangellage: Die finanzielle Situation der Jugendlichen hängt nicht nur von der objektiven Höhe der zur Verfügung stehenden Mittel ab, sondern auch von ihren Ansprüchen und Wünschen (vgl. ebd.). Bei jungen Migranten türkischer Herkunft kann festgestellt werden, dass materielle Ansprüche – wie z.B. Handy, Markenartikel, Führerschein mit 18, Auto – sehr ausgeprägt sind, weil diese Ansprüche den Status des Jugendlichen bzw. der Familie in der Gesellschaft widerspiegeln. Vor allem männlichen türkischen Jugendlichen werden diese Wünsche oft von den Eltern erfüllt, da die Mädchen in der Regel ihre Freizeit, wie Oya sie beschreibt, im Wohnumfeld mit anderen Mädchen verbringen:

> „Oh das war sehr schwierig. Meine Eltern waren doch sehr, sehr streng. Ich durfte halt zur Schule. Ich durfte alles, was mit der Schule zu tun hatte. Außerhalb dessen hatte ich halt draußen nicht so Altersgenossinnen, mit denen ich spielen konnte, auf der Straße, wie die anderen das gemacht haben. Ich war auch schüchtern. Ich war oft zu Hause. Ich habe sehr viel gemalt, als ich klein war. Ich habe Hobbys entwickelt, die man selbst machen kann. Ich habe auch sehr viel gelesen. (...) Also, außerhalb der Schule hatten meine Eltern Bekannte, und die haben auch Kinder, mit denen habe ich mich getroffen. Also, so groß rausgehen durfte ich halt nicht. (...)" (Oya)

Mangelnde Freizeit: Können die oben genannten Wünsche nicht immer von den Eltern erfüllt werden, versuchen viele der türkischen Jugendlichen, auch die Mädchen, neben der Schule Geld zu verdienen. Zudem wollen die Eltern, dass die älteren Geschwister, insbesondere aber die Mädchen, ihre jüngeren Geschwister bei den Schulaufgaben unterstützen. Wenn sie auch noch den eigenen schulischen oder beruflichen Anforderungen gerecht werden wollen, bleibt ihnen nur wenig Freizeit, was für sie durchaus belastend sein kann.

Stellung in der gleichaltrigen Gruppe: Jugendliche nichtdeutscher Herkunft, vor allem die Jungen, messen den informellen Peergroups eine besondere Bedeutung zu (wie dies auch bei deutschen Jugendlichen zu beobachten ist). Bei Migrantenjugendlichen tritt der Prozess der Gruppenbildung verstärkt und verfrüht auf, da zu gesellschaftlichen, auch die kulturellen Umorientierungen hinzukommen (vgl. Griese, in: Bendit, 1997, S. 217.). Die Widersprüche der eigenen Situation werden durch Bedingungen wie Arbeitslosigkeit, schlechte Voraussetzungen für das Berufsleben sowie Diskriminierung intensiver erlebt, und die Eltern sind oft nicht in der Lage, Identifikationsmöglichkeiten für eine angemessene Lebensweise und Zukunftsorientierung zu bieten (vgl. Bendit, ebd.). In erster Linie spielen für türkische Jugendliche intra-ethnische informelle Gruppen eine bedeutende Rolle, weil in ihnen nicht nur nach Orientierung gesucht, sondern auch Identitätsarbeit geleistet wird (vgl. ebd.). Zu dieser Identitätsorientierung bzw. -findung äußert sich Ali:

> „Bis zum achtzehnten Lebensjahr war ich nur mit Deutschen befreundet. Ich habe kaum türkische Freunde gehabt. (...) Wir haben in einem kleinen Ort gelebt, da gab es auch nicht so viele Türken, und da hatte ich auch viel mehr Kontakt zu Deutschen. Ich war auch in einem deutschen Fußballverein. Da habe ich nur mit Deutschen Kontakt gehabt. Und nach meinem achtzehnten Lebensjahr habe ich einen Türken kennen gelernt, der politisch engagiert war, auch mich wahrscheinlich so beeinflusst hat, dass ich mich auch dafür interessiert habe. Ich bin auch oft mit ihm gewesen. Und dadurch habe ich andere kennen gelernt. Ich habe dann einen Freundeskreis gehabt, die nur Türken waren. Bis zur Ehe war ich mit denen zusammen; die auch ledig und Türken waren." (Ali)

Ist die Stellung des Jugendlichen in solchen intra-ethnischen Gruppen eine marginalisierte und der Jugendliche ist nicht fest in die Gruppe integriert, steigt die Gefahr, dass die Gruppe zerbricht oder sich die Gruppe von der Person distanziert. Das kann sich belastend auswirken und die psychosoziale Befindlichkeit des Jugendlichen negativ beeinträchtigen (vgl. Mansel/Hurrelmann, 1994, S. 165.).

Trennung von Freunden: Freundschaften zerbrechen nicht nur aufgrund geringer Verlässlichkeit und mangelnder Integration, sondern auch wegen eines äußeren Anlasses und Zwanges, wie z.B. durch den Umzug der Eltern in eine andere Stadt (vgl. ebd., S. 166.). Die Eltern und das soziale Umfeld der türkischen Jugendlichen erwarten von den verheirateten Kindern, dass sie den Kontakt zu „alten" Freunden aufgeben und ihre Kontakte lediglich auf das familiäre Umfeld beschränken.

> „Das liegt einerseits darin, dass ich da weggezogen bin. Und außerdem haben meine Freundinnen sehr früh geheiratet und dann gab es keinen Kontakt mehr. Ich weiß es auch nicht, wenn man heiratet, zieht man sich zurück." (Oya)

Der Verlust dieser Beziehungen kann für die Mädchen zur stärkeren Isolation führen, weil sie sich in der Regel in der häuslichen Umgebung aufhalten. Durch den Umzug in einen anderen Stadtteil oder eine andere Stadt kann diese Isolation für das Mädchen noch verstärkt werden.

Fehlende gegengeschlechtliche Partnerbindung: Das Jugendalter ist durch erotische und sexuelle Kontakte und die Suche nach ihnen geprägt. Darüber hinaus können gegengeschlechtliche Beziehungen einen wichtigen emotionalen Rückzugspunkt bieten und können auch in dieser Phase zu einer Art Statussymbol werden (vgl. ebd.). Die türkischen Mädchen in Deutschland dürfen aufgrund des Ehrbegriffs und der Jungfräulichkeits-Forderung bis zur Ehe keine sexuelle Beziehung haben. Wenn ein Mädchen sich für einen jungen (türkischen) Mann[36] entscheidet, dann wird auch von den Eltern und der Gesellschaft erwartet, dass sie ihn heiraten wird. Eine freundschaftliche Beziehung zu Jungen kommt nicht in Frage.

> „(...) Ja, warum nicht Jungs? Ja, es wurde viel getratscht, weil es einfach ein türkisches Ghetto war und ja, ich durfte auch von meinen Eltern aus nicht mit Jungs normal befreundet sein." (Oya).

Eine sexuelle Beziehung des Jungen wird zwar nicht sanktioniert, aber auch von ihm wird erwartet, dass er, wenn er sich mit einem türkischen Mädchen befreundet, dieses heiratet. Diese von der Gesellschaft festgelegten Normen können insbesondere für die Mädchen psychosomatische Probleme mit sich bringen.

3.6 Die Ausländerfeindlichkeit

Dass es in Deutschland latente und offensichtliche Diskriminierung und Ausländerfeindlichkeit gibt, steht außer Frage und soll hier auch nicht diskutiert werden. In diesem Zusammenhang soll die Sicht der türkischen Jugendlichen bzw. jungen Erwachsenen in Bezug auf die subjektive Empfindung der Ausländerfeindlichkeit in Deutschaland betrachtet werden. In der neusten Studie von Heitmeyer/Müller/ Schröder (1997) werden die Diskriminierungserfahrungen türkischer Jugendlicher bzw. junger Erwachsener in zwei Bereiche, „Diskriminierungserfahrungen im öffentlichen Raum" und „Diskriminierungserfahrung im privaten Bereich", unterschieden (vgl. Heitmeyer u.a., 1997, S. 53-54.). Zum öffentlichen Bereich zählen die Autoren Behörden, Wohnung[37], Arbeitsplatz/Schule und Polizei. Unter privatem Bereich sind die Items deutsche Jugendgruppen, Discos, Nachbarschaft, Supermärkte, Sportvereine sowie Jugendzentren zu verstehen (vgl. ebd., S. 54.). Schaut man sich die Ergebnisse genauer an, kann man feststellen, dass sich die türkischen Jugendlichen im öffentlichen Bereich mehr benachteiligt fühlen als im privaten Bereich. Im Hinblick auf die Frage „Deutsche und Ausländer werden im täglichen Leben häufig ungleich behandelt. Sagen Sie uns bitte, ob Sie auch diese Er-

---

[36] Deutsche und andere Nationalitäten werden von den Eltern abgelehnt. Die Eltern erlauben (wenn überhaupt) dem Mädchen einen Freund nur mit der Auflage, ihn auch zu heiraten – und ein deutscher Jugendlicher als Schwiegersohn kommt nicht in Betracht. Den Jungen wird eine deutsche Freundin erlaubt. Falls der Junge aber heiraten will, kommt nur eine türkische Frau in Frage. Der Junge kann sich bis zur Ehe seine „Hörner abstoßen".

[37] Dieser Begriff ist nicht genau erläutert worden. Es ist davon auszugehen, dass die Autoren unter diesem Begriff „Wohnungssuche" verstehen.

fahrungen von ungleicher Behandlung gemacht haben.", wurden folgende Ergebnisse erzielt: Behörden (38,7 Prozent), Wohnung (36,6), Arbeitsplatz/Schule (36,2), Polizei (34,1), deutsche Jugendgruppen (33,9), Discos (33,0), Nachbarschaft (32,8), Supermärkte (26,4), Sportvereine (18,3) und Jugendzentrum (16,6) (vgl. ebd.). Die Fragestellung der Autoren ist zwar suggestiv, weil sie im ersten Abschnitt der Fragestellung eine vorformulierte Tatsache, nämlich „Deutsche und Ausländer werden im täglichen Leben häufig ungleich behandelt", vorgeben, aber die Ergebnisse decken sich mit den im Rahmen dieser Arbeit durchgeführten Interviews. Während der Interviews haben zwei Fragen im Hinblick auf Ausländerfeindlichkeit eine entscheidende Rolle gespielt. Die erste Frage bezog sich auf die allgemeine Ausländerfeindlichkeit in Deutschland und mit der zweiten Frage sollte erhoben werden, ob der Interviewpartner diese Erfahrung persönlich gemacht hat[38]. Alle Interviewpartner sind sich einig, dass es in Deutschland generell Ausländerfeindlichkeit gibt. Auch diese Interviewpartner – wie bei Heitmeyer – geben den öffentlichen Bereich als Ort der Diskriminierung an. Ein Interviewauszug von Latife soll belegen, dass hier der gesamte öffentliche Bereich in Frage kommt:

> „Zum Beispiel in den Schulen. Seit dem ich als Pädagogin mit Migrantenfamilien arbeite und automatisch mit solchen Institutionen zu tun habe, merke ich das. Nicht nur Kindergärten und Schulen, sondern auch die Behörden, wie zum Beispiel Wohnungsamt, Sozialamt oder Ausländeramt oder wie sie alle heißen. Wie diese Menschen mit unserer Klientel umgehen. (...) Bei den Behörden, in den Schulen in den Kindergärten; das habe ich erst richtig festgestellt, seit dem ich in diesem Beruf tätig bin."
> (Latife)

Die einschneidensten Diskriminierungserfahrungen werden aber vor allem während der Wohnungs- bzw. Arbeitssuche gemacht, wie die Interviewpartner Ali und Sevgi bestätigen:

> „Du siehst es auch. Eigentlich fühlt man diese Ausländerfeindlichkeit überall. Man sieht es erstens und hört auch was alles passiert.. (...) auch von Freunden hört man, wie sie angemacht worden sind. Wenn sie Arbeit gesucht haben, wurden sie nicht eingestellt, weil sie Ausländer sind. Auch ich habe das Gefühl gehabt, ich wurde nicht eingestellt, weil ich Türke war. Oder aber bei der Wohnungssuche. Sobald der Name fällt, werden sie gar nicht zur Wohnungsbesichtigung bestellt und sie kriegen gesagt ‚ne, an Ausländer vermieten wir nicht'. Oder wenn ich auch Zeitungsannoncen lese, wo Stellenangebote drin sind. Wenn da schon einer Putzfrau sucht, aber da drin steht, es muss eine Deutsche sein. Für mich ist das ein Zeichen für Ausländerfeindlichkeit."
> (...) Außerdem habe ich diese Erfahrung bei der Wohnungssuche selbst gemacht: Also, bevor wir geheiratet haben, haben wir eine Wohnung gesucht. Wir haben uns vier Wohnungen angeguckt. Zwei davon, die haben halt gesagt: ‚wenn Sie keine Auslän-

---

[38] Zur genauen Formulierung der Fragestellung vergleiche den Interviewleitfaden im Kapitel 1.2 (II) "Das Erstellen des Interviewleitfadens".

der wären, hätten wir Ihnen die Wohnung gegeben.'(...) Die haben uns das ganz offen gesagt. Und die eine hat gesagt, ob die Miete für mich nicht zu hoch wäre." (Ali)

„Als ich noch Studentin war, bin ich immer zum Studentenservice gegangen und habe dort nach einem Job gesucht. Dann war ich wieder dort und plötzlich hieß es ‚alle Deutschen rein!' Und es hieß, die ausländischen Studenten kriegen an diesem Tag nichts. Das fand ich schon plump." (Sevgi)

Die Erfahrungen mit der Polizei sind bei türkischen Migranten mit negativen Erinnerungen verbunden:

„Dafür gibt es eigentlich viele Beispiele. Zum Beispiel, du kennst ja Asuman und Sibel, ne. Die haben schon zweimal mit der Polizei zu tun gehabt. Sind auch dadurch benachteiligt worden, weil eine deutsche Frau sie in der Tankstelle angegriffen beziehungsweise mit Kanake oder Türkenschlampe beschimpft hat. Die haben sich natürlich das nicht bieten lassen und es ist zu einer Schlägerei gekommen. Da wurde auch die Polizei gerufen und so. Von der Polizei aus gab es wenig Interesse, den Fall zu klären und so. (...) Ich war nicht direkt beteiligt. Aber ich stand dabei. Ich denke schon, dass die beiden benachteiligt wurden." (Nurhan)

Im privaten Bereich werden die Diskriminierungserfahrungen deshalb nicht intensiv gespürt bzw. nicht genannt (außer Diskriminierung durch deutsche Jugendgruppen), weil in diesem Bereich die Berührungspunkte zur deutschen Umwelt an Intensität verlieren. Ohne in München – wie auch in anderen großen Städten – ein Wort Deutsch artikulieren zu müssen, können die türkischen Jugendlichen in verschiedenen türkischen Supermärkten einkaufen, in verschieden türkischen Sportvereinen Fußball spielen, in neu gegründeten Kultur- und Jugendzentren ihre Freizeit mit Landsleuten verbringen und am Abend eine türkische Disco, in der fast ausschließlich türkische Musik gespielt wird, aufsuchen. In den Interviewleitfaden wurden zwei Fragen aufgenommen, um festzustellen, wo und mit wem die Interviewten primär ihre Freizeit verbracht haben. Viele haben (ob es sich um Männer oder Frauen handelt) einen türkischen Kultur- bzw. Sportverein aufgesucht. Es fällt auf, dass insbesondere Mädchen öfter einen Kulturverein besuchen als Jungen. Der Grund dafür könnte sein, dass einerseits die Inhalte und Angebote der Kulturvereine den Eltern bekannt sind, weil sie selbst Mitglieder sind, und andererseits die soziale Kontrolle durch das türkische Umfeld gewährleistet ist, d.h. den Mädchen kann nichts Schlimmes zustoßen, da jeder jeden kennt.

„(...) Ja, seit einundachtzig, seit dem ich in Deutschland bin. Ich bin sagen wir mal in Kulturvereinen aufgewachsen. (...) Ich war in Versammlungen. Sie haben viel Möglichkeiten gehabt. (...) Ja, da war zum Beispiel Theater Saz[39] oder Folklore. Ich war eigentlich jede Woche da; jahrelang. (...) Ich kannte dort viele, meine Eltern waren auch sehr aktiv." (Filiz)

---

[39] Ein türkisches Musikinstrument.

Der hohe Wert hinsichtlich der Diskriminierungserfahrungen bei Behörden kommt dadurch zustande, dass die türkischen Jugendlichen öfter zu Behörden gehen als die deutschen Jugendlichen, wie z.B. für eine Aufenthalts- und Arbeitserlaubnis. Die allgemeinen Bedingungen (bei Sozialhilfe, BAföG etc.), die von deutschen Behörden an die „ausländische" Bevölkerung gestellt werden, sind restriktiver als bei der deutschen Bevölkerung. Bei den Wohnungs- oder Stellenannoncen werden oft ausschließlich Deutsche angeworben, indem in die Anzeige der Vermerk „deutschsprachig" gesetzt wird. Diese offensichtliche Diskriminierung führt dazu, dass viele Segmente des Wohnungs- und Arbeitsmarkts gar nicht erst für Migranten in Frage kommen.

3.7 Das Türkeibild und die Rückkehr als Option

Das Türkeibild der Migranten der zweiten Generation ist nicht einheitlich, sondern ziemlich heterogen, weil die Beschreibungen der Befragten von „ein schönes Urlaubsland mit viel Sonne und Strand" bis hin zu „das Land, zu dem ich mich zugehörig fühle" reichen. Dazwischen gibt es Bezeichnungen wie „das Land, in dem ich geboren bin", „ein Land, wo einige Verwandte von mir wohnen" oder aber – wie Sevgi das formuliert –„ein zwiespältiges Gefühl". Die von den Interviewpartnern angeführten Begriffe sollen in umgekehrter Reihenfolge näher betrachtet werden, um das Türkeibild der Befragten, die ja alle seit mindestens 15 Jahren in Deutschland leben, besser zu verstehen.

Zwiespältiges Gefühl: Dieser Ausdruck wird von vielen jungen Menschen benutzt, nicht nur von Sevgi, die einerseits in der Türkei zu einer der Minderheiten gehörten bzw. immer noch gehören und die andererseits die Entwicklungen in der Türkei mit einem kritischen Auge beobachten. In der Kritik steht die Nichteinhaltung der Menschen- bzw. Minderheitenrechte oder aber die wenig voranschreitende Demokratisierung in der Türkei. Auf der anderen Seite besuchen die jungen Migranten dieses Land trotzdem regelmäßig.

> „Wenn ich das Wort Türkei höre, habe ich zwiespältige Gefühle. (...) Erstens ist es ein sehr schönes Land, mit schönen Stränden, schönes Urlaubsland, warme Menschen. Andererseits, ja, ein Land, das seinen Minderheiten überhaupt keine Rechte gibt; wo sehr viel Diskriminierung, wo sehr viel Armut gibt. Ja, deshalb auch zwiespältig. Ja, diese Seite von der Türkei lehne ich zum Beispiel ab." (Sevgi)

Land der Verwandten, Urlaubsland und Geburtsland: Diese Beschreibungen werden von den Interviewpartnern verwendet, die selten die Türkei besuchen, in Deutschland geboren bzw. seit dem Kindergartenalter in Deutschland leben und sich der Türkei weder politisch noch emotional verbunden fühlen.

„Wenn ich das Wort höre, denke ich in erster Linie an meine Verwandte. Hauptsächlich an meinen Verwandten, dass ich sie halt sehen kann beziehungsweise sehr selten sehen kann. Das ist eigentlich das einzige, woran ich denke." (Nurhan)

„Familie, meine Eltern wohnten dort. Ich verbinde eher Familie, Verwandte, Heimat in Anführungszeichen und Urlaub. Es ist so, ich war jetzt seit vier Jahren nicht dort. Ich verbinde mit der Türkei Familie, Wärme und ein schönes Urlaubsland." (Mustafa)

„Ja, wenn ich dieses Wort höre, denke ich ja, dass ich eben dort geboren bin. Außerdem denke ich an warme Menschen, warmes Land und natürlich an Verwandte. Ich sehe sie auch leider nicht so oft." (Pakize)

Zugehörigkeitsland: Es fällt auf, dass dieser Begriff – unabhängig von Geburtsort und Aufenthaltsdauer – von den Interviewpartnern verwendet wird, die in Deutschland über keinen höheren Schulabschluss verfügen und als Hilfsarbeiter tätig sind. Die Türkei wird als Alternative gesehen, sollte der gewünschte Lebensstandard nicht erreicht werden.

„Türkei ist halt mein Heimatstaat und das ist halt das Land, woher meine Eltern kommen und wohin ich eigentlich hingehöre. (...) Wenn ich später finanziell gut dastehe, und wenn ich Geld habe, würde ich eher in der Türkei leben. (...) Ja, ich weiß es nicht. Wenn ich in der Türkei bin, sind die Leute ganz anders, sehr freundlich und so weiter. Und da hat man das Gefühl, dass man halt eher dahin gehört als hier. Man fühlt sich verstanden." (Cüneyt)

Auch wenn sehr viele türkische Migranten der zweiten und der dritten Generation hier geboren und aufgewachsen sind, ist die „Rückkehr" in die Heimat der Eltern aus unterschiedlichen Gründen ein aktuelles Thema. Bevor die Gründe für die „Rückkehr" näher erläutert werden, muss eines klargestellt werden: Je länger ein junger Migrant in Deutschland lebt, um so mehr orientiert er sich hin zu einem Daueraufenthalt. Es besteht grundsätzlich ein Zusammenhang zwischen Einreisealter, Lebenszufriedenheit und den geäußerten Zukunftsplänen der Jugendlichen (vgl. Bendit, 1997, S. 236.).

Wenn Jugendliche und junge Erwachsene offene Ausländerfeindlichkeit und latente Diskriminierung erfahren, stellen sie sich auf keinen dauerhaften Aufenthalt ein, weil sie sich mit der Gesellschaft nicht identifizieren können. Das Problem dieser Gruppe ist aber, dass eine „Rückkehr" in die Heimat der Eltern keine echte und realisierbare Alternative darstellt. Die Jugendlichen thematisieren die „Rückkehr" wiederholt, damit sie die Enttäuschungen und die Ungerechtigkeiten, die sie in Deutschland erleben, bewältigen können. Die Rückkehroption ist eher als Metapher zu verstehen. Gleichzeitig hindert diese Einstellung die Gruppe daran, eine realistische Lebensplanung in Deutschland zu entwickeln (vgl. ebd., S. 235-236.).

Ein anderer Grund für Gedanken an die „Rückkehr" und eine reale Rückkehr resultiert aus dem Zeitmangel der Eltern – wenn beide Elternteile erwerbstätig sind und nicht immer ihre Kinder umsorgen können, werden die Kinder zeitweise in die Türkei zurückgeschickt.

> „Ja, mit einem Jahr hat man mich in die Türkei geschickt zu meinen Großeltern. Meine Mutter wollte hier arbeiten, mein Vater arbeitet auch. Meine Mutter sollte auch arbeiten, damit sie schnell Geld verdienen und wieder zurückkehren konnten. (...) Sie haben mich damals deshalb in die Türkei geschickt, weil sie auch wirklich zurückkehren wollten." (Oya)

Wie Oya schildert, bringen die Eltern ihre Kinder zu Verwandten in die Türkei, mit der Hoffnung, dass sie in einigen Jahren selbst in die Türkei zurückkehren werden. Dieses Motiv der Eltern wird verstärkt, wenn ihre Kinder eine türkische Schule besuchen, die türkischen Sprachkenntnisse erwerben und möglicherweise ein Universitätsstudium aufnehmen können. Wenn die geplante Rückkehr aber scheitert, bringen sie ihre Kinder, bevor es für die Einreise zu spät ist[40], wieder nach Deutschland.

Der wichtigste Grund für eine Lebensplanung in der Türkei ist aber eine gute Ausbildung, verbunden mit einem Universitätsstudium, wenn dieses aus unterschiedlichen Gründen (falsche Schulart, die nicht mehr gewechselt werden kann; geringe Sprachkompetenz; mangelhaftes Zurechtfinden im Schul- und Ausbildungssystem etc.) in Deutschland nicht mehr verwirklicht werden kann. Aus der Untersuchung von Stenzel und Homfeldt (1989) geht hervor, dass 66 Prozent der befragten Jugendlichen, die in der Türkei ein *Anadolu Lisesi*[41] besuchen, als Grund für eine „Rückkehr" in die Türkei „einen guten Schulabschluss in der Türkei" (56 Prozent) oder „Schulschwierigkeiten in Deutschland" (8 Prozent) angaben (vgl. Stenzel/Homfeldt, 1989, S. 31.). Eine Interviewpartnerin von Stenzel und Homfeldt bringt den Grund der „Rückkehr" vieler junger Migranten auf den Punkt:

> „Meine Eltern wollten, daß ich einen besseren Schulabschluss habe und diese Möglichkeit hatte ich hier in der Türkei. Wenn ich in Deutschland weiter in die Schule gegangen wäre, hätte ich ja nur Friseurin oder so etwas Ähnliches. Aber ich will entweder Dolmetscherin oder Deutschlehrerin werden und das kann ich hier in der Schule werden. (...) Damit ich die türkische Sprache lerne, damit ich mich hier einlebe. Ich konnte, als ich noch in Berlin war, kein Türkisch, hatte keine einzigen türkischen Freunde. Wegen der Ausländerfeindlichkeit." (ebd., S. 32.)

Ein weiterer Grund, der eher für religiös-traditionell denkende Eltern von großer Bedeutung ist, ist die Angst, dass ihre Kinder sich von der türkischen Kultur entfer-

---

[40] Bis Anfang 1997 konnten Kinder der Arbeitsmigranten unter 16 Jahren nach Deutschland ohne Visum einreisen.

[41] Ab Anfang der 80er-Jahre wurden in den Großstädten der Türkei Schulen gegründet, die speziell auf die Bedürfnisse der Rückkehrerkinder zugeschnitten sind. Unterrichtssprache ist, bis auf wenigen Ausnahmen, Deutsch.

nen und „verdeutscht" werden. Auch dieser Punkt wird von einer Interviewpartnerin in der genannten Untersuchung mit der folgende Aussage untermauert:

> „(...) Ein anderer Grund ist noch wegen meiner Familie. Ich bin dort aufgewachsen und meine Freunde waren nur Deutsche. Und mit der Zeit änderte ich mich (wurde so wie deutsche Mädchen). Hatte gar keine Achtung mehr vor unseren religiösen Festen und Glauben. Naja, mein Vater konnte das nicht haben. Er ist zwar ein sehr moderner Mensch, aber er mag halt die Deutschen und ihre Sitten und Gebräuche nicht." (ebd.)

Ein anderer Grund, der eine bedeutende Rolle für die Kinder und Jugendlichen im Hinblick auf eine „Rückkehr" in die Türkei spielt, sind die familiären Bedingungen. Ein Viertel der Jugendlichen, die von o.g. Autoren befragt wurden, gaben „einen familiären Grund" als Motiv für die „Rückkehr in die Türkei" (vgl. ebd., S. 31.) an. Darunter sind etwas folgende Situationen zu verstehen: Die Eltern trennen sich durch Scheidung und das Kind will bei dem Elternteil leben, der in der Türkei wohnt; oder die Eltern sind verheiratet, leben aber getrennt, und das Kind will bei dem Elternteil leben, der sich in der Türkei befindet (in der Regel die Mutter). Eine Interviewpartnerin der genannten Wissenschaftler sagte in diesem Zusammenhang:

> „Meine Eltern leben auseinander. Mein Vater ist in Deutschland. Meine Mutter lebt in Izmir. Ich wollte bei meiner Mutter wohnen. Deshalb kam ich zurück." (ebd., S. 32.)

3.8 Die Religion[42]

In diesem Kapitel soll die Religion – hier der Islam – anhand von zwei Exkursen, die sehr häufig thematisiert werden, einerseits die Mädchen und andererseits die Jungen betreffend, näher betrachtet werden. Durch die Unterzeichnung der Anwerbeabkommen 1961 (Türkei), 1963 (Marokko), 1965 (Tunesien) und 1968 (Jugoslawien) erfolgte eine Zuwanderung von Muslimen in größerer Zahl in das Bundesgebiet. Da in den 60er- und Anfang der 70er-Jahre sowohl die Eingewanderten als auch die deutsche Gesellschaft an keinen dauerhaften Aufenthalt dachten, entstanden am Anfang kaum Selbstorganisationen, weder im kulturellen noch im religiösen Bereich (vgl. ¡en, in: iza Zeitschrift für Migration und Soziale Arbeit, 1998/ 3-4, S. 87). Dieser Sachverhalt änderte sich, nachdem sich sehr viele Migranten nach dem Anwerbestopp von 1973 für einen dauerhaften Aufenthalt in Deutschland entschlossen hatten. Um einerseits gemeinsam die religiösen Pflichten zu erfüllen und andererseits den hier geborenen Kindern die religiöse und kulturelle Identität

---

[42] In diesem Zusammenhang wird Religion nur allgemein betrachtet. Da Religion auf die drei Erziehungsstile der türkischen Eltern entscheidende Auswirkungen hat, werden diese Auswirkungen in jedem angegebenen Erziehungsstil explizit erläutert und behandelt.

weiterhin zu vermitteln, entstanden seit Mitte der 70er- Jahre zahlreiche Moscheen und Gebetshäuser. Die Anzahl der Moscheen im gesamten Bundesgebiet beläuft sich heute auf 2000; diese sind aber von außen nicht als solche zu erkennen und führen Namen wie „Islamisches Kulturzentrum" oder „Islamischer Kulturverein"; nur ganz wenige dieser Moscheen, 30, sind repräsentative Moscheen mit Kuppel und Minarett. (vgl. ebd.). Faruk Şen bezeichnet diese Moscheen als Moschee-vereine und beschreibt deren Funktion wie folgt:

> „Neben ihrer religiösen Funktion (gemeinsames Gebet, religiöse Unterweisung) neh-men die Moscheevereine verstärkt andere Aufgaben wahr. So bilden sie einerseits ei-nen lokalen Treffpunkt für die Muslime. Ferner bieten sie neben Korankursen auch Alphabetisierungs-, Deutsch- und sonstige Kurse an, stellen Räumlichkeiten für Feste wie für Hochzeiten und Beschneidungen zur Verfügung und übernehmen auch sozial-beraterische Funktionen. Einigen Moscheen sind auch Buch-, Video- oder Lebens-mittelläden angegliedert." (ebd.)

Im ersten Abschnitt der Arbeit wurde deutlich, dass die türkische Familie sowie die Rollen- und Autoritätsstrukturen, unterschieden nach Stadt und Land, West und Ost, nach religiöser Einstellung sowie Bildung, nicht homogener Natur sind. Auch bei der Religion und der aktiven Ausübung der religiösen Rituale gibt es Unter-schiede. Es kann nicht von einer homogenen islamischen Gruppe gesprochen wer-den. Als ein Beispiel können die Aleviten genannt werden, deren Anteil auf 15-30 Prozent geschätzt wird (vgl. Zentrum für Türkeistudien, 1994, 124.). Allgemein ist allerdings festzustellen, dass Religion Normen legitimiert, Orientierung anbietet und sowohl in der deutschen als auch in der türkischen Gesellschaft ein Teil des Wertsystems (vgl. Stöbe, 1998, S. 202.) ist. Wenn aber vom Islam bzw. von der Religion der türkischen Bevölkerungsgruppe gesprochen wird, werden zwei Ge-danken damit in Verbindung gebracht: 1. das Kopftuch der Frau bzw. der Mädchen in der Gesellschaft oder im deutschen Schulalltag und 2. die türkischen Männer, die ihre Frauen unterdrücken. Streng genommen werden diese Punkte sowohl von den türkischen Migranten als auch von der hiesigen Gesellschaft für unterschiedli-che Zwecke instrumentalisiert. Im Folgenden sollen die beiden Pole mittels zweier Exkurse näher betrachtet werden.

Exkurs (1): Das Kopftuch: Das Kopftuch an sich ist für die deutsche Gesell-schaft kein fremdes, unbekanntes oder neu erfundenes Kleidungsstück. Wie auch Gaby Franger (2000) bemerkt, tragen in vielen Gegenden wie z.B. in Bayern oft ältere Frauen auf dem Markt oder zum Kirchgang ein Kopftuch (vgl. dazu auch den Aufsatz „Das für uns so fremde Kopftuch" von Franger, in: Gieske/Kuhs (Hrsg.): Frauen und Mädchen in der Migration, 1999.). Was an der Diskussion neu ist, ist der Umgang mit dem Kopftuch bei den türkischen Mädchen und Frauen in Deutschland.

Dazu ein Beispiel aus der Türkei, wo das Thema „Kopftuch" auch immer wieder die Gemüter erregt: An den türkischen Universitäten ist das Tragen des Kopftuches streng verboten. Eine Studentin der Philosophie an der Universität Hacettepe in Ankara hält sich nicht an die Regel und will mit ihrem Kopftuch am Unterricht teilnehmen. Der Professor bittet die Studentin, das Kopftuch abzulegen oder den Raum zu verlassen; ansonsten werde er die Vorlesung abbrechen. Die Studentin bleibt hartnäckig; sie verlässt weder den Raum, noch legt sie das Kopftuch ab. Der Professor ist verärgert und geht aus dem Vorlesungsraum, ohne die Vorlesung gehalten zu haben. Diese Prozedur wiederholt sich ein halbes Semester, bis die anderen Studenten den Anspruch auf die Vorlesung erheben. Da der Professor nicht umzustimmen ist, versuchen die Studenten, die Kommilitonin dazu zu bringen, von ihrer freien Kleiderwahl bzw. ihrer freien Entfaltung Abstand zu nehmen. Die Studentin wird dermaßen eingeschüchtert, dass sie nach einem halben Semester die Vorlesung abbricht. Daraufhin hält der Professor ordnungsgemäß seine Vorlesung ab[43].

Im traditionalistisch-ländlichen Kontext ist das Tragen des Kopftuches, insbesondere für ältere Frauen eine Selbstverständlichkeit und wird auch vielerorts nicht mit religiösen Einstellungen begründet.

> „Kleidungsordnungen basieren sowohl in der christlichen wie jüdischen oder islamischen Kultur auf patriarchalischen Mustern, auf Versuchen der Machtausübung, denen sich Frauen beugen mußten, sich beugten, denen sie Widerstand entgegensetzten oder die sie verinnerlichten. Das Kopftuch ist traditionelles Kleidungsstück, das dazu gehört, wenn Frauen im katholischen Spanien oder im protestantischen Franken in die Kirche gehen, das in anatolischen Dörfern, je nach Bindungsart eine eigene Sprache spricht, das ältere Aussiedlerinnen als Teil ihrer Identität nicht ablegen wollen." (Franger, in: Gieske/Kuhs (Hrsg.), 1999, S. 14.)

Welches Motiv die Studentin beim Tragen des Kopftuchs in der Vorlesung hatte, konnte nicht aufgeklärt werden. In der Folgediskussion wurde von den „linken" Studenten behauptet, dass sie Fundamentalistin sei und damit den Professor und die Hochschulpolitik provozierend auf die Probe stellen wollte. Die wenigen „religiösen" Studenten behaupteten, sie sei ein ganz normales traditionelles Mädchen aus der Provinz gewesen, das das Kopftuch nicht direkt ablegen konnte. Das Beispiel zeigt, dass das Thema „Kopftuch" auch in der Türkei in unterschiedlichen politischen Arenen intensiv und kontrovers diskutiert wird.

In deutschen Schulen werden die türkischen Mädchen in vier Lebenssituationen, in denen sie mit der deutschen Umwelt bzw. im Schüler-Lehrer-Verhältnis in Konflikt kommen, als Außenseiter dargestellt: beim Tragen des Kopftuches, bei der Verweigerung der Teilnahme am Sportunterricht, bei der Ablehnung von Sexua-

---

[43] Diese Geschichte ist authentisch. Ich habe während meiner Studienzeit an der Universität Hacettepe im Wintersemester 1990/91 an dieser Philosophievorlesung teilgenommen.

lunterricht und bei der Form der Eheschließung (vgl. Boos-Nünning, in: Gieske/ Kuhs (Hrsg.), 1999, S. 17.). In diesem Kontext soll lediglich das Tragen des Kopftuches näher betrachtet werden. Sobald die türkischen Mädchen in der Schule ein Kopftuch tragen, wird das als ein Zeichen für religiöse Orientierung und als Ausdruck der Zugehörigkeit zu einer religiösen fundamentalistischen Gruppe gesehen (vgl. ebd.). Der Grund dafür ist nach Karakaşoğlu-Aydın „der gesellschaftliche Konsens, daß ostentativ praktizierte Religion nicht vereinbar sei mit den Regeln und Normen und der modernen Industriegesellschaft, hier wird ihr nur die private Abgeschiedenheit zugewiesen. Präsentiert sich religiöses Empfinden und religiöse Zugehörigkeit dennoch öffentlich, so wird dies schnell gleichgesetzt mit einer Ablehnung der für alle Gesellschaftsmitglieder verbindlichen Errungenschaften der Moderne und damit mit mangelnder Integrationswilligkeit." (Karakaşoğlu-Aydın, in: ebd., S. 17-18.) Das Tragen des Kopftuches wird in der Schule in zweierlei Richtungen gedeutet: einerseits wird davon ausgegangen, dass das Kopftuch von den Eltern verordnet bzw. den Mädchen aufgezwungen wird; andererseits wird es, wie unser Beispiel aus Ankara zeigte, als Grundhaltung von Mädchen, Frauen bzw. Familien interpretiert, die sich zum Islam bekennen und das Kopftuch als Kampfmittel einsetzen. (vgl. Boos-Nünning, ebd., S. 18.) Meines Erachtens tragen die türkischen Mädchen das Kopftuch, wie Mıhçıyazgan, auch schreibt, einerseits um ihre religiöse Zugehörigkeit zu demonstrieren, und andererseits wollen sie öffentlich zeigen, dass sie die muslimische Bedeutung von Körperlichkeit und ihrer weiblichen Identität gegenüber die westlichen aufrechterhalten und verteidigen wollen (vgl. Mıhçıyazgan, in: ebd., S. 21.).

Exkurs (2): Türkische Männer, die ihre Frauen schlagen: Von türkischen Jungen und Männern existiert in der deutschen Öffentlichkeit das verallgemeinerte Bild, sie seien aggressiv, dominant und machohaft. Oft wird dieses Bild, auch von türkischen Jugendlichen, damit begründet, dass der Islam bzw. der Koran dies von den türkischen Männern verlangt. Eberhart Seidel von der „Tageszeitung" spricht in seinem Vortrag, den er am 19.05.2000 bei einer Veranstaltung in Paris gehalten hat, von der Türkei als einer männerdominierten Machogesellschaft; diese Struktur sei auch bei den Türken zu beobachten, die in Deutschland leben. Hierfür macht er indirekt den Islam verantwortlich. Sicherlich beinhaltet die Aussage von Eberhard Seidel auch etwas Wahres. Zu kritisieren ist, dass er seine Aussage verallgemeinert. Es gibt gewiss türkische Männer wie auch deutsche, die ihre Frauen schlagen oder missbrauchen; das tun jedoch nicht alle und das kann auch nicht einzig mit der Religion begründet werden, sondern es hängt z.B. mit Bildungsgrad, Arbeitslosigkeit, Schichtzugehörigkeit, sozialem Status, Lebenszufriedenheit etc. zusammen. Insbesondere die Jugendlichen türkischer Herkunft werden in dieses Schema hineingepresst, ohne den möglichen Grund zu hinterfragen. In Deutschland werden heute immer noch einige Jungen vom Vater in die Rolle des Männlichen, Ehrenhaften,

Starken und Selbstbewussten gedrängt, auch wenn die Jungen dies nicht hundertprozentig bejahen. Geht es dabei um den Schutz eines weiblichen Familienmitgliedes, wird von ihnen im Extremfall erwartet Gewalt anzuwenden (vgl., Toprak, in: DVJJ-Journal, 2000c, S. 175.). „Setzt er sich nicht bedingungslos für seine Schwester bzw. Freundin/Frau ein, wird er nicht nur als ehrlos, sondern auch unmännlich und schwach bezeichnet. Er wird in der Familie nicht hoch angesehen, seine Männlichkeit wird, vor allem vom Vater und anderen Familienmitgliedern, in Frauge gestellt, und er wird bei Entscheidungen, die die Familie betreffen, nicht mehr mit einbezogen." (ebd.) In welch starkem Maße der Jugendliche unter dem Druck steht, sich dem Vater zu beweisen, belegt eine Interviewpassage, entnommen aus Toprak (2000c):

> „Diebstahl ist sehr schlimm. Wenn ich was klaue, dann brauch ich nicht zu meinem Vater gehen; er wird mich umbringen.(…) Wenn ich meine Frau schütze, dann schütze ich sie gescheit. Wenn so ein Penner meine Frau anmacht – weißt Du, was ich meine – dann schlage ich ihn. Es ist mir egal, ob er stirbt oder nicht. Vor meinem Vater habe ich meine Ehre, weißt Du. Mein Vater sagt mir: ‚Du bist weiter mein Sohn!'" (ebd.)

3.9 Die Ehre

Wie die Religion wird auch dieser Begriff missdeutet und gerät in unterschiedlicher Art und Weise in die Schlagzeilen. Oft werden Extremfälle, in denen Männer aufgrund ihres Ehrverständnisses ihre Frauen bzw. Schwestern verstoßen oder umbringen, verallgemeinert und der gesamten türkischen Bevölkerung angelastet. Diese vereinzelten Extremfälle wird es auch in der Zukunft hin und wieder geben. Wie Lubig in ihrem Aufsatz feststellt, befindet sich dieses starre Wertsystem, das im ersten Abschnitt der Arbeit vorgestellt wurde, auch im dörflich-bäuerlichen Kontext im Wandel. Nach Lubig ist das die Folge der Verlagerung ökonomischer Aktivitäten außerhalb des Dorfes, der Reduzierung bäuerlicher Produktion und der Schwächung innerdörflicher Sozialbeziehungen (vgl. Lubig, in: Die Ausländerbeauftragte des Senats von Berlin (Hrsg.), 1997, S. 42): „Die Entscheidung für oder gegen die von Meidung und Distanz bestimmten traditionellen Kommunikationsformen innerhalb des Haushaltes wird zunehmend zu einer Privatangelegenheit. (ebd.)

In Deutschland ist der Umgang mit dem Begriff „Ehre" nicht so starr und einseitig wie in einigen dörflich-bäuerlich geprägten Orten der Türkei. Bei Beobachtungen und Aussagen der Befragten zeigt sich, dass sie andere Tendenzen im Entwicklungsprozess sowie Werteorientierungen und -systeme zeigen als ihre Eltern. Die Mehrzahl der befragten türkischen Migranten der zweiten Generation, seien es Männer oder Frauen, unterscheiden z.B. nicht zwischen der Ehre der Frau und der

Ehre des Mannes, und machen die Ehre nicht unbedingt von der Jungfräulichkeit der Frau vor der Ehe abhängig.

> „Ehre, ich weiß, dass der Begriff Ehre in der türkischen Gesellschaft eine stärkere Bedeutung hat als bei der deutschen Gesellschaft. Allgemein mit Ehre verbinde ich nichts. Das ist ein veralteter Begriff, und der Begriff wird meines Erachtens missbraucht. Beispielsweise dass die Ehre eines Mannes, wenn gewisse Dinge passieren, in Frage gestellt wird oder dass die Ehre einer Familie beschmutzt und befleckt wird, wenn die türkischen Mädchen vor der Ehe entjungfert werden oder aber wenn die Tochter abends alleine weggeht und in Diskotheken gesichtet wird, dann ist sie eine Schande für die Familie. (...) Weil ich auf so etwas nicht Wert lege, bedeutet für mich auch Ehre nichts." (Umut)

> „Ehre bedeutet für mich Ehrlichkeit, Ansehen. Ja, auf eine gute Art und Weise zu leben. Man kann Fehler machen. Wir sind da, diese Fehler zu machen. Aber mit Ansehen leben heißt für mich, dass ich keine Schande auf mich selbst und auf meine Eltern bringe. Wenn man mit viele Männer ist oder zusammenkommt, oder jedes Mal mit einem anderen zusammengesehen wird. Das gilt aber nicht nur für Frauen, sondern auch für Männer." (Filiz)

Der Begriff Ehre wird von den türkischen Migranten der zweiten Generation anders interpretiert als von der ersten Generation. Die Ehre der Frau bzw. der Familie wird nicht unbedingt mit der Jungfräulichkeit der Tochter vor der Ehe begründet, sondern in der Art und Weise, wie die Familie, die Tochter und der Mann leben und sich in der Öffentlichkeit präsentieren. Mit dem Begriff Ehre, sei es die Ehre des Mannes oder die Ehre der Frau, verbinden die Befragten Treue der Familie gegenüber in guten und in schlechten Zeiten, Ehrlichkeit, Mündigkeit, Aufrichtigkeit, legales Einkommen, das die Familie ernährt, Gleichberechtigung zwischen den Ehepaaren, Hilfeleistung den Nachbarn und Verwandten gegenüber sowie soziales Engagement. Das heißt, eine glückliche, harmonische, liebevolle und partnerschaftliche Beziehung zu pflegen, die nicht unbedingt mit Ehre im klassischen Sinne zu tun hat, sondern mit der Lebenseinstellung, die sich im Laufe des Migrationsprozesses gewandelt hat. Viele Interviewpartner stehen einem Geschlechtsverkehr vor der Ehe, auch für ihre Töchter, offen gegenüber, machen dies aber von gewissen Bedingungen, wie z.B. Alter, Reife, Selbständigkeit oder Liebe, abhängig. Inwieweit der Begriff Ehre veraltet und missbraucht werde, wird auch von der Interviewpartnerin Oya zur Sprache gebracht:

> „Wenn ich etwas tue, denke ich überhaupt nicht darüber nach, ob das jetzt ehrenhaft ist oder nicht. Früher war es vielleicht wichtig, dass man namuslu[44] ist. Aber heutzutage ist das für mich kein Begriff mehr. Ich denke gar nicht groß darüber nach. Ich versuche nur den Werten, die ich bekommen habe, irgendwie gerecht zu werden, zum Beispiel dass man nicht lügen darf, nicht betrügen darf und so weiter. Ob das jetzt ehrenhaft ist oder nicht, das weiß ich nicht." (Oya)

---

[44] Ehrenhaft

Die gleiche Interviewpartnerin sagt zu dem Begriff Jungfräulichkeit:

> „Es kommt letztendlich drauf an, dass man, wenn man das erste Mal hat, mit einem Jungen macht, den man wirklich liebt. Das ist sehr, sehr wichtig für mich. Ich finde es schon wichtig, auch für die Frauen, dass man eine lange Beziehung hat, bevor man miteinander schläft. (...) Vor der Ehe kommt es drauf an, wie alt das Mädchen ist. Also, wenn ein achtzehnjähriges Mädchen zu mir käme und fragen würde, ,ja ich bin nicht verheiratet, soll ich oder soll ich nicht?' Da bin ich eher zwiespältig. Mit achtzehn finde ich das immer noch etwas zu jung und früh." (Oya)

Auch die Männer finden den Begriff veraltet und begründen die Ehrenhaftigkeit der Frau nicht in der Jungfräulichkeit. Umut drückt den Anspruch an eine zukünftige Frau folgendermaßen aus:

> „Jungfräulichkeit ist für mich kein Merkmal oder Voraussetzung für eine Ehe. Also, sicherlich gibt es Männer, die sagen, sexuell finde ich eine Frau attraktiver, wenn sie noch Jungfrau ist, zumindest beim ersten Mal. Aber mir ist es total egal. Das einzige was für mich schon wichtig ist, sie sollte nicht durch die sämtlichen Betten der Stadt gewandert sein." (Umut)

4. Auswirkungen des Erziehungsstils auf die Partnerwahl und die Eheschließung türkischer Migrantinnen und Migranten der zweiten Generation in Deutschland

4.1 Die Erziehung

Die Erziehung der türkischen Kinder in Deutschland wird von einigen Wissenschaftlern mit großem Interesse verfolgt und einige beobachteten Tendenzen, die an dieser Stelle nicht verharmlost werden dürfen, werden vorschnell generalisiert. In der Forschungsliteratur über die türkischen Familien und die Erziehung der Kinder wird oft suggeriert, dass die Erziehung der türkischen Eltern traditionell und geschlechtsspezifisch sei; sie stelle Ziele wie Anständigkeit und Leistungsbereitschaft in den Mittelpunkt; sie sei stark von Konflikten geprägt (vgl. Özkara, 1988; Zemlin, 1981; Akpınar u. a., 1979; Riesner, 1990; Neumann, 1982.). All diese aufgezählten Charakterisierungen, die von deutschen *und* türkischen Autoren verwendet werden, können bei türkischen Familien in Deutschland und auch in der Türkei beobachtet werden. Wie im ersten Abschnitt der Arbeit deutlich aufgezeigt wurde, kann aber weder in der Türkei noch in Deutschland von einer einheitlichen Erziehung der türkischen Kinder gesprochen werden. Die Gefahr vorschneller Verallgemeinerungen besteht meines Erachtens immer noch. Was in den Augen der mitteleuropäischen Wissenschaftler „religiös", „patriarchalisch" oder „traditionell"[45] erscheint und als Stagnation bzw. Rückschrittlichkeit gesehen wird, kann in der türkischen Kultur als „Beständigkeit" und „positives Erziehungsziel" betrachtet werden. Während die Kinder aus dem türkischen Kulturkreis zur gesellschaftlichen Integration und zum Kollektivismus erzogen werden, verfolgen die deutschen Eltern die Erziehungsziele Selbständigkeit und Individualismus.

Was aber ist Erziehung und warum werden die Kinder überhaupt erzogen? Im Wörterbuch der Pädagogik wird der Begriff „Erziehung" folgendermaßen definiert:

> „Ganz allgemein wird man als Erziehung jene Maßnahmen und Prozesse bezeichnen können, die den Menschen zu Autonomie und Mündigkeit hinleiten und ihm helfen, alle seine Kräfte und Möglichkeiten zu aktuieren und in seine Menschlichkeit hineinzufinden. Erziehung betrifft den Menschen dabei in seiner individualen (als Gesellschaftswesen), kulturellen (als sittl. Geistwesen) und metaphysischen (als ‚begnadetes' Wesen) Dimension. Dementsprechend stellt sich Erziehung einmal mehr als Wachstum und Entwicklung, als einmal gesellschaftl.-kulturelle Eingliederung (Sozialisation, Enkulturation), einmal als Einführung und ein andermal als personale Erweckung und Begegnung dar." (Böhm, 1994, S. 203.)

---

[45] vgl. dazu in diesem Zusammenhang (Umgang mit Begriffen) auch den Aufsatz von Polat, in: Attia/Marburger (Hrsg.), 2000 sowie Toprak, in: DVJJ-Journal, Nr. 4, 2000b.

Nach dieser Definition soll Erziehung in erster Linie das Ziel verfolgen, das Individuum zur Autonomie und Mündigkeit zu führen. Wie in der Definition deutlich zu erkennen ist, spielt neben der individuellen Dimension auch der kulturelle Bezugsrahmen eine entscheidende Rolle. Im Pädagogik-Lexikon von Reinhold, Pollak und Heim wird darauf verwiesen, dass das Prinzip aller Erziehung die freie Selbstbestimmung sei (vgl. Heitger, in: Reinhold/Pollak/Heim, 1999, S. 142.). Man wird aber, „sofern die Menschen geschichtlich empirisch existieren, die Frage nach dem Zwang in der Erziehung nicht mit leichter Hand beiseite schieben. (ebd.) Dies gilt sowohl für den mitteleuropäischen Kulturkreis als auch für den türkischen Kulturkreis. Um der oben gestellten Frage, warum überhaupt erzogen wird, nachzugehen, sei auf ein Zitat im gleichen Lexikon verwiesen, wo der Begriff der Erziehung in der gegenwärtigen Pädagogik als umstritten und gefährdet gilt (vgl., ebd., S. 139.). „Viele sehen das Ende aller Erziehung auch deshalb gekommen, weil den Erziehenden die Ziel- und Normvorstellungen abhanden gekommen sind, insbesondere die Möglichkeit eines verbindlichen Kanons von Normen für die Zukunft, weil in einer dynamischen Entwicklung keine Festlegung auf einen zukünftigen Verhaltenskonnex möglich sei." (ebd., S. 140.)

Weil gerade die türkischen Eltern, vor allem die Mitglieder der ersten Generation, nicht die Ziel- und Normvorstellungen „verlieren" wollen, halten sie an den Erziehungszielen fest, an die sie gewöhnt waren bzw. sind. Außer diesen Erziehungszielen[46] der türkischen Familien trifft eine überspitzte Formulierung eines Interviewpartners, nämlich „Verwaltung und Stillhaltung der Kinder", meines Erachtens sehr gut, was bei einigen Familien ‚Erziehung' darstellt:

> „Also, Erziehung in dem Sinne, dass mir jetzt meine Eltern gesagt haben, dass mir meine Eltern irgend welche Werte, die im Leben wichtig sind, mitgegeben hätten, kann ich – wenn ich genau überlege – so nicht sagen. Also, man hat mir was zum Essen gegeben, mir auch ein Bett zur Verfügung gestellt und auch Kleidung. (...) Erzogen an sich wurde ich eigentlich von meiner Umwelt; sicherlich auch teilweise von den Eltern, auch die Eltern beeinflussen einen. Aber ich kann im Nachhinein nicht sagen, dass mir meine Eltern irgendetwas mit auf den Weg gegeben haben, das ich meinen Kinder mitgeben werde. (...) Ich würde diese Art eher als Verwaltung und Stillhaltung der Kinder bezeichnen." (Umut)

Auch in anderen Interviews kommt, wenn auch nicht direkt, diese „Verwaltung und Stillhaltung" der Kinder zur Sprache.

> „Erzogen wurden wir in dem Sinne nicht. Wir haben uns selbst erzogen. Meine Mutter und mein Vater haben gearbeitet. Nach der Schule waren wir bis acht neun Uhr alleine zu Hause. Man hat uns Geld für die Schule gegeben, Essen war auch da. Erzogen in dem Sinne haben wir uns selbst, weil wie gesagt, weil meine Eltern nie da waren." (Ali)

---

[46] Abweichend von den Erziehungszielen, die im ersten Abschnitt vorgestellt wurden.

Der Interviewpartner Mustafa macht die Erziehung – unabhängig von der Nationalität – von der Schichtzugehörigkeit abhängig und nimmt den Sachverhalt auf (was auch Ali oben ansprach), dass die Eltern aufgrund der Erwerbstätigkeit sehr wenig Zeit für die Erziehung investieren.

> „Achtung vor Stereotypen! Ich denke die deutschen Familien erziehen ihre Kinder genauso wie die türkischen Familien. Es ist wirklich absolut schichtspezifisch. Da hier in Deutschland eine besondere, oft bei türkischen Leuten, eine aufgrund der Migrationsgeschichte, aufgrund der sozio-kulturellen Hintergründe eine bestimmte Schicht ist, ist oftmals wenig Zeit für die Kinder da, solange die Eltern arbeitstätig sind. Und es ist dann oftmals so, dass sehr wenig Erziehung stattfindet. Also, Jungs und Mädels werden sowieso anders erzogen; oft mehr Nachsicht gegenüber Jungs. Und die Mädchen werden eher reglementiert, obwohl die Zeit gar nicht da ist, um zu reglementieren. Es ist sehr konfus bei einer bestimmten Schicht." (Mustafa)

Solche Beispiele könnten beliebig weitergeführt werden, sollen aber hier ausreichen. Nichtsdestotrotz – so bleibt festzuhalten – werden die türkischen Kinder in Deutschland, wie die deutschen Kinder auch, je nach Familie, Bildungsstand der Eltern und Schichtzugehörigkeit der Eltern in unterschiedlicher Weise erzogen, d.h. die Eltern geben die Wert- und Normvorstellungen, die sie für richtig und gut halten weiter.

4.1.1 Der Erziehungsstil

Nach Auswertung der Interviewergebnisse kann festgestellt werden, dass sich zwei Pole von Erziehungsstilen herausbilden, nämlich der konservativ-spartanische Erziehungsstil und der verständnisvoll-nachsichtige Erziehungsstil. Zwischen den beiden Polen gibt es auch eine Art Erziehung, die in diesem Zusammenhang nicht genau definiert werden konnte, da einerseits Gruppen existieren, „die sich weitgehend den kulturellen Normen der deutschen Gesellschaft angenährt oder sie ganz übernommen und sich gleichzeitig von den Normen der ursprünglichen Kultur einschließlich der Religion entfernt haben. Andererseits haben sich jedoch Gruppen gebildet, die sich explizit auf die kulturellen und religiösen Werte der Herkunftsgesellschaft rückbeziehen und die Normen der deutschen Gesellschaft ablehnen." (Nauck/Kohlmann, in: Sauer, 2000, S. 51.) Diese Erziehung, die sich zwischen den beiden „Extremen" gebildet hat, wird im Folgenden immer als Erziehung „zwischen Tradition und Moderne" bezeichnet. Bevor diese drei Erziehungsstile näher definiert und beschrieben werden, soll zunächst kurz der Forschungsstand über diesen Themenbereich wiedergegeben werden. Die wichtigsten und neuesten Untersuchungen über Erziehung und Erziehungsstil, die die türkischen Familien und deren Kindern betreffen, stammen von Alamdar-Niemann (1992) und Merkens (1997).

Alamdar-Niemann befragt in ihrer Untersuchung in Berlin 108 Haupt- und Gesamtschüler und deren Eltern mit Hilfe eines standardisierten (schriftlichen) Fragebogens und kommt zu dem Ergebnis, dass es bei türkischen Familien drei Arten von Erziehungsstilen gibt, nämlich den permissiv-nachsichtigen Erziehungsstil, den leistungsorientiert-einfühlsamen Erziehungsstil und den religiös-autoritären Erziehungsstil (vgl. Alamdar-Niemann, 1992, S. 217-222; Alamdar-Niemann, in: Bott (Hrsg.), 1991, S. 68-77.).

Der permissiv-nachsichtige Erziehungsstil: Alamdar-Niemann setzt als Indiz für diesen Erziehungsstil die Skalen „Permissivität" und „Nachsicht" ein (vgl. ebd., 1992, S. 219.). „Die Erziehungseinstellungen drücken in diesem Typ eine permissive Haltung der Eltern gegenüber dem Kind aus. Permissivität heißt in dieser Untersuchung, daß Eltern gegenüber ihren Kindern eine generöse und weniger restriktive Erziehung favorisieren, d.h. dem Kind genügend Freiraum für die individuelle Haltung lassen. Dem entspricht auch eine weitere Dimension dieses Faktors, die durch nachsichtige und verständnisvolle Einstellung der Eltern in der Erziehung charakterisiert werden kann." (ebd., S. 219.)

Der leistungsorientiert-einfühlsame Erziehungsstil: Bei diesem Erziehungsstil bilden die Items „Erziehungsvermögen" und „Leistungsorientierung" die Skalen. „Hier machen sich Bildungs- und Leistungsvorstellungen der Eltern bemerkbar, die aber nicht zum völligen Einengen des Kindes führen. Auf einfühlsame Weise (...) wird an dem emotionalen Zustand und den Interessen des Kindes entlang eine bildungs- und leistungsmotivierte Einstellung der Eltern ausgeübt. (ebd., S. 220-221.)

Der religiös-autoritäre Erziehungsstil: Hier stehen die Items „religiöse Orientierung", und „autoritäre Rigidität" im Vordergrund. „Die religiöse Motivation des elterlichen Erziehungsstils steht bei diesem Typ im Vordergrund. Deutlich werden die religiösen Aktivitäten und religiösen Anschauungen vom Kind abverlangt bzw. erwartet (Moscheebesuch etc.). Diese Religiosität findet im Zusammenhang mit autoritärer Einstellung der Eltern gegenüber dem Kind statt, so daß die Kontrolle der kindlichen Aktivitäten instrumentellen Charakter erhält." (ebd., S. 221.)

Im Gegensatz zu Alamdar-Niemann unterscheidet Merkens vier unterschiedliche Erziehungsstile und befragt dabei Kinder der Schulklassen sieben bis neun und deren gleichgeschlechtliche Elternteile mit Hilfe eines standardisierten (schriftlichen) Interviews in Berlin, Weingarten und Friedrichshafen (vgl. Merkens, in: Merkens/Schmidt (Hrsg.), 1997, S. 21-22.). Um den autoritären Erziehungsstil zu erheben, stellt Merkens folgende vier Fragen: ob der jeweilige Elternteil keinen Widerspruch duldet, sich aufregt, wenn das Kind widerspricht, gegenüber Forderungen des Kindes grundsätzlich hart bleibe und das Abweichen von elterlichen Anordnungen nicht dulde (vgl. ebd., S. 24.). Für den emotionalen Erziehungsstil wurden die Probanden danach gefragt, ob der jeweilige Elternteil dem Kind ansehe, wenn ihm etwas gut gefällt, wenn es traurig ist, sowie beim Kind erkenne, wenn etwas nicht stimmt (vgl. ebd.). Die Items: nachgeben, wenn das Kind im Anschluss an ein Verbot um Erlaubnis bettelt, nicht gleich böse sein, wenn das Kind unpünktlich ist und nicht gleich böse sein, wenn ein Auftrag vom Kind vergessen wird – wurden für den permissiven Erziehungsstil erhoben (vgl. ebd.). Der Erziehungsstil „Zusammengehörigkeit" wurde mit Hilfe von Items erhoben, mittels derer gefragt wurde, ob der jeweilige Elternteil jede freie Minute mit dem Kind verbringt, das Kind am liebsten immer in seiner Nähe hat und eine vorübergehende Trennung vom Kind nur verschmerzen kann (vgl. ebd.).

Da bei der vorliegenden Untersuchung keine Items und standardisierten schriftlichen Fragebögen verwendet wurden, wurden die Daten auf der Basis der Aussagen von den Befragten und der Interpretationen vom Forscher erhoben und somit die drei Erziehungsstile, die oben schon angesprochen wurden, gebildet. Kriterien dafür waren primär die Fragen im Fragekatalog „Erziehung (Autoritätsstruktur)", „Religion" und „Ehre"[47] und die Antworten der Befragten. Hier wurden 12 Erwachsene nach ihrer subjektiven Meinung in Bezug auf ihre Erziehung und den Erziehungsstil, den sie erfahren haben, befragt. Diese drei Kategorien wurden auch deshalb gebildet, weil beobachtet werden konnte, dass in jedem der einzelnen Erziehungsstile z.B. der Wert der Ehe, der Wert der islamischen und standesamtlichen Eheschließung, die Bedeutung der Religion sowie der arrangierten Ehe unterschiedlicher Natur waren. Ein explizit religiöser Erziehungsstil, den Alamdar-Niemann festgestellt hat, konnte nicht beobachtet werden; es wird aber darauf verwiesen, dass die Religion und die religiöse Haltung der Eltern auf jeden Erziehungsstil eine wesentliche Auswirkung hat. Im Folgenden sollen die drei Erziehungsstile und die Bedeutung der Ehe für diese ausführlicher beschrieben werden.

4.2 Der konservativ-spartanische Erziehungsstil[48]

Im Soziologie-Lexikon wird der Begriff Konservativismus folgendermaßen definiert: „Konservatismus (Bewahren, Erhalten) ... eine Auffassung, die im Handeln an Traditionen, an Überliefertem, an Bestehendem und Hergebrachtem – weil (scheinbar) Bewährtem – orientiert ist und daran festhält." (Reinhold/Lamnek/Recker, 1997, S. 355.)

Die Interviewpartnerin Nurhan bezeichnet den Stil der Erziehung, den sie erfahren hat, als konservativ und streng und begründet dies wie folgt:

---

[47] vgl. dazu den Interviewleitfaden, Kapitel 1.2 (II).
[48] Wie oben erwähnt, wurden die Daten im Rahmen eines fokussierten Interviews erhoben und nicht in Form von vorgegebenen und geschlossenen, standardisierten Fragebögen und Items, d.h. die Begrifflichkeiten der Erziehungsstile, die hier verwendet werden, stammen größtenteils von den Interviewpartnern selbst, da sie danach gefragt wurden, wie sie ihren Erziehungsstil bezeichnen würden.

„Meine Erziehung war eigentlich ein bisschen komisch. Bis zu meinem siebzehnten Lebensjahr durfte ich fast nichts machen, beziehungsweise mal ins Kino gehen. Wenn überhaupt, dann in Absprache mit der Mutter der jeweiligen Freundin. Und wenn überhaupt, wurden wir dann hingefahren oder so. (...) Wenn die Schule zum Beispiel um eins aus war, und ich spät war, wurde sofort gefragt, ‚wo warst Du?'. Ich hätte mich auch nie getraut, spät zu kommen. Ich wusste dann, dass ich viel Ärger gekriegt hätte. Und nach der Schule war dann so, dass ich immer nach Hause gekommen bin. Und erst mal was essen, aufräumen, abspülen, bis die Mutter kommt um halb vier. Es musste natürlich bis dahin aufgeräumt sein, sonst gab's auch Ärger. Und dann, wenn die Mutter kam, hat man sich an den Schreibtisch gesetzt und Hausaufgaben gemacht und so. Es war eine sehr strenge Kontrolle (...) In der Pubertät ist alles verboten und es wird nichts gefördert, nicht einmal sportliche Betätigung. Das hat meine Eltern nie gekümmert, was für welche Interessen ich verfolge. Die waren einfach zu sehr mit sich selbst beschäftigt. Die Arbeit, diese stupide Arbeit, immer dieselbe Arbeit. Dann nach Hause kommen, Essen machen und so weiter. Es war halt kein Interesse da und keine Zeit, sich um die Kinder zu kümmern. (...) Die Hauptsache war es, nichts Schlimmes zu tun, so dass die Familie nicht negativ auffällt. Wenn Du damit die Erziehung meinst, war das meine Erziehung." (Nurhan)

Im Duden-Fremdwörterbuch wird der Begriff „spartanisch" mit streng, hart sowie genügsam, einfach und anspruchslos umschrieben. In diesem Zusammenhang, den auch der Interviewpartner Umut zur Sprache bringt, wird mit dem Begriff „spartanisch" sowohl Strenge (Rigidität) bzw. Härte als auch Einfachheit und Anspruchslosigkeit verbunden.

„Wenn man meinen Erziehungsstil mit einem Wort zusammenfasst, würde ich sagen; spartanisch'. (...) Was den Vater betrifft, sehr dominant natürlich, was bei türkischen Familien nicht unüblich ist. Es musste das passieren, was er wollte, beziehungsweise was von ihm durchgesetzt werden musste. Es wurde nicht groß erläutert oder begründet, sondern befohlen, teilweise auch über die Mutter. (...) Ja, sie haben auch gesagt ‚geh in die Koranschule, bete, faste, geh freitags in die Moschee!' usw. (...) Was die Mutter betrifft, na ja. Ich kann eigentlich nicht sagen, dass ich von den Eltern erzogen wurde. Es war so, dass ich bis zum elften Lebensjahr von Erziehung nichts mitbekommen habe. Man nimmt es ja nicht wahr als Erziehung. Es war eher so: ich war zuständig für einkaufen und sauber machen – teilweise –, auf die Geschwister aufpassen, bei den Hausaufgaben helfen und so weiter." (Umut)

Nach Boehnke und Bergs-Winkels können Eltern in allen untersuchten Kulturen bereits durch ihren Stil in der Erziehung – sei es positiv oder negativ – Einfluss auf die Schulleistungen ihrer Kinder nehmen: Die Unterstützung durch den Vater ist das wichtigste leistungsfördernde Merkmal (vgl. Boehnke/Bergs-Winkels, in: Bott (Hrsg.), 1991, S. 28-29.). Der hat Vater in vielen – vor allem in „bäuerlich geprägten" – Familien in den wichtigsten Entscheidungen das letzte Wort. Darüber hinaus ist es von enormer Bedeutung, aus welchem Ort der Türkei – ob urbane oder dörfliche Region – die Familie stammt und welche Schulbildung sie hat[49]. Auf die Unterschiedlichkeit der Familien auf dem Lande und in der Stadt wurde bereits detailliert im ersten Abschnitt eingegangen.

Das Bildungsniveau der Eltern ist bei diesem Erziehungsstil als gering zu veranschlagen: oft hat der Vater entweder eine fünfjährige Grundschule in der Türkei besucht oder er ist Autodidakt. Die Mutter ist häufig Analphabetin oder hat nur eine Grundschule besucht. In ganz wenigen Fällen ist eine höhere Schulbildung vorhanden. Bei diesen Familien haben die Eltern auch in Deutschland keine Berufsausbildung und sind in der Regel als Hilfsarbeiter tätig. Die Herkunftsorte dieser Familien sind meist kleinere Kreisstädte oder Dörfer, in denen die Tradition auch heute ein wichtiger Bestandteil des innerfamiliären Zusammenlebens ist. Darüber hinaus sind diese Familien kinderreich, d.h. sie haben oft mehr als drei Kinder. Es ist festzuhalten, dass insgesamt von einer überwiegend ländlich/dörflichen Sozialisation der ersten Generation ausgegangen werden kann (vgl. Blaack, in: Bott (Hrsg.) 1991, S. 46.), die bei diesem Erziehungsstil überproportional häufig anzutreffen ist.

4.2.1 Die Vater-Kind-Beziehung

Beim konservativ-spartanischen Erziehungsstil ist die Beziehung zwischen Vater und Kind geprägt durch die dominante Haltung des Vaters. Das Kind muss gehorsam sein und die Aufgaben, die der Vater ihm überträgt, sorgfältig erfüllen, ohne große Erläuterungen und Gegenfragen:

> „Was den Vater betrifft, sehr dominant natürlich, was bei türkischen Familien nicht unüblich ist. Es musste das passieren, was er wollte, beziehungsweise was von ihm durchgesetzt werden musste. Es wurde nicht groß erläutert oder begründet, sondern befohlen, teilweise auch über die Mutter. (...)" (Umut).

> „Der Vater kam nach Hause und hat gar nicht gefragt, wie mein Tag war. Er hat sich nur von meiner Mutter und mir bedienen lassen. (...) Er hat nur hin und wieder, nachdem ich meine Hausaufgaben erledigt hatte, mich abgefragt. (...) Er hat aber nie gefragt, ob ich Probleme mit meinen Hausaufgaben habe. Es war für ihn eine Selbstverständlichkeit." (Nurhan)

Der Vater hat hier Anspruch auf *saygı* (Achtung)[50], die die Beziehungen zwischen den Personen hinsichtlich des Alters und des Geschlechts regelt (vgl. ebd., S, 47.).

---

[49] vgl. in diesem Zusammenhang den Aufsatz von Herwartz-Emden/Westphal, in: Herwartz-Emden, (Hrsg.), 2000, S. 99-120. In diesem Kontext die Seiten 100-102.

[50] Das drückt sich in der Aussage der Interviewpartnerin „Er hat sich nur von meiner Mutter und mir bedienen lassen" aus. D. h. der Vater erwartet von der Tochter *saygı*, indem er sich von seiner Tochter bedienen lässt. Die Tochter fragt den Vater danach, ob er etwas zum Essen oder zum Trinken will. Außerdem gehört zu *saygı*, den Aufforderungen des Vaters, sei es Mädchen oder Junge,

Wenn die Älteren – in unserem Kontext der Vater – keine *saygı* von den Kindern erfahren, haben die Jüngeren – die Kinder – kein Recht auf *sevgi* (Liebe). Diese beiden Begriffe sind voneinander nicht zu trennen.

> „Sevgi bedeutet dementsprechend die Verantwortung der Eltern und älteren Geschwistern gegenüber der Erziehung des Jüngeren. Sevgi ist dabei nicht auf elterliche, geschwisterliche Liebe zu reduzieren. In seiner Äußerungsform richtet sich sevgi nicht nach bestimmten formalisierten Verhaltensweisen, sondern wird eher mit einem bestimmten Erziehungsstil verknüpft." (Pfluger-Schindbeck, 1989, S. 67.)

Wie auch die Interviewauszüge zeigen, kann bei diesem Erziehungsstil davon ausgegangen werden, dass der Wert der Kinder ökonomisch-utilitaristischer sowie sozial-normativer[51] Natur ist. Ausschlaggebende Faktoren dabei sind hohe Kinderzahlen, ein niedriges Bildungsniveau der Eltern sowie die Erwartung einer geringen Rente.

Um auf die dominante Rolle des Vaters zurückzukommen: die Entscheidungen, die die Kinder betreffen, werden vom Vater getroffen. Hier wird angenommen, dass die Kinder im Erziehungsprozess keine selbständigen Entscheidungen, auch im höheren Alter, wenn es z.B. um die Eheschließung geht, treffen können. Der Vater hat, soweit er Kenntnisse darüber hat, Einfluss auf Schul- und Berufsausbildung.

> „Es war auch so, dass zum Beispiel mein Vater – ich habe sehr gute Noten gehabt in der Grundschule. Dann ist mein Vater ins Gymnasium, weil er unbedingt wollte, dass ich studiere. Dann ist er ins Gymnasium und wollte mich anmelden (...). Meine Eltern wollten unbedingt, dass ich Ingenieurwissenschaften studiere. Hat aber eben, aus Sicht meiner Eltern – nicht geklappt." (Sevgi).

Ein anderes Indiz für die Dominanz des Vaters besteht darin, dass er bei seinen Entscheidungen bleibt, auch wenn er innerlich nicht hundertprozentig von ihnen überzeugt ist. Wenn er von seiner getroffenen Entscheidung Abstand nimmt, wird dies als Schwäche gewertet. Diese dominante Rolle nimmt der Vater sowohl gegenüber dem Sohn als auch gegenüber der Tochter ein.

4.2.2 Die Mutter-Kind-Beziehung

Hier bedarf es einer Unterscheidung zwischen dem Sohn und der Tochter, da die Mutter sich dem Sohn gegenüber ambivalent verhält; d.h. die Mutter übernimmt zwischen dem Sohn und dem Vater eine „Vermittlerrolle".

---

nachzukommen, ohne ihm zu widersprechen, bzw. in seiner Gegenwart nicht zu rauchen und nicht zu trinken (bezieht sich auf Alkohol).
[51] vgl. dazu das Kapitel „Wert der Kinder".

Bei diesem Erziehungsstil wird die Erziehung[52] der Tochter als Aufgabe der Mutter angesehen; der Vater schaltet sich ein, wenn es Probleme gibt oder wenn die Mutter seine Hilfe braucht. Im Extremfall wendet die Mutter auch Gewalt an, wenn die Tochter nicht gehorsam ist. Dazu ein Interviewauszug:

> „Am 22.10.87 rief mich meine Mutter zu sich und forderte mich zur „Vernunft" auf. Es war mir überhaupt nicht klar, was ich falsch gemacht hatte. Als ich sie fragte, welches Verbrechen ich begangen hätte, wurde sie wütend und warf mir meine Spitznamen (Nutte und Kommunistin) an den Kopf und ging mit einer Eisenstange auf mich los. Meine Kräfte reichten zum Glück soweit aus, daß ich sie vom Zuschlagen abhalten konnte. In ihrer Wut verkündete sie mir die Nachricht, daß ich in der folgenden Woche in die Türkei verfrachtet werden sollte (...)." (Nuray, in: Kultus, 1998, S. 36.)

Der Widerspruch der Tochter macht die Mutter so wütend, dass sie sogar mit einer Eisenstange auf sie einzuschlagen versucht. Die rigide Haltung der Mutter kann mit mangelnder Durchsetzungskraft bei der „Erziehung" der Tochter begründet werden; als letztes Mittel wendet sie Gewalt an. Wenn die Tochter nicht die gewünschten Verhaltensanforderungen erfüllt, ist dies als Autoritätsschwäche der Mutter zu betrachten, weil sie nicht in der Lage war, ihre Tochter so zu „erziehen", wie es sich für ein Mädchen ziemt. Das Mädchen soll der Mutter gegenüber *saygı* erweisen, indem sie den Aufforderungen der Mutter nachkommt, um von der Mutter geliebt zu werden.

Die Erziehung des Jungen ist hier Aufgabe des Vaters und wird auch oft dementsprechend vollzogen. Dem Jungen sollen die Arbeitstätigkeiten, auf die sich ein Mann verstehen muss, beigebracht werden. Die Mutter ist an der Erziehung des Jungen nicht direkt beteiligt, und in dieser Zeitspanne beginnt die Mutter sich in ihrem Verhalten vom Vater zu unterscheiden; sie wird nämlich zärtlicher und nachgiebiger. Wenn der Vater etwas von seinem Sohn verlangt, befiehlt er; die Mutter aber dagegen bittet darum und schmeichelt ihm. Der Sohn kann sich den Anforderungen der Mutter entziehen (im Gegensatz zu denen des Vaters), ohne dafür bestraft zu werden. In dieser ambivalenten Zeit fängt die Mutter an, den Sohn zu schützen wie, z.B. bei Konfliktsituationen zwischen Vater und Sohn: in Abwesenheit des Vaters steckt sie dem Sohn Geld in die Tasche, und sie übernimmt die Rolle des „Vermittlers" zwischen ihrem Mann und ihrem Sohn. In dieser Phase der Erziehung entsteht zwischen dem Sohn und der Mutter eine besondere Beziehung: die Mutter gilt als unberührbar, heilig und ehrenhaft.

---

[52] „Erziehung" bedeutet in diesem Fall die Weitergabe der gesellschaftlich wichtigen Norm- und Wertvorstellungen der Eltern, Vorbereitung auf die Rolle der Frau in der Gesellschaft sowie Gehorsamkeit gegenüber den Eltern und Älteren.

4.2.3 Die Geschwisterbeziehung

Auch die Geschwisterbeziehung ist geprägt durch *sevgi (Liebe)* und *saygı* (Respekt, Achtung), wobei der Jüngere dem Älteren *saygı* schuldet. In dem Fall drückt sich *saygı* darin aus, dass der Jüngere den Älteren nicht mit dem Vornamen, sondern mit *abi* (großer Bruder) oder *abla* (große Schwester) anspricht.

> „Bei den deutschen Kindern ist es so, dass Respekt vor dem Ältern nicht vorhanden ist; das ist zum Beispiel bei den türkischen Kindern nicht der Fall. Also, klassische Formen, wie zum Beispiel, dass man auch im hohen Alter – bei den Türken – zu den älteren Geschwistern abi oder abla, das heißt großer Bruder oder große Schwester, oder zu Leuten, die viel älter sind zu einem selbst, Tante oder Onkel, sagt. Das haben die Deutschen nicht. Das ist bei Deutschen so, dass die Geschwister mit den Vornamen angesprochen werden. (...) Den türkischen Erziehungsstil finde ich nicht so gut, wobei ich bei meinen Kindern Respekt vor Älteren und ältern Geschwistern mit Nachdruck fördern würde." (Umut)

Bei dieser Beziehung ist der Wert der Gehorsamkeit, die die Jüngeren den Älteren zu erweisen haben, von entscheidender Bedeutung. Zeigt der Jüngere dem Älteren keinen Respekt, widerspricht ihm etwa, wird er von den Eltern ermahnt bzw. bestraft. Es ist auch respektvoll, wenn die jüngeren Geschwister in Anwesenheit der ältern Geschwister weder rauchen noch Alkohol konsumieren; diese Vorschrift wird aber hin und wieder nicht eingehalten, wenn die Älteren dies den Jüngeren erlauben.

Die alltägliche Geschwisterbeziehung ist auch derart, dass der Ältere den Jüngeren auf Wunsch der Eltern, meist bei der Hausaufgabenbetreuung, unterstützt. Die älteste Schwester unterstützt die Mutter bei der Erziehung der jüngeren Geschwister. Die älteste Schwester ist oft der Ansprechpartner, wenn es um erzieherische Belange der jüngeren Geschwister geht.

> „Als ich relativ jung war, ich sage mal bis zur Grundschule, hat meine Schwester auf mich aufgepasst, da meine Eltern auch wenig Zeit für mich hatten." (Cüneyt)

Der Interviewpartner sagt zwar nur, „meine Schwester hat auf mich aufgepasst", aber es ist davon auszugehen, dass die Schwester in allen Belangen für den Bruder zuständig war, wie z.B. pflegen und füttern, wenn der Jüngere sehr klein ist, später Hausaufgabenbetreuung sowie Begleitung in den Kindergarten oder in die Schule, wenn die Eltern oft in Schicht arbeiten.

4.2.4 Die Bedeutung der Eheschließung

Aus der Untersuchung von Merkens geht hervor, dass sowohl die Eltern als auch deren befragte Kinder die Ehe als sehr positiv einschätzen. Darüber hinaus ist es auffällig, dass die Väter der Ehe in leicht höherem Maße zustimmen als die Mütter (vgl. Merkens, in: Merkens/Schmidt (Hrsg.), 1997, 42-46.). „Die Ehe ist für die Männer, wenn die Geschlechtsrollendifferenz strikt eingehalten wird, eine Ressource, die es ihnen ermöglicht, im Alltag Lasten abzuladen, die mit der Haushaltsführung und der Kindererziehung zusammenhängen." (ebd., S. 43.)

Die alltäglichen Lasten (administrative Aufgaben, Haushaltsführung, Kindererziehung etc.) werden nach der Eheschließung häufig von der Frau getragen; sie ist selten erwerbstätig und in erster Linie in die Verwandtschaftsbeziehungen involviert. Hier wird der Ehe als Institution uneingeschränkt zugestimmt, eine eheähnliche Partnerschaft wird von den Eltern entschieden abgelehnt. Als ein Indiz dafür kann der Tatbestand herangezogen werden, dass die türkischen Jugendlichen viel seltener alleine oder als Paar ohne Kinder leben als die deutschen Jugendlichen (vgl. Sauer, 2000, S. 54.).

Bei Befürwortern dieses Erziehungsstils werden Heiratsbeziehungen von Seiten der Eltern weniger unter dem Gesichtspunkt der individuellen Austauschbeziehungen betrachtet, als unter dem Aspekt der Verbindung zweier Familien, die ihre Kinder miteinander verheiraten (vgl. Wirth, 2000, S. 26.). Aus diesem Grund werden auch oft Ehepartner aus der Türkei gewählt, wenn die familiären Bindungen in Deutschland fehlen.

> „Die Braut oder der Bräutigam müssen jeweils aus einem guten, ‚sauberen' Elternhaus stammen. Da die türkischen MigrantInnen in der Bundesrepublik aus unterschiedlichen Regionen und kulturellen Kontexten stammen, kennen sie sich nicht gut und mißtrauen einander deshalb sehr (...). Deshalb werden auf Wunsch der Eltern viele Ehen mit Frauen und Männern aus der Heimatregion in der Türkei, vor allem aber auch innerhalb der eigenen Verwandtschaft geschlossen." (Atabay, 1998, S. 43)

Durch die Verheiratung der Tochter bzw. des Sohnes in der Heimatstadt ist eine sichere und der Familie vertraute Paarbildung, die ja in Deutschland in diesen Fällen nicht möglich ist, gegeben.

> „Meine Frau habe ich in der Türkei kennen gelernt. Ich habe sie vorher gekannt. Sie kommt aus dem gleichen Dorf wie ich. Ja, wie soll ich sagen, meine Mutter hat sie gefragt, ob sie mich heiratet. Meine Eltern wollten, dass ich sie heiraten soll, weil wir die Familie sehr gut kennen. Sie sind gläubig wie wir. (...) Sie hat in Kayseri in einer Bank gearbeitet. Nachdem wir geheiratet haben, ist sie nach Deutschland gekommen. Sie hat ihren Job in der Türkei aufgegeben." (Osman)

Die primären Ziele der Eheschließung sind die kulturellen, religiösen, wirtschaftlichen, familiären und sozialen Ressourcen der beiden Herkunftsfamilien. Sind diese

Ressourcen in Deutschland vorhanden, wird einer Heiratsbeziehung, ohne darauf zu achten, wo der Partner lebt, zugestimmt.

> „Ja, natürlich akzeptieren meine Eltern meine Eheschließung. Sie ist der Wunschkandidat meiner Mutter und mir. Deshalb war es überhaupt kein Problem." (Umut)

Auch heute noch gelten die Männer bzw. die Frauen, die in Deutschland bzw. in Mitteleuropa leben, so auch die religiösen und kulturellen Bedingungen vorhanden sind, als „gute Partien". Die Eltern erhoffen sich, wenn sie ihre Kinder in Deutschland verheiraten, dabei in der Regel wirtschaftliche Vorteile und einen besseren und vor allem den Ansprüchen entsprechenden Lebensstandard[53] für ihre Kinder. Obwohl die Frau von Osman eine gute Stellung in der Türkei hatte und wusste, dass sie in Deutschland dieser Tätigkeit nicht mehr nachgehen würde, hat sie, um ökonomische Vorteile für sich und ihren Eltern zu erzielen, ihre Erwerbstätigkeit als Angestellte bei einer großen Bank gekündigt und ist nach Deutschland gekommen. In solchen Fällen ist das junge Paar als Bindeglied zwischen den beiden Familien zu betrachten. Die neu gegründete Familie soll die vorhandenen Ressourcen nicht gefährden, sondern sie aufrecht erhalten und verfestigen (vgl. Wirth, ebd.). Hier kommt eine freie Partnerwahl im eigentlichen Sinne nicht zustande. „Statt dessen kommt es durch familiäre Interessen, Vererbungsregeln, administrative Heiratsbeschränkungen, Zunftverordnungen und informelle soziale Normen zu einer Partnervorgabe (...)" (ebd., S. 27.) Auch bei Osman wurde die Ehefrau von der Mutter ausgesucht, mit der Begründung, die Frau sei der Familie durch ihre religiöse Einstellung sehr gut bekannt.

Bei dieser Gruppe kann überwiegend davon ausgegangen werden, dass die Ehe nicht als eine Belastung betrachtet wird, weil zu vermuten ist, „daß diejenigen, welche ein höheres Maß an Selbstbestimmung anstreben, die Ehe eher als Belastung ansehen als das bei denjenigen der Fall ist, welche eher fremdbestimmt agieren." (Merkens, in: Merkens/Schmidt (Hrsg.), 1997, S. 44.) Da beim konservativ-spartanische Erziehungsstil die Autonomie nicht gefördert wird, ist eine solche negative Wahrnehmung in der Regel nicht der Fall.

Die Jungfräulichkeit der Ehefrau vor der Ehe steht bei diesem Erziehungsstil im Vordergrund. Der Grund dafür sind die Wert- und Normvorstellungen, die von den Eltern ohne Abstriche übernommen werden:

> „Meine Frau soll vor der Ehe schon Jungfrau sein. Ja, wichtig deshalb, ja, ich wurde halt so erzogen. Für mich ist es halt wichtig. Ich weiß es nicht. Ich habe halt immer so von meinen Eltern gelernt. Weil wenn eine Frau nicht Jungfrau ist, ist sie in meinen Augen beschmutzt. Ich denke nur daran, mit wem sie halt vorher geschlafen hat." (Cüneyt)

---

[53] Der hohe Lebensstandard wird in diesem Kontext in materiellen Dingen begründet.

4.2.5 Die Bedeutung der Religion

Bei dem konservativ-spartanischem Erziehungsstil gewinnen die religiösen Werte an Bedeutung, da die Eltern bei der Erziehung in erster Linie darauf achten, ihren Kinder diese Werte weiter zu vermitteln. Wenn bei diesem Erziehungsstil überhaupt etwas den Kindern gegenüber begründet wird, dann durch Rekurs auf religiöse Vorstellungen. Die Kinder werden häufig aufgefordert zu beten, zu fasten und in die Moschee bzw. in die Koranschule zu gehen.

> „Ja ungefähr als ich zehn war, habe ich angefangen zu beten. Ich war auch sehr früh im Kulturverein am Hauptbahnhof. Da war auch Hodcha, ne. Er hat aus dem Koran gelesen, er hat das uns beigebracht. Ja, auch viele Hausaufgaben gegeben. (...) Wenn wir das dann nicht mehr wussten, ne, manchmal habe ich dann Schläge von ihm bekommen. (...) Ja, von Hodcha. Weil ich manchmal die Sachen vergessen habe. (...) Dort habe ich gelernt, wie man betet, welche Suren und so. Ja und so weiter." (Osman)

In die Koranschule ging Osman auf Wunsch seines Vaters, weil er Mitglied des oben angesprochenen Kulturvereins war, in dem die Kinder u.a. auch Koranunterricht bekommen haben. Befragte, die angeben, sie hätten eine religiöse Erziehung bekommen, begründen das damit, dass auch ihre Eltern religiös waren bzw. sind.

> „Natürlich! Meine Eltern sind sehr religiös. Ja, was machen sie. Also, sie beten jeden Tag. Mein Vater geht jeden Freitag in die Moschee. Ja, was noch? Bei kurban bayramı[54], schlachten sie ein Tier und verteilen an die Armen. Ja, was noch. Und beten natürlich bei Ramadan. (...) Meine Eltern haben gesagt, richtige Moslems machen das. Sie haben mir gesagt, und ich mache das auch. Beten geht nicht immer gut, weil ich immer arbeite. Aber sonst mach ich das. (...) Ich will als guter Moslem leben. Wie meine Eltern, ne." (Osman)

Darüber hinaus werden die Kinder sehr früh darüber aufgeklärt, wie z.B. die islamische Reinigung vor und nach einem Beischlaf aussieht, wie die körperlichen Funktionen bei Mädchen zu verbergen sind, wie ein Mann, der erwachsen ist und religiöse Werte schätzt, sich in der Öffentlichkeit zu verhalten hat, oder wann die Körperhaare sowohl bei Mädchen als auch bei den Jungen zu rasieren sind (was auch religiös begründet wird).

> „Ich habe eine religiöse Erziehung bekommen. (...) Meine Eltern haben mich halt aufgeklärt, zum Beispiel, was meine Pflichten als Mann sind. Zum Beispiel, dass ich beten muss. Und so weiter. Und was ich machen muss, wenn ich Erwachsen bin, was ich alles tun muss, wenn ich verheiratet bin und so weiter. (...) Mit dreizehn vierzehn Jahren haben sie damit angefangen, mich aufzuklären." (Cüneyt)

---

[54] Opferfest.

Auch bei den Mädchen kann beobachtet werden, dass einige Verhaltensaufforderungen mit der Religion bzw. mit dem Islam begründet werden.

> „Ja, einige Sachen wurden mir schon beigebracht, wie ich mich zum Beispiel als Mädchen auf der Strasse verhalten soll. Ja, wie ich mich verhalten soll, wenn ich meine Tage bekomme. Was man macht, wenn man heiratet und so weiter. Viele solche Sachen werden zum Beispiel von deutschen Mädchen anders gemacht. (...) Ich denke, dass unsere Religion, wie soll ich das am besten sagen, ja, unsere Religion hat schon was damit zu tun. Unsere Eltern geben das an uns weiter – ja, unbewusst auch manchmal." (Nurhan)

Beim Interviewpartner Umut zeigt sich, inwiefern die Eltern, wenn der Vater als Autoritätsperson nicht mehr da ist, auch nicht mehr als Vorbilder fungieren können, um ihren Kindern die religiösen Werte weiterzugeben. Am Anfang der Erziehung sind die Eltern sehr bemüht, ihrem Sohn die religiösen Wertvorstellungen zu vermitteln.

> „Sie haben einen Versuch unternommen. (...) Das war bei meinen Eltern auch so, indem sie gesagt haben, ‚geh in die Koranschule, bete, faste, geh freitags in die Moschee'." (Umut)

Es ging auch soweit ganz gut, bis Umuts Eltern sich trennten.

> „Ich habe auch die Phase gehabt – so mit zehn zwölf – da bin ich auch regelmäßig in die Moschee gegangen" (Umut)

Da Umut nach dieser Trennung auch der älteste Sohn ist, der bei der Familie lebt, übernimmt er Aufgaben, die gesamtfamiliäre Verhältnisse betreffen, wie z.B. Betreuung der jüngeren Geschwister, Schul- und Berufsausbildung der Geschwister, finanzielle Unterstützung der Familie etc. Als Vorbild bezeichnet er seinen Ethiklehrer, der ihn persönlich am tiefsten geprägt hat.

> „Wenn ich überlege, wer mich geprägt hat, würde ich sagen, dass mich am tiefsten mein Ethiklehrer geprägt hat: mein Ethiklehrer von der sechsten bis zur dreizehnten Klasse. Das kann man sagen, weil ich in diesem Fach eben viele Dinge eben neu kennen gelernt habe. Sei es Religion, sei es Weltanschauung, und unabhängig vom Lernstoff Gedanken über gewisse Dinge gemach habe. Erzogen an sich – in dieser Hinsicht – wurde ich eigentlich von meiner Umwelt." (Umut)

4.2.6 Das Heiratsalter

Das Heiratsalter beim konservativ-spartanischen Erziehungsstil ist im Gegensatz zu den anderen beiden Erziehungsstilen sehr niedrig. Das liegt daran, dass die Eltern so früh wie möglich, auch wenn ihre Kinder in einer Berufs- oder Universitätsausbildung stecken, den Wunsch nach einer Eheschließung äußern. Osman, Cüneyt und Nurhan haben sehr früh, mit 18, 20 und 21 Jahren, geheiratet. Als Osman geheiratet hat, war er im zweiten Jahr seiner Berufsausbildung zum Maler und Lackierer.

> „Ja, es war so. Ich war bereits mehr als einem Jahr in dieser Scheißfirma. (...) Da war viel Stress mit dem Chef, ne. Dann kam meine Mutter mit dem Vorschlag. Ja, ich soll sie doch heiraten. (...) Ich war sehr jung, und für eine Ehe nicht bereit. Ich habe sie trotzdem geheiratet.(...) Ja, danach hat das Geld nicht ausgereicht. Ich habe meine Stelle gekündigt. Ich hatte sowieso keine Bock auf diesen Typen da gehabt. (...) Jetzt arbeite ich in der Fabrik." (Osman)

Obwohl Sevgi noch Studentin war, hat sie einen Mann, der in der Türkei lebte, geheiratet:

> „Ich muss mal kurz überlegen, es war 1993. Da war ich glaube ich 24, ja genau. (...) Ich habe ihn in der Türkei kennen gelernt. (...) Meine Eltern waren eher froh, dass ich endlich heirate; ja dass ich unter die Haube komme. Ja, weil auch 24 für türkische Frauen eher ein hohes Alter zum heiraten ist. (...) Außerdem glaube ich schon, dass sie die Verantwortung so früh wie möglich an meinen Mann geben wollten." (Sevgi)

Zusammenfassend lässt sich feststellen, dass die Eltern eine Eheschließung der Kinder begrüßen und unterstützen, auch wenn sie sehr jung sind oder sich in einer Berufsausbildung befinden. Wichtig scheint es in erster Linie zu sein, eine Familie zu gründen und dann erst die materielle Sicherheit gemeinsam zu festigen bzw. zu garantieren.

4.2.7 Der Ort der Hochzeit

Für die Hochzeitsfeier werden oft große Räume gemietet, damit so viele Gäste wie möglich eingeladen werden können. Häufig werden für diesen Zweck sogar Sport- und Stadthallen gemietet, um den eingeladenen Gästen ausreichend Platz zu bieten. Wenn viele Gäste der Einladung der beiden Familien folgen, wird dies als Zeichen dafür interpretiert, dass die Familien ein großes Ansehen in der Gemeinde bzw. in der Umgebung genießen. Auch wenn die Familien finanziell nicht in der Lage sind, solche Hochzeiten zu organisieren, nehmen sie Kredite auf oder leihen sich Geld von Freunden aus, um in erster Linie dem Umfeld zu zeigen, dass sie eine der türkischen Tradition angemessene Hochzeitsfeier ausrichten können.

> „Meine Eltern wollten sehr viele Leute zu meiner Hochzeit einladen. Wir haben erst mal sehr lange gesucht. Sechs Monate lang haben wir geschaut. Aber wir haben nichts gefunden. Alles was wir fanden, war zu klein. (...) Eigentlich für meine Eltern. Sie wollten ja viele Leute einladen. Endlich haben wir eine Sporthalle gemietet. (...) Natürlich ist es wichtig. Ja, es müssen sehr viele Leute kommen. Die Hochzeit wird für die Leute gemacht. (...) Wir hatten nicht so viel Geld, ne. Mein Vater und ich, ja, wir

haben fünfundzwanzigtausend Mark Geld geliehen (...) Ja, halt von der Bank, ne. Mein Vater hat gesagt ‚keine Angst, die Leute werden viel Geld schenken; wir werden keine Schulden haben'." (Osman)

In seltenen Fällen werden Hotels für die Hochzeitsfeier gemietet. Hier müssen die Gastgeber Kompromisse bei der Anzahl der Gäste eingehen, weil sehr viele Hotels für große Massen von Gästen nicht geeignet sind.

> „Unsere Eltern wollten unbedingt eine Hochzeit nach türkischer Art. Das heißt einen großen Salon mieten, hunderte von Leuten da reinstopfen und noch mehr Kinder als Erwachsene. Dann, ja halbes Hähnchen und Kartoffelsalat und turşu[55], eingelegte Sachen. Meine Frau und ich wollten so etwas natürlich nicht. Wir haben dann so eine Gratwanderung durchlaufen müssen, dass wir gesagt haben: gut, wir machen so eine traute Runde. Wir laden nur Leute ein, die wir kennen und mögen. Das konnten wir auch bis auf gewisse Ausnahmen auch gut durchziehen. Es hat ja in einem Hotel stattgefunden. Es passten zum Glück nicht so viele Leute rein. (...) Wir haben uns auch zum Schluss damit abgefunden, dass unsere Eltern auch paar Bekannte eingeladen haben." (Umut)

4.2.8 Die Hochzeitsfeier

Die Prozedur der Hochzeitsfeier kann der Reihenfolge nach in drei Teile aufgeteilt werden. (1) „um die Hand der Frau bitten", (2) „kına gecesi" (der Hennaabend) sowie (3) die „eigentliche" Hochzeitsfeier in einem Saal.

Um die Hand der Frau bitten: Nachdem das Paar sich für eine Eheschließung entschieden hat, müssen die Eltern und die nahen Verwandten des jungen Mannes die Eltern der Brautfrau besuchen, um um die Hand der Frau zu bitten. Auch wenn diese Prozedur oft nur eine „Formalität"[56] ist, wollen die beiden Familien diesen Brauch bewahren. Es kann trotz des Formalitätscharakters vorkommen, dass zwei Besuche stattfinden müssen. Am ersten Besuch nimmt der angehende Bräutigam nicht teil, weil es hier zunächst um das „Kennen lernen" der Familien geht; erst an dem zweiten Besuch, wenn einer Eheschließung nichts im Weg steht, nimmt der Bräutigam teil. Am Anfang des Besuches kann eine geschlechtsspezifische Trennung beobachtet werden; erst zum Schluss, wenn die Ringe überreicht werden, kommen alle in einem Raum zusammen. Osman beschreibt diesen zweiten Besuch folgendermaßen:

---

[55] Eingelegtes Gemüse
[56] Formalität deshalb, weil im Vorfeld der Eheschließung die Familien sich gut kennen und das Paare bereits befreundet sind bzw. waren.

„Ja, ja es war ja so: Also, meine Eltern haben denen Bescheid gegeben. Sie wussten, wir kommen, um kız istemek[57] halt, ne. Es war eigentlich klar, was wir wollten. Ich bin dann schnell in die Stadt gefahren, ja, um etwas Süßes zu kaufen. Das ist halt so. Ich habe mich halt schön angezogen. (...) Also, meine Eltern waren dabei und mein Opa. (...) Ja, meine Oma war ja tot. Dann waren noch meine Geschwister, mein Onkel und meine Tante dabei. Ja, dann waren wir dort. (...) Ich war aufgeregt. Dort waren auch sehr viele Leute, ne. Viele kannte ich nicht. Das waren eben die Verwandte von der Frau. Wir haben uns alle hingesetzt (...). Das heißt, ich weiß es nicht, wie das passiert ist. Auf einmal war ich in einem Nebenraum. Da waren viele junge Leute neben mir. In dem großen Raum. (...) Ja, in diesem Wohnzimmer waren die alten Leute. Da kam auch meine Freundin rein, also zu mir, hat mich kurz gegrüßt und ist wieder weggegangen, ne. (...) Nein, ich wusste nicht, was im großen Zimmer passiert. Ja, ich wusste schon, ich habe mir halt gedacht, was dort passiert. (...) Ja, dann war so, ne. Wir wurden reingebracht. (...) Meine Frau und ich. Wir haben die Hände geküsst. Wir haben dann etwas gewartet. (...) Dann kamen die Ringe (...). Den Ring hat der Vater von meiner Frau gemacht, ne. Dann haben halt alle gegessen, auch was Süßes, ne. (...) Ja, dann waren wir verlobt, ne." (Osman)

Die Ausführungen von Osman bedürfen einer Interpretation. Nachdem der Besuch angekündigt wird, bereiten sich die beiden Familien gründlich auf diesen Abend vor. Die Seite des Mannes besorgt auch die Ringe, für den Fall, dass die Familienmitglieder der Braut der Eheschließung zustimmen sollten. Etwas Süßes als Geschenk zu kaufen, hat einen symbolischen Wert[58]. Die Seite der Braut bereitet sich auf diesen Abend vor, indem sie die Wohnung gründlich putzt und unterschiedliche Sorten von Essen kocht. Die Eltern von der Braut möchten, dass der Großvater der Braut anwesend ist, falls er noch lebt. Auch sie benachrichtigen die nahen Verwandten und laden sie in die Wohnung ein. Nachdem alle Familienmitglieder beider Seiten eingetroffen sind, unterhalten sie sich zunächst über andere Dinge. Erst nachdem der Tee oder der Kaffee serviert wurde, nimmt das älteste (männliche) Mitglied der Familie des Bräutigams – in diesem Fall ist es der Großvater von Osman – das Wort und bittet um die Hand der Frau. Da der Vater der Braut aufgrund des ersten Besuchs und von anderen Anlässen die Familie kennt, gibt er eine positive Antwort. Außerdem berät sich der Vater im Vorfeld des Besuches mit seiner Tochter, seiner Frau und anderen Familienmitgliedern. In ganz wenigen Fällen sagt der Vater „ich muss meine Tochter fragen" oder „ich muss meine Familie fragen"[59]; diese Aussage macht der Vater meist beim ersten Besuch. In der Regel sagt

---

[57] Um die Hand der Frau bitten.

[58] Es wird oft Schokolade, Baklava (süße türkische Nachspeise), oder Helva (türkischer Honig) als Geschenk gekauft. Dieses Geschenk symbolisiert eine positive Entscheidung, nämlich einer Zustimmung zur Eheschließung. Dieses Geschenk wird, wenn beschlossen wird, dass das junge Paar heiratet, als Nachspeise den Gästen angeboten.

[59] Dies ist dann der Fall, wenn der Bräutigam und seine Familie der Familie der Braut nicht bekannt sind. Der Vater gibt so eine Antwort, um Zeit zu gewinnen, damit er Informationen über die Familie einholen kann.

der Vater: „Wenn die jungen Leute sich lieben, haben sie auch meinen Segen!" Nachdem entschieden wurde, dass das junge Paar heiratet, werden die Verlobungsringe in der Regel vom Vater der Braut im Rahmen einer kleinen Zeremonie überreicht. Noch im Laufe des gleichen Abends wird ein Termin für die Hochzeitsfeier und für den Hennaabend vereinbart. Der Termin für den Hennaabend ist durch die Terminierung der Hochzeitsfeier vorgegeben, weil der Hennaabend meist einen Tag vor der Hochzeitsfeier stattfindet.

Der Termin für eine Hochzeitsfeier in Deutschland ist häufig von zwei Dingen abhängig: Erstens ist es grundsätzlich sehr schwer, einen adäquaten Raum für die Hochzeitsfeier zu finden, da Räume, in die sehr viele Menschen passen und die für eine Hochzeitsfeier geeignet sind, sehr rar sind. Zweitens wollen die Familien an einem Samstag feiern, damit Gäste aus dem gesamten Bundesgebiet sowie aus benachbarten europäischen Ländern anreisen können. Das heißt: Der Termin wird erst vereinbart, wenn der Bräutigam einen geeigneten Raum finden konnte.[60]

Kına gecesi (Hennaabend): Wenn ein Termin für die Hochzeitsfeier gefunden werden konnte, findet *kına gecesi* am Vorabend der Hochzeit in der Wohnung der Braut statt. Der Hennaabend ist eine wichtige islamisch-türkische Tradition, die ein fester Bestandteil der Hochzeitsfeier ist; an einigen Orten der Türkei ist dieser Abend sogar wichtiger als die eigentliche Feier (vgl. Türk Ansiklopedisi, Bd., XXII, 1975.). „Das Hennabrennen soll der Braut Glück in ihrer Ehe bringen, und im allgemeinen soll eine Frau, die Henna an ihren Händen gebrannt hat, mit diesen Händen fromme Taten verrichten" (Gartmann, 1981, S. 89.), weil Henna allgemein als Glücksbringer betrachtet wird. Zu diesem Abend werden nicht so viele Gäste wie zu der Hochzeitsfeier eingeladen. Hier sind nur Frauen, auch die Schwester des Bräutigams, anwesend. Die Männer begleiten zwar ihre Frauen, nehmen aber an der eigentlichen Zeremonie nicht teil. Während die Frauen feiern, singen und tanzen, bleiben die Männer in einem Nebenraum untereinander und unterhalten sich. Die Stimmung unter den Männern ist eher ruhig und gesellig, ihnen wird Essen und (alkoholische) Getränke bereitgestellt. Diese Zeremonie ist auch dafür da, dass die Braut Abschied von ihrem Elterhaus nimmt. Wenn die Braut nach der Eheschließung in eine andere Stadt geht, nehmen ihre Freundinnen von ihr Abschied und singen auch traurige Lieder – *ağıt*. Diese Zeremonie fasst die Interviewpartnerin Nurhan folgendermaßen zusammen:

> „Es war sehr lustig. Da waren nur Frauen eingeladen, und wir haben uns sehr amüsiert. Die Frauen waren plötzlich ganz anders. (...) Ich denke, weil keine Männer da waren. Ja, und die Mädchen haben halt viele Kerzen gezündet und es war eine romantische und gleichzeitig beängstigende Atmosphäre. (...) Ja, weil sie nämlich auch viele traurige Lieder gesungen haben und so. (...) Meine beste Freundin hat

---

[60] Die Organisation der Hochzeit ist auch heute noch die Aufgabe des Bräutigams bzw. seiner Familie.

etwas von diesem Henna genommen, und auf die Innenfläche meiner Hand und an meinem Fuß geschmiert. (...) Ja, dann haben die anderen Mädchen bisschen vom Henna genommen. (...) Ja, dann haben wir weiter gesungen und so. (...) Es war schon beängstigend. Ich wollte nämlich die Stadt nicht verlassen. (...) Ja, alle haben Abschied genommen und meine Mutter und die anderen haben geweint und so. Ja, dann habe ich auch geweint." (Nurhan)

Das „Abschied nehmen", wovor Nurhan Angst hatte, bedeutet in diesem Kontext nicht unbedingt, dass sie die Stadt verlässt. Im eigentlichen Sinne nimmt sie Abschied vom Leben als junge, ledige Frau, was als einmaliges Geschehen betrachtet wird. Die Prozedur des Hennaabends wird nur einmal im Leben für junge ledige Frauen veranstaltet. Wenn eine Frau zum zweiten Mal heiratet, wird weder ein Hennaabend noch eine große Hochzeitsfeier organisiert. Der Grund, warum die anderen Mädchen, wie Nurhan es beschreibt, Henna in ihre Hand „brennen", ist, dass das Henna ihnen Glück bringen soll, damit sie auch bald glücklich heiraten werden.

Die Hochzeitsfeier: Die eigentliche Hochzeit findet, wie erwähnt, einen Tag nach dem Hennaabend in einem großen Saal statt. Der wichtigste Teil des Hochzeittages für die Braut besteht darin, dass sie zum Friseur geht und auf die Feier vorbereitet wird.

„Für die Frauen war das so eine Sache, ne. Unglaublich sage ich dir. Die haben sich so aufgeführt. (...) Sie wurde zum Friseur gebracht. (...) Ich weiß nicht, wie lange das dauerte. Es war wie eine Ewigkeit. (...) Kannst du dir das vorstellen?, ich habe später mitgekriegt; sie war genau dreieinhalb Stunden in diesem Laden drin. (...) Ehrlich gesagt – sag aber nicht meiner Frau, und du wirst meinen Namen ändern, oder? – vor dem Friseur war sie schöner." (Osman)

Auch der Mann bereitetet sich auf die Hochzeitsfeier vor, indem er sich vor der Hochzeit gründlich rasiert und duscht.

„Ja, ich habe mich auch natürlich vorbereitet. Ich habe mich rasiert, ne. Dann habe ich geduscht, ne. (...) Ja, du weißt doch; ja, das macht man so. (...) Ja, weil nach der Feier gibt's ja gerdek gecesi[61]. Da muss man doch duschen." (Osman)

Da der offizielle Beischlaf nach der Hochzeitsfeier erfolgen wird, bedarf es bei beiden Partnern einer gründlichen Körperreinigung, die auf das islamische Reinigungsprinzip zurückzuführen ist. Bei der Frau dauert der Besuch beim Friseur auch deshalb so lange, weil die Körperbehaarung der Frau vor *gerdek gecesi* entfernt werden muss.

---

[61] Offiziell dürfen die verheirateten Paare erst nach der Hochzeitsfeier miteinander schlafen. Dieser Tag, an dem das Paar zum ersten Mal ein gemeinsames Bett teilen wird bzw. darf, wird *gerdek gecesi* genannt. Wenn es darauf ankommt, müssen die jungen Frauen ihre Unschuld an diesem Abend beweisen, indem sie nach dem gerdek gecesi das blutbeschmierte Bettlacken zur Schau stellen. Bei einigen Familien warten vor der Tür des jungen Paares Vertreter beider Familien, um das blutige Bettlacken, das die Unschuld (die Jungfräulichkeit) der jungen Frau symbolisiert, entgegenzunehmen.

Auf der Hochzeitsfeier spielt immer eine Band türkische Musik, die sowohl aus traditionellen türkischen Volksliedern als auch aus modernen und aktuellen Stücken bestehen kann. Während die Gäste am frühen Abend den Saal füllen, kommt das Paar später hinzu. Der offizielle Anfang der Hochzeit ist mit dem Eintritt des Ehepaares in den Saal gegeben. Während der Höhepunkt der Hochzeitsfeier für die Brautpaare unterschiedlicher Natur sein kann, ist der Höhepunkt der Hochzeit für die Eltern die Zeremonie der Beschenkung der Brautpaare, die nach dem Essen stattfindet.

> „Der Höhepunkt der Hochzeit für meine Eltern; ich würde mal sagen, dass die Gästegeschenke, die Gäste den Brautpaaren Geschenke gaben: Zum Beispiel überwiegend Geld und Gold. Und außerdem war der Höhepunkt für meine Eltern, dass so viele gekommen sind. Und die Geschenke sind ja ein Ausdruck dafür. Das ist ja das Ansehen der Familie in der Gesellschaft". (Sevgi)

> „Es war sehr wichtig, ne. Da mussten sehr viele Leute kommen und sehr viele Geschenke mitbringen. (...) Geld und Gold, ne. Mein Vater sagt ‚wir wollen damit nicht reich werden; wenn die Leute viel Geld bringen, haben wir auch viel Ehre', ne und wir sind eine şerefli[62] Familie." (Osman)

Aus den Interviews wird deutlich, dass das Ansehen der Familie daran gemessen wird, wie viele Gäste zur Hochzeitsfeier kommen und welche Geschenke sie mitbringen. In der Höhe des Geschenkwertes – Geld oder Gold – wird zum Ausdruck gebracht, welches Ansehen die Familie in der Gesellschaft genießt, wie gut man die Familie kennt bzw. in welcher Intensität man mit der Familie befreundet ist.

4.2.9 Die islamische Ehe

Beim konservativ-spartanischen Erziehungsstil wird der islamischen Eheschließung mehr Bedeutung zugesprochen als der standesamtlichen Heirat. In den Augen vieler Eltern sind die Brautleute erst dann verheiratet, wenn – ohne eine standesamtliche Trauung – sich die Partner vor einem Imam das Ja-Wort gegeben haben.

> „Islamische Eheschließung wurde auch bei uns gemacht. Es war so, dass wir uns im Sommer verlobt haben und später gesagt haben, wir werden gemeinsam irgendwohin gehen, in Urlaub fahren. Du musst natürlich wissen, dass man normalerweise vor der Ehe keine körperlichen Kontakte haben darf. Und nachdem die Eltern befürchtet haben, es könne zu so etwas kommen, wollten sie, dass man zumindest den Segen bekommen soll. Wir mussten quasi vor einem Imam heiraten. (...) Das war auf alle Fälle der Druck von den Eltern. Sie haben gesagt, ‚ihr könnt gerne alleine in den Urlaub fahren, aber ihr müsst auf alle Fälle religiös heiraten, ihr müsst das absegnen lassen.'" (Umut)

---

[62] Ehrenhafte

Für die beiden Elternteile waren Umut und seine Frau nach der Imam-Ehe ein verheiratetes Paar. Sie durften deshalb auch gemeinsam in den Urlaub fahren und auch im selben Bett schlafen. Für die Eltern hat die standesamtliche Eheschließung eher einen sekundären Wert, d.h. aber nicht, die beiden Elternteile würden auf die standesamtliche Eheschließung verzichten wollen. Vielen türkischen Eltern ist es sehr wohl bekannt, dass eine Imam-Ehe in Deutschland keine rechtliche Relevanz hat. Mit „sich den Segen holen" meint der Interviewpartner den Segen Gottes. Denn nach einer islamischen Trauung sind sie vor Gott verheiratet. Die Prozedur der islamischen Trauung beschreibt Nurhan als romantisch:

> „Ich habe mir halt keine Gedanken darüber gemacht. Die Eltern von meinem Mann wollten unbedingt eine Imam-Ehe. Ich wusste gar nicht, was auf mich zukommt. Ich habe einfach ja gesagt. (...) Meine Eltern wollten das glaube ich auch, weißt du. Aber nachdem die Eltern von meinem Mann das wollten, war es auch egal. (...) Na ja, dann war es so, dass ganz, ganz wenige Leute daran teilgenommen haben. Jeder von uns hatte einen Zeuge da gehabt. Ja, vorher mussten wir uns eben waschen. Und ja und ich musste ein Kopftuch tragen. (...) Ja, weil man nicht mit offenen Haaren vor Imam treten darf. Es ist eigentlich eine ganz einfache Feier. Wir beide sitzen vor dem Imam. Und ja er fragt uns, ob wir heiraten wollen, ohne dass uns jemand Druck ausübt und so. Danach betet er für uns. Wir beten auch mit. Dann sagt er uns schöne Sachen. Ja, dann sagt er ‚ich erkläre euch zu Mann und Frau'. (...) Ich fand das sehr romantisch, weil daran sehr wenige Leute teilgenommen haben und eine sehr ruhige und entspannte Atmosphäre herrschte. (...) Meine Eltern haben daran auch nicht teilgenommen. Wie gesagt, da waren wirklich sehr wenige Teilnehmer." (Nurhan)

4.2.10 Die standesamtliche Ehe

Auch wenn der standesamtlichen Eheschließung innerhalb des konservativ-spartanischen Erziehungsstils nur eine sekundäre Geltung zukommt, werden heute öfter standesamtliche Ehen, oder besser gesagt die beiden Formen der Ehe, geschlossen als noch vor 20 Jahren. Der Wert der standesamtlichen Eheschließung gewinnt immens an Bedeutung, wenn die Migranten einen Partner aus der Türkei heiraten wollen. Da die islamische Trauung vor dem Gesetz nicht als Ehe gilt, müssen Migranten, die einen Partner aus der Türkei heiraten, eine standesamtliche Eheschließung vorweisen. Nur im Rahmen einer gesetzlich anerkannten Eheschließung wird von der Ausländerbehörde einer Familienzusammenführung stattgegeben.

> „Ja, natürlich haben wir vor dem Imam geheiratet. Das ist das wichtigste. (...) Meine Eltern wollten das, ich wollte das, meine Frau wollte das, alle wollten das. Richtige Moslem machen richtige Ehe, ne. (...) Also ohne Imam gibt es keine Ehe. (...) Ja, das haben wir für die Papiere gemacht. Sonst kann ja meine Frau nicht nach Deutschland.

Wenn ich in der Türkei bleiben würde, wäre das nicht nötig. Aber sonst kann ja meine Frau nicht nach Deutschland. (...) Also, wir haben im Standesamt geheiratet; für die Papiere für Deutschland." (Osman)

Für Osman hat eine standesamtliche Trauung nur stattgefunden, damit seine Frau im Rahmen einer Familienzusammenführung nach Deutschland einreisen durfte; das Ausländerrecht schützt Ehe und Familie. „Einem ausländischen Familienangehörigen eines Ausländers kann zum Zwecke des nach Artikel 6 des Grundgesetzes gebotenen Schutzes von Ehe und Familie eine Aufenthaltserlaubnis für die Herstellung und Wahrung der familiären Lebensgemeinschaft mit dem Ausländer im Bundesgebiet erteilt und verlängert werden." (Deutsches Ausländerrecht, 2000, § 17, S. 6.)

Wenn aber beide Ehepartner in Deutschland leben, kann bei diesem Erziehungsstil des öfteren beobachtet werden, dass sie, wenn auch bloß für eine begrenzte Zeitspanne, nur aufgrund einer islamischen Eheschließung miteinander leben.[63] Erst viel später, oft wenn die Frau schwanger wird, entscheiden sich die Ehepartner für eine standesamtliche Eheschließung, auch, damit das Kind als eheliches Kind auf die Welt kommt.

4.2.11 Die arrangierte Ehe und der Einfluss der Eltern auf die Eheschließung

Auch wenn die Zahl der arrangierten Ehen zurückgeht, gibt es in Deutschland heute noch solche Ehen, die von Eltern bzw. Geschwistern arrangiert werden. Verwandtschaftsehen und Ehen, bei denen ein Ehepartner in der Türkei lebt, sind verbreitet. Die Gründe für solche Entscheidungen fasst Atabay so zusammen: Wenn Migranten ihre Verwandten unterstützen wollen,

„dann müssen sie ihre Töchter und Söhne mit denen der in der Heimat ansässigen Verwandten verheiraten. Denn durch die Kinder erhoffen viele der im Heimatland lebenden Verwandten eine finanzielle Unterstützung. (...) Es gibt aber auch andere Gründe, weshalb die Ehepartner aus der eigenen Verwandtschaft gewählt werden: Man weiß, mit wem man es zu tun hat. Außerdem wird durch eine solche Verwandtenheirat für die ‚Stabilität' der Familie/Ehe vorgesorgt. Die Braut ist in diesem Falle bekannt, man weiß um ihre Fähigkeiten und Fertigkeiten und glaubt sich damit von seiten des Bräutigams und seiner Eltern vor Überraschungen sicher. Aber auch die Situation des Bräutigams ist den Eltern der Braut bekannt, und so können sie einschätzen, was auf die Tochter zukommt; gegebenenfalls können sie eingreifen, wenn es Probleme geben sollte." (Atabay, 1998, S. 43.).

---

[63] Da diese Eheschließung keine gesetzliche Legitimation hat, kann sie auch als „wilde Ehe" – ein Begriff der für zusammenlebende Paare ohne Trauschein in Deutschland verwendet wird – bezeichnet werden.

Atabays Ausführungen müssen in einem Punkt erweitert werden: Wenn die Familien aus der gleichen Gegend oder dem gleichen Dorf stammen und sich somit kennen, müssen sie nicht unbedingt miteinander verwandt sein; in erster Linie ist es wichtig, um welche Familie es sich handelt; Vertrautheit ist das oberste Prinzip. Die arrangierte Ehe im klassischen Sinne, die wir im ersten Abschnitt der Arbeit kennen gelernt haben, gibt es bis auf wenige Ausnahmen nicht mehr, d.h. die Paare haben die Gelegenheit miteinander zu sprechen, um sich besser kennen zu lernen. Lediglich Osman hat eine Frau aus der Türkei geheiratet, die eine Cousine von ihm war. Er hat sie immer im Urlaub in der Türkei gesehen und kennen gelernt. Als dann die Mutter ihm den Vorschlag machte, sie zu heiraten, hat er zugesagt.

> „Ich hab sie im Urlaub gesehen, ne. Eine schöne Frau habe ich mir immer gedacht. (...) Aber heiraten, daran habe ich nicht gedacht. (...) Sie war ja meine Cousine. (...) Ich hab sie aber nicht gefragt, ne. Meine Mutter hat gesagt, ‚gefällt sie dir'?. Ich hab dann ja gesagt, ne. Meine Mutter sagte ‚o zaman gidip babasindan isteriz!'[64] (...) Ja, das ging dann ziemlich schnell, ne. (...) Meine Mutter hat, glaube ich, mit ihrer Mutter gesprochen und ja sie mit der Tochter, glaube ich, ne." (Osman)

Obwohl diese Entscheidung von Osman sehr schnell und spontan getroffen wurde, hatte er die Gelegenheit, mit seiner zukünftigen Frau zu sprechen und sie etwas näher kennen zu lernen.

Bei der arrangierten Ehe kann man einen Strukturwandel beobachten, da die jungen Paare oft von Familienmitgliedern bewusst miteinander bekannt gemacht werden, mit dem Ziel, dass sie sich gut verstehen und dann heiraten werden. Diese Vorgehensweise kann als unverbindlich betrachtet werden, da die Option offen bleibt, ob sich die jungen Menschen schließlich verstehen werden. Den Fall, in dem um die Hand einer Frau angehalten wird, die dem jungen Mann überhaupt nicht bekannt ist, wird es in der Zukunft wohl immer seltener geben. Die Eheentscheidungen von den Interviewpartnern Sevgi und Umut können streng genommen als arrangierte Ehen betrachtet werden.

> „Ja, sagen wir mal so: Sie war meine Wunschkandidatin, sie war die Wunschkandidatin meiner Mutter. Ich war auch der Wunschkandidat von ihren Eltern." (Umut)

Das Prinzip der Eheschließung von Umut könnte, wenn man das ganze Interview heranzieht und interpretiert – da er das nicht direkt anspricht – folgendermaßen aussehen: Die beiden Familien kennen sich seit Jahrzehnten und wohnen in einer kleinen Stadt in Bayern, wo die Anonymität nicht gewährleistet ist. Die soziale Kontrolle ist dementsprechend so stark, dass die Mädchen kaum Freiheiten genießen. Auch die beiden Partner kennen sich bereits seit dem Kindesalter. Nachdem der Sohn seinen Universitätsabschluss erworben hat, bemüht sich die Mutter aktiv darum, den Sohn zu verheiraten, indem sie ihrem Sohn Mädchen aus der Nachbar-

---

[64] Dann werden wir zu ihrem Vater gehen und um die Hand der Tochter bitten.

schaft oder aus dem Bekanntenkreis vorschlägt, die für die Familie in Frage kommen. Nachdem der Sohn einem Vorschlag zustimmt[65], nimmt die Mutter Kontakt zu der Familie des Mädchens auf und erläutert das Anliegen.

Die Familie der Tochter stimmt zu und sie beschließen – wenn auch die Tochter einverstanden ist –, dass die jungen Leute sich treffen sollen, um sich etwas besser kennen zu lernen. Da die Frau, wie Umut es sagt, seine Wunschkandidatin ist, bleibt abzuwarten, ob auch sie einer eventuellen Eheschließung zustimmt. Nachdem sie sich näher kennen gelernt haben und sich auch angefreundet haben, mussten sie sich sehr bald verloben, da das Anliegen der Eltern – insbesondere aber das der Eltern des Mädchens – primär in einer Eheschließung lag und somit eine Freundschaft nur in Form einer Verlobung geduldet werden kann. Die Verlobung wird im engsten Familienkreis gefeiert, und das Paar kann sich nun offiziell in der Öffentlichkeit zeigen. Auch die Phase der Verlobung dient zum besseren Kennen lernen und wird nur für eine gewisse Zeitspanne – höchstens für ein Jahr – geduldet. Wie auch oben aus der Passage des Interviews deutlich wird, endet die Phase der Verlobung mit einer islamischen Eheschließung, wenn das Paar sich entscheidet, gemeinsam in den Urlaub zu fahren.

Die Phase, die zur Entscheidung für die Eheschließung von Sevgi führte, sieht zwar etwas anders aus, aber das Motiv ist identisch. Sevgi fährt gemeinsam mit ihren Eltern in die Türkei (Istanbul) und zufälligerweise, wie sie das sagt, macht sie die Bekanntschaft eines jungen Mannes, der ursprünglich aus der gleichen kleinen Stadt in der Türkei stammt wie sie selbst und ihre Eltern. Noch in den Sommerferien verlobt sich Sevgi mit dieser Bekanntschaft.

> „Nein, ich habe auf eine Verlobung bestanden. Ich kannte ihn nicht so gut. Wir waren zwei Jahre verlobt, um uns auch besser kennen zu lernen." (Sevgi)

Nachdem sie nach zwei Jahren heiraten wollen, atmet die Mutter von Sevgi auf, da sie froh ist, dass die Tochter endlich „unter die Haube kam". Die „zufällige" Bekanntschaft von Sevgi könnte arrangiert gewesen sein, weil es vielen Eltern in Deutschland, wie erwähnt, lieber ist, dass ihre Kinder jemanden aus der Heimatstadt heiraten, der der Familie vertraut ist. Die Eltern würden solch einer schnellen Verlobung noch im Urlaub nicht zustimmen, würden sie den jungen Mann nicht kennen.

Dass die klassische arrangierte Ehe immer weniger von Erfolg gekrönt ist, zeigt sich am Beispiel von Cüneyt. Da die Mutter von Cüneyt der Auffassung gewesen ist, dass ihr Sohn eine Cousine in der Türkei heiraten soll, wehrt sie sich gegen die Freundin von Cüneyt als Schwiegertochter. Da Cüneyt aber seine Freundin, die er seit drei Jahren kennt, heiraten möchte, „brennt er gemeinsam mit seiner Freundin in die Türkei durch".

---

[65] Oder der Sohn macht selber einen Vorschlag und die Mutter ist damit einverstanden.

„Ja, die Eltern von ihr wollten halt nicht, dass wir heiraten; meine auch nicht, weil sie aus einer anderen Stadt kommt. Dann sind wir halt durchgebrannt. (...) Ja, gegen den Willen der Eltern halt von Zuhause weg gehen und dann heiraten und alles auf eigene Faust unternehmen. (...) Wir sind halt in die Türkei durchgebrannt. Wir haben dann vor einem Imam geheiratet; danach kann man ja etwas miteinander haben. (...) Jetzt akzeptieren unsere Eltern unsere Ehe. (...) Ja, wahrscheinlich haben sie gedacht, dass wir uns lieben und dass es keinen Sinn hat, halt uns auseinander zu bringen. (...) Wir haben uns versöhnt, nachdem beide wussten, dass meine Frau schwanger ist. (...) Ja, meine Eltern wollten auch, dass ich die Schule fertig mache, und die wollten, dass ich irgendjemanden aus der Türkei heirate, aus meiner Stadt. (...) Meine Mutter wollte schon, dass ich meine Cousine in der Türkei heirate." (Cüneyt)

4.3 Der verständnisvoll-nachsichtige Erziehungsstil

Die Grundzüge der verständnisvoll-nachsichtigen Erziehung stimmen mit den Ausführungen von Alamdar-Niemann zum permissiv-nachsichtigen Erziehungsstil überein. „Dieser Erziehungstyp kann als eine Form ‚weichen' Erziehungsstils bezeichnet werden, der dem Kind genügend Aktionsspielraum läßt und von einer gewissen erzieherischen Lässigkeit nicht im negativen Sinne von laissez-faire, sondern im positivem Sinne von weniger Kontrolle geprägt ist. Statt rigider Kontrolle steht Durchlässigkeit der Grenzen im Vordergrund." (Alamdar-Niemann, 1992, S. 220.) Die Interviewpartnerin Latife beschreibt ihre Erziehung auf eine Weise, die mit den Ausführungen von Alamdar-Niemann übereinstimmt:

„Wunderbar! (...) Also, ich kann sagen wie in einem Märchenbuch oder wie in einem Pädagogikbuch; also wirklich von A bis Z. Ich wünsche halt jedem meine Erziehung. Aber das ist leider schwierig. (...) Ja, ich kann sagen, dass ich erst mal das erste Kind war. Also, ich habe es wirklich genossen. Ich wurde wirklich verwöhnt; in Pädagogikbuch steht, dass man die Kinder nicht verwöhnen soll, aber bisschen wurde ich schon verwöhnt. Und ich denke bisschen kann man die Kinder schon verwöhnen. (...) Von beiden Seiten, von meinen Eltern und von meinen Großeltern wurde ich verwöhnt. Mir hat man eigentlich gar nichts verboten, mit mir hat man gesprochen, diskutiert. Ich konnte alle Fragen, also die ich im Kopf hatte, stellen. Auch über Sex. Mein Opa hat mir wirklich erklärt, was ich wissen sollte. Die haben versucht, mich zu verstehen und hatten für sehr viele Dinge Verständnis. Ich durfte einen Freund haben. Ausgangszeit war kein Thema in meinem Erziehungssystem. Ich habe nebenbei Ballett studiert, die Schule ging ziemlich lang und unter der Woche war ich bis acht, neun Uhr voll besetzt. Und am Wochenende, ich hatte eine Tante. Wir haben sie zweimal in der Woche besucht. Wir sind halt zu ihr gefahren. Ich habe eben meine Zeit bei ihr verbracht. Auf dem Balkon habe ich gelesen, geschlafen, Musik gehört. Wenn ich rausgehen wollte, bin ich rausgegangen. Ich habe dieses Bedürfnis aber nicht so oft gehabt." (Latife)

Bei diesem Erziehungsstil sind die beiden Elternteile gleichermaßen an der Erziehung der Kinder beteiligt. Wenn es um erzieherische Fragen geht oder wenn es darum geht, welche Schule das Kind besuchen soll, entscheiden beide Elternteile gemeinsam mit dem Kind, d.h. das letzte Wort wird nicht vom Vater gesprochen, sondern es wird im Konsens entschieden.

> „Die Entscheidung, dass ich aufs Gymnasium kam, geschah im Konsens. Die Schule hat nach der Orientierungsstufe das Gymnasium empfohlen. Das war die Schule, die meine Eltern und ich wollten. Meine Eltern haben das auch vorher bestimmt. (...) Ja, meine Eltern kennen das System ganz gut. Sie sind ja beide Lehrer." (Mustafa)

Der Vater steht, im Gegensatz zur konservativ-spartanischen Erziehung, nicht so sehr im Mittelpunkt. Die Eltern nehmen hier eher eine Vorbildfunktion für ihre Kinder wahr. Auch ist es von entscheidender Bedeutung, aus welchem Ort der Türkei die Eltern stammen. Die Eltern der drei Interviewpartner, die diesem Erziehungsstil zugeordnet werden konnten, kommen aus Istanbul bzw. Izmir. Es muss betont werden, dass diese Familien auch ursprünglich aus diesen Orten stammen, d.h. es gab keine Binnenmigration. Das Bildungsniveau der Eltern ist bei diesem Erziehungsstil sehr hoch. Sowohl die Mutter als auch der Vater haben ein Hochschulstudium absolviert bzw. haben das Abitur. Bei der Berufsausbildung fällt auf, dass die Väter einen akademischen Beruf ausüben bzw. ausgeübt haben. Einige Mütter haben zwar eine akademische Berufsausbildung, gehen der Tätigkeit aber nicht nach. Nachdem sich die Eltern in Deutschland niedergelassen haben, haben sie sehr schnell Deutsch gelernt, oder sie haben sich durch Zusatzausbildung o.ä. weiter qualifiziert, um den in der Türkei ausgeübten Beruf hier fortzusetzen. Da die meisten dieser Eltern aus gebildeten Schichten der großen Metropolen stammen, legen sie keinen großen Wert auf die „traditionellen" Erziehungsmethoden. Hier kann von einer städtischen Sozialisation der ersten Generation ausgegangen werden. Die Zahl der Kinder ist gering, d.h. viele Familien haben ein bis zwei Kinder. Der Wert des Kindes ist psychologisch-affektiver Natur und das Geschlecht des Kindes spielt keine entscheidende Rolle.

4.3.1 Die Vater-Kind-Beziehung

Die Vater-Kind-Beziehung ist beim verständnisvoll-nachsichtigen Erziehungsstil nicht von der dominanten Rolle des Vaters geprägt, sondern von einem intensiven Dialog.

> „Also, mein Vater ist ja von Beruf Übersetzer und meine Mutter Grundschullehrerin. Er hat immer nachgefragt und begründet, wenn er zum Beispiel mir eine Strafe gegeben hat. (...) Ja, nachgefragt, welche Strafe ich mir geben würde. Und er hat mir immer den Grund genannt, warum er mir eine Strafe gibt. (...) Welche Strafen dies wa-

ren? Ja, meistens Fernsehverbot oder aber Entzug des Taschengeldes für eine gewisse Zeitspanne. (...) Ja, so für eine Woche höchstens. Aber diese Sachen hat er immer gemeinsam mit mir besprochen. Wir haben gemeinsam, also meine Mutter, mein Vater und ich, wir haben gemeinsam alles durchgesprochen; sei es Strafe oder Belohnung. Meine Eltern haben großen Wert darauf gelegt, dass ich damit einverstanden bin." (Levent)

Die Achtung – *saygı* – wird nicht in der Gehorsamkeit des Kindes gegenüber dem Vater gesehen, sondern dadurch zum Ausdruck gebracht, dass die Aussagen des Vaters, ob das Kind sie akzeptiert oder ablehnt, dem Kind gegenüber begründet werden bzw. es zu einer Vereinbarung zwischen Kind und Vater kommt.

„Also, mein Vater hat großen Wert darauf gelegt, dass, wenn er mir eine Aufgabe gibt, dass ich halt mit ihm über den Sinn dieser Aufgabe spreche. Ich musste ja nicht das tun, was er mir sagt. Oft hat er mir so sinnlose Sachen gesagt, um mich zu testen, wie ich darauf reagiere. Wenn ich etwas blöd fand, habe ich ihm das auch gesagt. (...) Er fand das nicht als respektloses Verhalten. Ich sagte ihm auch immer, warum ich das blöd fand." (Levent)

Der Interviewpartner Levent beschreibt den Wert von *saygı* und *sevgi* folgendermaßen:

„Also dieser alte Wert von saygı und sevgi ist in meinen Augen veraltet. Früher war es ja auf dem Land so, dass der Jüngere dem Älteren saygı – also Respekt zeigt, damit er sevgi – also Liebe – bekommt. Oder aber zum Beispiel, dass man in Anwesenheit der Eltern nicht raucht. Das finde ich schon etwas überaltet. Ich rauche auch, wenn mein Vater da ist. Aber das heißt nicht, dass ich meinen Vater nicht respektiere. (...) Saygı in meinen Augen ist die Aufforderung auf beiden Seiten, dass man die Meinung der anderen respektiert. Und wenn die Meinung des anderen kritisiert werden soll, dann soll diese Kritik konstruktiv sein. Das heißt man soll kritisieren, um jemandem positive Impulse zu geben; und nicht um jemanden fertig machen.(...) Und sevgi hat doch mit saygı nichts zu tun. Wenn ich jemanden, wie gesagt, konstruktiv kritisiere, heißt das nicht, dass ich ihn nicht liebe. Im Gegenteil: Wenn ich jemanden so kritisiere, heißt es ja ich liebe ihn und will, dass es ihm gut geht." (Levent)

Die Kinder haben bei diesem Erziehungsstil große Freiheiten, vor allem wenn es darum geht, Entscheidungen selbständig zu treffen. Der Vater zeigt eher den Weg, und die Entscheidung muss das Kind treffen. Der Vater geht davon aus, dass das Kind mit zunehmendem Alter in der Lage sein muss, auch mit den negativen Auswirkungen seiner Entscheidungen umzugehen.

„Als ich sechzehn war, wollte ich unbedingt ein Moped haben. Mein Vater hat mir alles erläutert, was alles auf mich zukommt. Ich musste ja von meinem Taschengeld sparen, damit ich mir so ein gebrauchtes Moped kaufen konnte. Dann war ja Benzin und so weiter. Er hat mir ja gesagt, dass ich keine Unterstützung bekommen würde. Er hat auch sein Wort gehalten. Ich habe dieses Moped gekauft. (...) Es gab nur Probleme. Erst hat das Ding so viel Benzin geschluckt, dass ich alle paar Kilometer tanken musste, dann habe ich einen kleinen Unfall verursacht, und ich musste meine und die gegnerische Kosten tragen. (...) Es wurde dann teuer, und ich musste das Ding verkaufen. Ich war zweitausend Mark in Miese. (...) Nein, ich musste alles selber zahlen. Ich habe einen ganzen Sommer im Lager gearbeitet, um meine Schulden zu zahlen. (...) Nein, es war in Ordnung. Mein Vater hat mir im Vorfeld klipp und klar gesagt, dass er mich in dieser Sache nicht unterstützen würde." (Levent)

4.3.2 Die Mutter-Kind-Beziehung

Die Mutter-Kind-Beziehung beim verständnisvoll-nachsichtigen Erziehungsstil unterscheidet sich grundsätzlich vom konservativ-spartanischen Erziehungsstil. Bei dieser Erziehung unterscheidet die Mutter nicht zwischen dem Sohn und der Tochter. Die Erziehung der Tochter wird nicht nur alleine auf die Mutter übertragen, sondern auf beide Elternteile verteilt. Im Gegensatz zum konservativ-spartanischen Erziehungsstil werden hier Mädchen und Jungen in der Erziehung gleich behandelt. Ein ambivalentes Verhalten gegenüber dem Jungen, das beim konservativ-spartanischen Erziehungsstil beobachtet werden konnte, gibt es hier nicht. Beide Elternteile fühlen sich für beide Geschlechter im gleichen Maßen verantwortlich. Der Wert von *saygı*, ob bei Mädchen oder Jungen, wird nicht in der Erfüllung der Anforderungen der Mutter gesehen, sondern besteht in gegenseitigem Verständnis und wechselseitiger Akzeptanz.

„Meine Mutter war gegen meine Ehe, weil mein Mann ja verheiratet war und drei Kinder hatte. Meine Mutter hat mir diese Ehe abgeraten. Sie hat mir gesagt ‚du wirst unglücklich mit ihm'. Ich habe nicht auf meine Mutter gehört, und ich habe meinen Mann trotzdem geheiratet. (...) Nachdem ich dass beschlossen hatte, hat sie den Mund nicht mehr aufgemacht und meine Entscheidung akzeptiert. Sie hat mir trotzdem ein letztes Mal gesagt, dass ich mit ihm unglücklich sein werde." (Latife)

„Meine Mutter diskutierte immer sehr lebendig mit mir, wenn ich mich wieder mal in eine andere Frau verliebt hatte oder wenn ich wieder mal das Studienfach wechselte. Sie sagte mir, welche Probleme sie darin sah und was problematisch sein könnte. Aber am Ende hat sie mir die Entscheidung überlassen. Oft habe ich, muss ich im Nachhinein sagen, ihren Rat befolgt, ohne natürlich offiziell zu zugeben. (...) Das hat mein Vater, wie ich sagte, mit mir auch gemacht. (...) Nein, meine Mutter habe ich immer gleich erlebt. Sie hat sich nicht verändert, auch wenn in der Pubertät einige Sachen mir seltsam vorkamen. Aber es lag eher an mir als an meiner Mutter." (Levent)

4.3.3 Die Geschwisterbeziehung

Bei diesem Erziehungsstil kann im Gegensatz zum konservativ-spartanischen Erziehungsstil zwischen den Geschwistern eine von Gleichberechtigung geprägte Beziehung beobachtet werden. Oft rufen die jüngeren Geschwister ihre älteren Brüder oder ihre älteren Schwestern beim Namen, ohne dafür von den Eltern ermahnt oder bestraft zu werden. Der Wert von *saygı* ist zwischen den Geschwistern nicht von Gehorsamkeit bestimmt; der Jüngere raucht und trinkt Alkohol in Anwesenheit seines älteren Bruders.

> „Also, ich habe eine Schwester. Sie ist so eineinhalb Jahre jünger als ich. Wir sind gemeinsam aufgewachsen. Ich fände es blöd, wenn sie mich immer mit abi ansprechen würde. Wir haben ja gemeinsam gesoffen, geraucht und Partys gefeiert. Ich würde ja lachen, wenn sie mich mit abi ansprechen würde. (...) Ne, meine Eltern haben nichts dagegen. Als wir noch klein waren hat meine Mutter, mein Vater auch, versucht meiner Schwester beizubringen, dass ich der abi bin. Aber während der Schulzeit im Gymnasium haben wir uns auf unsere Vornamen geeinigt. (...) Wir waren ja beide auf derselben Schule. Nach der Schule haben wir gemeinsam auch die Schulaufgaben erledigt. Sie war sehr gut in Sprachen (...) Ja, Englisch Französisch und Deutsch. Ich war gut in Mathe und Physik. Wir haben uns eher gegenseitig unterstützt. Sie hat mich in Englisch und ich habe sie eher in Mathe unterstützt." (Levent).

Die alltägliche Geschwisterbeziehung ist nicht durch Hausaufgabenbetreuung bzw. „Aufpasserdienst" geprägt, sondern die Hausaufgaben werden gemeinsam erledigt. Es ist zwar das Anliegen der Eltern, dass der Jüngere vom Älteren unterstützt wird, aber dies wird nicht befohlen, sondern gefördert. Die älteste Schwester ist auch nicht an der Erziehung der jüngeren Geschwister beteiligt. Da die Eltern oft geregelte Arbeitszeiten haben, übernehmen sie selbst die Aufgaben, die die Erziehung der Kinder betreffen, wie z.B. pflegen, Hausaufgabenbetreuung oder das Kind in den Kindergarten fahren.

4.3.4 Die Bedeutung der Eheschließung

Beim verständnisvoll-nachsichtigen Erziehungsstil schreiben die Eltern ihren Kindern den Ehepartner nicht vor. Die Entscheidung zur Eheschließung beruht auf einer romantischen Liebe, die mit der Ehe ihren Höhepunkt erreicht. Sowohl für die Männer als auch für die Frauen ist die Partnerwahl eine individuelle Entscheidung. Hier werden beide Geschlechter nicht gezwungen bzw. beeinflusst, ihre Partner nach gewissen kulturellen, religiösen oder wirtschaftlichen Vorgaben auszusuchen.

> „Also, meine Eltern haben keinen Druck ausgeübt, als ich ihnen mitteilte, dass ich meine damalige Freundin heiraten will. (...) Sie wussten sehr wohl, dass meine Frau Alevitin war. Das hat für sie keine Rolle gespielt. Sie hatten nur bisschen Angst gehabt, dass ihre Eltern Probleme machen würden. (...) Aber sie waren auch in Ordnung. Es ging alles sehr glatt über die Bühne." (Levent)

Bei diesem Erziehungsstil haben oft „die traditionellen Wertvorstellungen über ‚standesgemäße' Partner ihren regulierenden Charakter in dem Sinne verloren, als sie von Individuen nicht mehr als ausschlaggebendes Selektionskriterium für die Auswahl eines Partners wahrgenommen werden, sondern durch Kriterien der wechselseitigen physischen und psychischen Attraktivität ersetzt werden." (Wirth, 2000, S. 30.) Die Ehe ist nicht die einzige Form des Zusammenlebens. Alle drei Interviewpartner, die diesem Erziehungsstil zugeordnet werden konnten, hatten vor der Ehe eine partnerschaftliche Beziehung bzw. eine gemeinsame Haushaltsführung. Der Interviewpartner Mustafa hat seine Frau geheiratet, nachdem bereits das zweite Kind auf die Welt kam. Den Hauptgrund für seine Eheschließung sieht er in finanziellen Aspekten.

> „Siebeneinhalb Jahre nachdem ich meine Frau kennen gelernt habe, habe ich sie geheiratet. (...) Ja, wir wollten beide zunächst nicht heiraten. Dann wollte ich sie heiraten, nachdem das erste Kind da war; aber sie wollte nicht heiraten. Später dann wollte sie mich heiraten; diesmal wollte ich das nicht. Aus unterschiedlichen Gründen haben wir dann letztes Jahr geheiratet. Da waren auch die finanziellen Aspekte[66] im Vordergrund und das war eigentlich auch der Hauptgrund, warum wir geheiratet haben. Wir vergessen manchmal, dass wir verheiratet sind." (Mustafa).

Latife heiratete ihren Mann, als sie im siebten Monat schwanger war.

> „Ich glaube zwei oder drei Jahre kannten wir uns, als wir heirateten. Ein Jahr haben wir zusammen gelebt. Wirklich jeden Tag waren wir zusammen; ein Jahr lang. Das war wunderbar. (...) Als ich ihn geheiratet habe, war ich im siebten Monat schwanger. Ist natürlich nicht unbedingt typisch für eine türkische Frau." (Latife)

Diese Form von partnerschaftlicher Beziehung ohne Trauschein wird von den Eltern zwar nicht unbedingt gefördert, aber auch nicht vehement abgelehnt, sondern die Eltern raten davon aus unterschiedlichen Gründen ab, wie dies bei Latife der Fall war.

> „Ein Zeitlang haben wir ja verheimlicht[67] und nachdem meine Mutter erfahren hat, hat sie gesagt, dass sie das nicht in Ordnung findet. Außerdem habe ich mit jemandem zusammen gelebt, der verheiratet war. (...) Sie hat dann zu ihm gesagt, er soll noch mal kommen, wenn er nicht mehr verheiratet ist. Sie hat halt gehofft, das wird niemals der Fall sein. Sie hat sich vorgestellt, er geht sowieso. ,Okay, meine Tochter hat ihr Abenteuer gehabt. Sie wird auch paar Monate weinen und ihn vergessen'. Es ist aber ganz anders gekommen. (...) Meine Mutter war nicht unbedingt gegen ihn, sondern gegen den Umstand: verheirateter Mann, drei Kinder und ich wohne mit diesem Mann zusammen in einer Wohnung." (Latife)

Beim verständnisvoll-nachsichtigen Erziehungsstil wird das traditionelle Leitbild der Ehe als Versorgungsinstitution, bei der die Frau die klassischen Rollen, wie

---

[66] Mit finanziellen Aspekten meint der Interviewpartner die steuerlichen Begünstigungen, die Familien mit Kindern eingeräumt werden.
[67] Hier werden die Ehefrau und drei Kinder verheimlicht.

z.B. Mutter und Hausfrau, innehat, durch eine Version der Ehe als partnerschaftliche Beziehung abgelöst.

> „Ja, bei uns ist es umgekehrt: Ich gehe arbeiten und schaffe das Geld an, und mein Mann passt auf das Kind auf. Das macht er zwar nicht freiwillig. Aber was soll er sonst machen. Einer muss ja arbeiten. Ich habe einen Beruf und verdiene eben das nötige Geld für die Familie. Er hat eben diese Grundvoraussetzung nicht." (Latife)

Die Beibehaltung der Erwerbstätigkeit nach der Eheschließung ist bei vielen Frauen, wie bei Latife, ein fester Bestandteil der individuellen Lebensplanung, auch wenn die faktische Arbeitsteilung im häuslichen Bereich kaum angetastet wird.

> „Manchmal ist es schwierig. Ich arbeite acht Stunden, dann gehe ich erschöpft nach Hause und muss auch dort arbeiten. Weil mein Mann kaum was gemacht hat, obwohl er die ganze Zeit zu Hause war. Er beschäftigt sich nur mit dem Kind. (...) Zum Glück muss ich nicht kochen, weil meine Mutter für uns kocht. (...) Ja, sie kocht für uns, und wir gehen am Abend das Essen holen. Danach muss man spülen und putzen. Nach acht Stunden Arbeit fällt das mir manchmal schwer." (Latife)

> „Meine Frau will ihren Job nicht aufgeben. Warum auch! Ich versuche zwar, ihr im Haushalt zu helfen, aber es geht nicht immer, weil ich später von der Arbeit komme." (Levent)

Wie aus den Ausführungen von Latife zu entnehmen ist, kann bei dieser Gruppe die Eheschließung teilweise durchaus als Belastung gesehen werden, weil davon auszugehen ist, dass die individuellen Bestrebungen, im Gegensatz zur konservativ-spartanischen Erziehung, im Vordergrund stehen und ausgeprägt sind. Die Gründe dafür können wie folgt zusammengefasst werden. (1) Alle drei Interviewpartner heirateten für türkische Verhältnisse in einem sehr fortgeschrittenen Alter: Levent mit 28, Mustafa mit 31 und Latife mit 37 Jahren. Hier kann die individualistische Denkweise, die auch bei einigen im Laufe der Zeit durch die selbständige Haushaltsführung, z.B. während der Studienzeit, gefördert wurde, mit den Anforderungen der Ehe in Konflikt geraten. (2) Die Doppelrolle Beruf-Familie bringt insbesondere für Frauen Stress mit sich, wenn Männer sich vor Aufgaben im Haushalt „drücken". (3) Die intensive Anstrengung, mit der beide Partner Beruf, Familie-Kind und Freizeit koordinieren wollen, kann dauerhaft belastende Auswirkungen haben.

Die Jungfräulichkeit der Ehefrau vor der Eheschließung verliert beim verständnisvoll-nachsichtigen Erziehungsstil immens an Bedeutung, da das Paar einerseits oft vor der Ehe die Gelegenheit hat, eine eheähnliche Beziehung zu pflegen. Andererseits wird bei diesem Erziehungsstil der Wert der Ehre nicht in der Jungfräulichkeit der Frau gesehen, sondern in ihrem Verhalten insgesamt. Das primäre Anliegen – nämlich die Jungfräulichkeit der Frau – wird von Ehrlichkeit, Verständnis und Offenheit, die für eine demokratisch-partnerschaftliche Beziehung notwendig sind, ersetzt.

„Dass meine Frau bereits mit einem anderen Mann geschlafen hat, stört mich nicht. Es gibt so viele junge Mädchen auf der Straße. Die machen jeden Scheiß, schlafen fast mit jedem Mann, den sie kriegen können. Danach tragen sie Kopftuch, machen auf Unschuld und schließlich gehen sie kurz vor der Heirat zu einem Frauenarzt, um die gerissene Haut wieder nähen zu lassen. Wenn das Ehre ist? Dann ist meine Frau tausendmal ehrenhafter, weil sie ehrlich zu sich selbst und zu ihrem Partner ist." (Levent)

„Also, unter der Gürtellinie gibt es für mich keine Ehre. Also, das verbinde ich mit der Ehre nicht; Jungfrau sein oder so was ist für mich keine Ehre. Das hat wirklich mit der Ehre nichts zu tun. Ich denke, wenn Menschen über andere Menschen zu viel quatschen und auch dabei diesen Menschen schaden. Wirklich viel schaden und un-ehrlich zu sich und zu anderen sind, dann ist das für mich ehrlos, wenn man überhaupt dieses Wort benutzen kann." (Latife)

4.3.5 Die Bedeutung der Religion

Beim verständnisvoll-nachsichtigen Erziehungsstil spielt die Religion eine unterge-ordnete Rolle, da alle Interviewpartner einstimmig der Meinung sind, keine auf Re-ligion basierende Erziehung bekommen zu haben. Auch die islamisch-religiösen Rituale – wie z.B. das Fasten, das Beten und der Besuch der Moschee – wurden während der Erziehung nicht gefördert, d.h. die Vermittlung religiöser Werte steht nicht im Mittelpunkt der Erziehung. Den Kindern wird zwar das theoretische Wis-sen über den Islam vermittelt, aber werden nicht gezwungen z.B. zu beten oder in die Moschee zu gehen. Während des Erziehungsprozesses werden Werte vermittelt, ohne sie direkt mit der Religion oder mit dem Islam zu begründen, wie dies bei der konservativ-spartanischen Erziehung beobachtet werden konnte. Die Religion als „Lippenbekenntnis" (so Mustafa) verliert hier während der Adoleszenz an Bedeu-tung. Der Interviewpartner Mustafa bezeichnet seine Erziehung als nicht religiös und begründet dies wie folgt:

„Die haben während der Erziehung paar Sachen eingebracht; das war eher vage. Ich hatte nie das Gefühl gehabt, dass sie selber dahinter stehen. (...) Es wurde theoretisch vermittelt. Aber mein Vater hat mir nie gesagt, ‚wir gehen jetzt gemeinsam beten' oder ‚ich erzähle dir jetzt aus dem Koran' oder ‚jetzt fasten wir als Familie'. Also, das war nie Thema bei uns. Insofern konnte ich nicht sagen, dass da irgendwie meine El-tern ein Bein ausgerissen haben, dass ich jetzt Mullah werde." (Mustafa) Der Haupt-grund für diese Form der Erziehung liegt darin, dass Mustafas Eltern nicht besonderes religiös sind. „Meine Eltern glauben an Gott. Also, mein Vater ist sehr pragmatisch religiös. (...) Als er halt als Lehrer gearbeitet hat, ist er einmal im Jahr in die Moschee gegangen, weil da musste man sich zeigen. Weil das dazu gehört. Die Kinder der Gemeinde nahmen ja an seinem Unterricht teil. Ich hatte auch Religionsunterricht bei meinem Vater gehabt. Er hat das so im theoretischen Rahmen behandelt. Praxis war nicht vorhanden. (...) Meine Mutter ist religiöser geworden. Je älter sie wird, desto mehr fällt das Wort Allah. (...) Sie fastet auch mittlerweile. Es ist auf alle Fälle mehr als früher." (Mustafa)

Der Vater geht sporadisch in die Moschee, um der türkischen Gemeinde zu zeigen, dass er die religiösen Werte schätzt. Das ist auch ein Indiz dafür, dass Mustafas Vater im eigentlichen Sinne der religiösen Erziehung keine allzu große Bedeutsamkeit zumisst. Es ist allgemein bekannt, dass Menschen im hohen Alter, wie Mustafas Mutter, religiöser werden, weil sie Angst vor dem Sterben haben. An ihrem Lebensabend widmen sie sich der Religion, um auch unter anderem ihre Sünden zu büßen und ihre „Schulden (beten, fasten oder aber die Pilgerfahrt) zu zahlen". Denn während der Erwerbstätigkeit hat man wenig Zeit dafür (gehabt).

Die Interviewpartnerin Latife bezeichnet sich als religiös, macht dies aber nicht von den islamischen Ritualen abhängig, sondern vom Glauben an Gott. Sie hat auch, wie sie betont, ein Zeit lang die Rituale freiwillig, ohne dazu gezwungen zu werden, ausgeübt:

„Ich habe einige Jahre diese Rituale ausgeübt. Aber nicht weil man mich gezwungen hat oder so. Außerdem war ich da schon erwachsen. Aber jetzt kann ich das nicht mehr. Sagen wir mal so: ich will nicht und ich kann nicht. Ich glaube schon, dass ich religiös bin. Ich glaube an meine Religion und an Gott. Aber die Rituale mache ich nicht. (...) Islam ist für mich reine Philosophie und richtig islamischer Mensch zu werden oder zu sein, müsste man wirklich in den Bergen leben. Es ist nicht umzusetzen in dem heutigen Tag. (...) Was der Islam von Menschen verlangt, ist zu viel für den heutigen Tag." (Latife)

Auch ihren Erziehungsstil bezeichnet sie als nicht religiös, weil sie nicht dazu gezwungen wurde, sich wie ein islamisches Mädchen zu verhalten. Als Grund dafür gibt sie die Vorbilder von Vater und Großvater an, die das auch nicht getan haben.

„Ich habe keine religiöse Erziehung bekommen. Ich habe keine Ahnung eigentlich von Koran oder so. Paar Dinge kenne ich schon. Ich musste nicht beten. Mein Opa oder mein Vater haben auch nicht fünfmal am Tag gebetet oder so. (...) Man hat mir nicht verboten, irgendwelche Dinge anzuziehen, dass man sich wie ein islamisches Mädchen verhalten soll oder so. Also, solche Dinge habe ich noch nie gehört." (Latife)

4.3.6 Das Heiratsalter

Unter den drei Erziehungsstilen ist das höchste Heiratsalter beim verständnisvoll-nachsichtigen Erziehungsstil auszumachen. Das Hauptanliegen der Eltern besteht in einer soliden Berufsausbildung ihrer Kinder, sodass eine Eheschließung erst nach dem Erreichen der materiellen Sicherheit gefördert wird.

„Du kennst es ja, viele türkische Eltern machen Druck. Ja, die Kinder sollen bald heiraten, eine Familie gründen und so weiter und so fort. Meine Eltern haben bei mir, ich
muss das hier betonen auch nicht bei meiner Schwester Druck ausgeübt. Wichtig war
es für sie, dass wir zunächst einmal eine gute Berufsausbildung erwerben. Ich habe
das ja eben erwähnt; ich hab dies und jenes studiert, bis ich dann schließlich eine
Bankkaufmann-Lehre gemacht habe.(...) Meine Eltern waren zwar nicht immer mit
ständigem Wechsel einverstanden, aber sie waren am Ende froh, dass ich eine handfe-
ste Lehre mache. (...) Weil viele Kinder kommen nach so viel Unentschlossenheit mit
der Ehe daher und meinen das große Glück – und ich würde sagen die große Unsicherheit – in der Liebe beziehungsweise in der Eheschließung gefunden zu haben."
(Levent)

Die Interviewpartner, die diesem Erziehungsstil zugeordnet werden konnten, haben
im Durchschnitt mit 32 Jahren geheiratet. Dieser Schnitt ist für türkische Verhältnisse sehr hoch, wenn bedacht wird, dass die meisten Interviewpartner des spartanisch-konservativen Erziehungsstils und auch allgemein viele türkische Migranten
bereits mit Anfang 20 heiraten. Ein anderer Grund für das hohe Heiratsalter ist der
Tatbestand, dass die Ehe beim verständnisvoll-nachsichtigen Erziehungsstil nicht
als einzige Form des familiären Zusammenlebens betrachtet wird: Die beiden Partner kennen sich bereits länger, wohnen zusammen, führen einen gemeinsamen
Haushalt und haben auch unter Umständen ein gemeinsames Kind. Die Eheschließung kann bisweilen nur als eine „lästige Formalität" betrachtet werden, weil für
die Heirat andere Motive – beim Interviewpartner Mustafa steuerliche Gründe, bei
der Interviewpartnerin Latife der Wunsch, das Kind als ein eheliches Kind auf die
Welt zu bringen – im Vordergrund stehen.

4.3.7 Der Ort der Hochzeit

Da die Eltern bei diesem Erziehungsstil sehr wenig Einfluss auf die Eheschließung
haben, entscheiden sie auch nicht darüber, wo und vor allem wie das Hochzeitsfest
stattfinden soll. Große Säle oder gar Sporthallen werden nicht gemietet, weil die
Hochzeitsfeier nicht primär für das Umfeld, sondern für das Ehepaar und deren
Verwandte und Freunde organisiert wird. Auch falls die Eltern den Wunsch äußern,
einen großen Saal zu mieten, um viele Gäste einzuladen, scheitert das meist daran,
dass sie dem Wunsch ihrer Kinder, nämlich eine Hochzeit mit Freunden zu organisieren, nachkommen. Die Anzahl der Gäste ist oft überschaubar; in erster Linie entscheidet das Ehepaar, wer zu der Feier eingeladen wird, und sie findet entweder in
einer privaten Wohnung oder aber in einer Kneipe statt.

„In der Türkei haben wir geheiratet, mit Brautkleid. Ich habe nicht typisch türkisch geheiratet. Also, ich bin zum Standesamt gegangen mit einem Brautkleid. Und nachdem ich das Jawort gegeben habe, bin ich wieder nach Hause gegangen mit dieser kleinen Gruppe, die ich eingeladen hatte. Also, drei-, vierstöckige Hochzeitstorte, bisschen Musik, gesprochen, gelacht, Torte gegessen. Noch ein paar Nachbarn eingeladen. So in der Familie. Bisschen auf Video aufgenommen, kurz paar Photos gemacht. Und am Abend habe ich mein Hochzeitskleid ausgezogen." (Latife).

„Also, es war ja nicht so, dass meine Eltern und die Eltern von meiner Frau keine große, typisch-türkische Hochzeit wollten. Meine Frau und ich, wir haben unsere Eltern zur Vernunft gebracht. Wir haben mit denen stundenlang diskutiert, wie wir unsere Hochzeit feiern wollen. Es sollte ja unsere Hochzeit sein, nicht die Hochzeit unserer Eltern. (...) Wir haben uns darauf geeignet, dass wir zunächst mit wenigen Freunden und Bekannten zum Standesamt gehen und dort heiraten. (...) Danach haben wir gemeinsam mit nahen Verwandten in einem Lokal zu Mittag gegessen. (...) Schließlich haben meine Freunde und die Freunde von meiner Frau in einer Kneipe die Nacht durchgemacht. (...) Da sind zum Beispiel unsere Eltern nicht hingekommen, dieser Teil war zunächst für Freunde gedacht, mit denen wir uns ganz gut verstanden haben (...) Die waren auch eingeladen, aber sie sind nicht gekommen, weil sie wollten, dass junge Leute untereinander feiern sollen." (Levent)

4.3.8 Die Hochzeitsfeier

Die Prozedur der Hochzeitsfeier unterscheidet sich grundsätzlich von der der beiden anderen Erziehungsstile. Wenn ein deutscher Ehepartner geheiratet wird, entfällt der traditionelle Brauch, nämlich „um die Hand der Frau bitten", gänzlich. Auch *kına gecesi* verliert bei diesem Erziehungsstil stark an Bedeutung, indem entweder ganz darauf verzichtet oder dieser Abend ganz anders interpretiert wird.

Um die Hand der Frau bitten: Der Brauch findet seinen Platz auch beim verständnisvoll-nachsichtigen Erziehungsstil, wenn dies auch in einer anderen Form der Fall sein kann. Die Eltern der Frau wollen auf diesen Brauch nicht verzichten, weil sie ihn als den offiziellen Anlass betrachten, den Bräutigam und vor allem aber seine Eltern näher kennen zu lernen.

„Also, ich kannte ja meine Frau schon so lange. Aber als wir uns entschieden haben, zu heiraten, bestanden beide Eltern darauf, dass offiziell um die Hand der Frau gebeten werden soll. Ich fand's eher affig, aber es ist nun mal so, dieser Brauch. (...) Ja, dann war es so: Meine Eltern und meine Schwester, wir haben an einem Samstagabend die Eltern meiner Frau besucht. (...) Wir waren, wie gesagt, zu viert. Ja, weil wir auch nicht so viele Verwandte in Deutschland haben. Wie gesagt, wir sind dann zu ihnen gefahren. Wir haben uns sehr lange unterhalten. Ich habe auch Witze gerissen, weil ich meine Schwiegereltern ja sehr gut kannte. (...) Nein wir waren alle im selben Raum, und meine Freundin saß direkt neben mir. Da waren noch die Tante und der Onkel von meiner Frau. Dann ist irgendwann mein Vater auf einmal ziemlich förmlich geworden, und er hat dann gesagt ‚Allahın emri ile peygamberin kavli ile kızını oğluma istiyorum!'[68] Dann hat ihr Vater gesagt, ‚ja, ich kenne deinen Sohn bereits so lange, er ist so ein guter Junge, und er hat auch so eine wunderbare Familie. Ich kann nur ja sagen!' Also, es war auch etwas schleimig. Ich würde sagen gegenseitige Lobeserklärungen und so weiter und so fort. (...) Dann haben wir gemeinsam zu Abend gegessen. Ja und das war's dann." (Levent)

Aus den Ausführungen des Interviewpartners können im Vergleich zum klassischen Brauch, den wir im ersten Teil der Arbeit und beim spartanisch-konservativen Erziehungsstil beobachtet haben, wesentliche Änderungen festgestellt werden.

- Eine geschlechtsspezifische Trennung gibt es hier nicht. Alle sitzen gemeinsam in einem Raum.
- Es ist eine Selbstverständlichkeit, dass auch der junge Mann an diesem Brauch aktiv teilnimmt (auch wenn er nicht unbedingt gefragt wird).
- Dieser Brauch ist eindeutig zu einer Formalität geworden, weil die Eltern sich und die Kinder bereits durch gegenseitige Besuche kennen. Eine Absage hinsichtlich der Verheiratung wird hier nicht mehr erwartet. Der Brauch wird von den Kindern eher als eine altmodische und sinnlose Zeitverschwendung (abge)-wertet.
- Die Eltern nutzen diesen Anlass dafür, die andere Familie noch besser kennen zu lernen und eine freundschaftliche Beziehung aufzubauen.
- Hier tauschen sich beide Familien darüber aus, wie eine Hochzeitsfeier aussehen könnte, da bereits im Vorfeld bekannt ist, dass die Kinder heiraten werden.

Kına gecesi: „Kına gecesi" wird hier – wenn sie überhaupt stattfindet – ganz anders interpretiert als z.B. beim konservativ-spartanischen Erziehungsstil. Eine geschlechtsspezifische Trennung gibt es nicht; an diesem Abend nehmen auch der Bräutigam und andere Männer, die zu der Familie und zu den nahen Verwandten gehören, aktiv teil. Auch hier wird gemeinsam gesungen, getanzt und gefeiert; traurige Lieder, die den Abschied der Braut symbolisieren, werden in der Regel aber nicht gesungen. Das „Brennen" von Henna ist eher eine Nebensache und ein willkommene Angelegenheit, eine Party zu feiern. Auf die Frage wie dieser Abend war, äußert sich Levent wie folgt:

„Also, irgendwann hieß es, man soll kına gecesi organisieren. Ich hielt das für überflüssig. (...) Ehrlich gesagt wusste ich nicht einmal, was das überhaupt ist. Man hat ja hier und da etwas davon gehört. Aber ich wusste nicht so genau, was dort abgeht. Meine Frau war davon begeistert, weil das ja ein fester Bestandteil der Hochzeit war. (...) Es war dann so organisiert: zu diesem Abend waren nur wenige Leute eingeladen. (...) Ja ein paar gute Freunde von mir und meiner Frau und ganz nahe Verwandte von mir und meiner Frau. (...) Also, wir waren alle in einem Raum. Es fand ja in der Wohnung meiner Schwiegereltern statt. Da waren auch eigentlich viele junge Leute

---

[68] Auf Gottes Befehl und mit dem Worte des Propheten will ich deine Tochter für meinen Sohn.

und die Atmosphäre war lustig und entspannt. (...) Also, wieder auf den Punkt zu kommen. Wir waren dort – die Organisation wurde von meiner Frau beziehungsweise von ihren Freunden übernommen –, haben uns zunächst ganz viel unterhalten. Nachdem gegessen und auch sehr viel Alkohol getrunken war, war die Stimmung nicht mehr zu übertreffen. Wir haben alle gemeinsam gesungen, getanzt und so weiter. Ich weiß nicht mehr wie das genau war. Aber irgendwann kam eine Freundin von meiner Frau mit so einer Schüssel k□na in der Hand in den Raum. Sie sagte, es sei jetzt die Zeit, k□na in die Hände zu ‚brennen'. Alle haben irgendwie gelacht. (...) Ja, ich weiß es nicht, vielleicht deshalb gelacht, weil alle ja irgendwie vom Alkohol angeheitert waren und sie einfach mit dieser braunen Schüssel in der Hand dastand. Ja, dann hat diese Freundin versucht, für Ruhe und Ernsthaftigkeit zu sorgen, weil alle irgendwie kicherten und sich nicht beruhigen konnten. (...) Erst hat meine Freundin ein Stück von diesem k□na in die Hand und auf die Zehen geschmiert bekommen, dann war ich an der Reihe. Danach haben irgendwie alle querbeet von diesem Zeug in die Hände oder in die Finger geschmiert. Danach ging's wieder los. Alle haben gesungen. (...) Nein es waren fröhliche Lieder. Es gab kein Anzeichen und auch keinen Grund für einen Abschied. Es ging einfach so fröhlich weiter bis zum Morgengrauen." (Levent)

Die Hochzeitsfeier: Die eigentliche Hochzeitsfeier, die bei den beiden anderen Erziehungsstilen von entscheidender Bedeutung ist, verliert bei diesem Erziehungsstil deutlich an traditionell begründeten Vorgaben. Wenn es um die Hochzeitsfeier geht, sind die Wünsche der Eltern den Wünschen der Kinder untergeordnet, d.h. in erster Linie entscheidet das Brautpaar über die Art und Weise der Hochzeit. Die inhaltliche Organisation der Hochzeit wird in der Regel vom Brautpaar übernommen, die Eltern schalten sich dann oft erst ein, wenn finanzielle Hilfen vonnöten sind. Die Art und Weise, wie die beiden Interviewpartner Mustafa und Latife[69] ihre Hochzeit gefeiert haben, entspricht nicht unbedingt einer klassischen türkischen Hochzeit. Die Hochzeitsfeier von Levent[70] unterscheidet sich grundsätzlich von der der anderen beiden Interviewpartner, aber auch seine Hochzeitsfeier entspricht nicht einer klassischen türkischen Hochzeit. Mustafa, der eine deutsche Frau geheiratet hat, beschreibt seine Hochzeitsfeier folgendermaßen:

„Es war nicht so, dass meine Eltern nicht wollten, dass wir eine Feier machen. Sie waren auch sehr geschockt, als nicht gefeiert wurde. Wir haben das eher sehr spartanisch gehalten. Und es war so, dass wir darüber geredet haben, wie wir das am besten machen könnten. Ich habe zuerst mit meiner Frau darüber geredet, wie unsere Hochzeit aussehen würde. Und das haben wir uns vorgestellt: weil ich relativ wenig Beziehungen zu meinen Verwandten habe und ich auch Verwandte hier habe – ein, zwei Onkels. Und dann ihre Verwandte im Schwabenland. Dann haben wir uns überlegt, schwäbische Leute und meine Leute an einen Tisch zu ziehen, wie würde das aussehen? Und das hätte nicht gepasst. Und dann haben wir gesagt, das wollen wir nicht. Und das habe ich dann mit meinen Eltern besprochen. Die waren nicht so erbaut dar-

---

[69] Bei Latife vergleiche ihre Ausführungen unter „Ort der Hochzeit".
[70] auch hier vergleiche „Ort der Hochzeit".

über, und sie haben das akzeptiert. Sie wollten eine türkische Hochzeit machen. Am besten mit tausend geladenen Gästen und große Kapelle; das hatten sie sich schon vorgestellt. Deshalb gab es ja auch bisschen Auseinandersetzung. (...) Ja, dass sie das halt wollten, und ich das nicht wollte und dass ich gesagt habe, geht nicht, will ich nicht. (...) Wir haben also den letzten Termin des Jahres 1999 kriegen müssen, wegen der Steuer, weil das für das letzte Jahr noch Gültigkeit hat. Dann sind wir dort hingefahren, wo meine Frau herkommt. Dann sind wir mit meinen Eltern dort hingefahren und haben dort ihre Eltern getroffen und haben beim Standesamt geheiratet. Dann sind wir gemeinsam essen gegangen. Ja, das war dann alles." (Mustafa)

Die Form der Eheschließung von Mustafa entspricht nicht den Erwartungen seiner Eltern, da sie nicht nach den Vorstellungen einer türkischen Hochzeit ausgerichtet war. Der primäre Grund dafür, dass die Feierlichkeit sehr spartanisch – wie er selber sagt – ausgefallen ist, liegt daran, dass er seit über sieben Jahren seine Frau kennt, gemeinsam mit ihr wohnt, einen gemeinsamen Haushalt führt und zwei Kinder hat. Die Hochzeit ist – wie oben erwähnt – eher als eine „lästige Formalität" zu betrachten, die hier hauptsächlich wegen steuerlichen Vorteilen geschlossen wird. Folgende Aspekte, die den Reiz einer großen, „traditionellen" türkischen Hochzeit für die Migranten der ersten Generation (hier: die Eltern von Mustafa) ausmachen, sind bei Mustafa und seiner Frau nicht vorhanden:

- Der weit verbreitete und von fast allen türkischen Eltern gewünschte Brauch „um die Hand der Frau bitten" entfällt hier ganz, weil Mustafas deutsche Schwiegereltern diesen Brauch nicht kennen.
- Auch der feste Bestandteil der Hochzeit, nämlich *kına gecesi*, wird nicht gefeiert. Dieser Brauch wird von der Frau bzw. von ihren Eltern organisiert und entfällt aufgrund der Nationalität gänzlich.
- Eine große Hochzeit mit Musik und vielen Verwandten und Gästen wird u.a. organisiert, um das junge Paar während der Gründung einer Familie, die den Eintritt in das Erwachsenenleben symbolisiert, zu unterstützen und zu „verabschieden". Darüber hinaus soll eigentlich der erste offizielle Geschlechtsverkehr nach diesem feierlichen Hochzeitstag vollzogen werden.

4.3.9 Die islamische Ehe

Die islamische Eheschließung verliert beim verständnisvoll-nachsichtigen Erziehungsstil an Bedeutung, da die Paare primär die standesamtliche Trauung favorisieren. Während beim konservativ-spartanischen Erziehungsstil die Eltern und die Paare vor oder nach der standesamtlichen Eheschließung auch eine islamische Heirat verlangt haben, fällt bei diesem Erziehungsstil oft eine solche Eheschließung aus. Hier werden die Ehepartner erst als verheiratet betrachtet, wenn sie eine standesamtliche Ehe geschlossen haben. Viele Eltern und Paare stehen einer ausschließlich islamischen Heirat misstrauisch gegenüber. Das heißt aber nicht, dass sie eine islamische Trauung grundsätzlich ablehnen. Die Reihenfolge der Eheschließungen stellt sich folgendermaßen dar: zuerst und primär erfolgt eine standesamtlichen Trauung und später bei Bedarf eine islamische Eheschließung. Nur die Interviewpartnerin Latife, die diesem Erziehungsstil zugeordnet werden konnte, hat sich nach der standesamtlichen Hochzeit „religiös trauen" lassen. Diese religiöse Trauung war der Wunsch ihres Mannes; vorher hatte sie sich damit nicht auseinander gesetzt:

> „Ich wollte eigentlich eine islamische Eheschließung nicht machen und mein Mann hat auch gemeint, dass nicht unbedingt ein Hodcha das machen muss oder kann. Er hat halt gemeint, so wie er halt eben in seiner islamischen Erziehung gelernt hat, kann auch der Ehemann oder der Mann das machen. Dann habe ich gemeint: ‚Wenn du das machen kannst, dann machen wir das in unserer Wohnung. Ich bin gespannt, wie so etwas läuft.' Also, aus Interesse habe ich ihn das machen lassen. Er hat ein Buch aufgemacht. Da sind paar Gebete, die dazu gehören. Er hat vorgelesen, ich musste nachsagen und dann dreimal ja sagen und das war's. (...) Mein Mann hat gesagt, dass ein Ehemann auch eine islamische Eheschließung machen kann. Das habe ich auch zum ersten Mal von ihm gehört.(...) Ich denke auch, dass es logisch ist. Was der Hodcha machen kann – er wird auch bestimmte Gebete lesen und mich fragen ‚willst du, willst du und willst du' und dreimal und mich an paar Aufgaben erinnern, mehr nicht eigentlich – das kann mein Mann auch, weil er alles in Arabisch auswendig gelernt hat. So war's. (...) Meine Eltern haben überhaupt keinen Druck ausgeübt, dass wir eine islamische Eheschließung machen sollen. Seine Eltern haben das schon gemacht, aber sie waren ja nicht auf der Hochzeit dabei." (Latife)

Die These von Latife, dass auch ein Mann bzw. der Ehemann statt eines Imams eine religiöse Trauung vornehmen kann, konnte in der einschlägigen Literatur nicht gefunden bzw. bestätigt werden. Diese Auslegung des Ehemannes, selber die Trauung vornehmen zu können, könnte daraus resultieren, dass er den Koran auswendig gelernt hat und sich dadurch als einen Geistlichen bzw. Imam sieht, wie dies auch die Interviewpartnerin zu begründen versucht. Um aber eine religiöse Trauung vollziehen zu können, braucht man, unabhängig von einem Imam, zwei Zeugen für die Eheschließung, in diesem Fall waren keine Zeugen anwesend. *Nikah* (Eheschließung) – wie im ersten Abschnitt der Arbeit erläutert – heißt ja Vertrag, und ein Vertrag ist dann gültig, wenn dieser von zwei Personen bezeugt wird. Hier hat im eigentlichen Sinne keine Eheschließung stattgefunden, die den islamischen Regeln entspricht; deshalb ist diese religiöse Trauung streng genommen ungültig. Die anderen zwei Interviewpartner haben keine islamische Eheschließung vorgenommen; Levent begründet dies wie folgt:

„Also, wir haben keine Imam-Ehe gemacht, weil weder meine Frau noch ich so religiös sind. Es war für uns beide wichtig, sehr wichtig, eine Ehe beim Standesamt zu schließen. Das ist ja eine richtige Ehe. Bei einer Imam-Ehe – ohne Standesamt – ist man ja gar nicht verheiratet. Man kann ja einfach gehen, ohne in Rechenschaft gezogen zu werden. (...) Ja, wir haben gedacht, wir haben ja eine Ehe schon geschlossen. Wozu dann noch eine Ehe vor dem Imam: Das hat so oder so keine rechtliche Bedeutung. (...) Ja, wir – meine Frau und auch unsere Eltern ja auch – nicht so sehr religiös sind. Deshalb, ja, haben wir gedacht, was soll überhaupt so eine Imam-Ehe bringen. Wenn wir nicht religiös sind und so eine Ehe keine rechtliche Bedeutung hat, warum sollten wir dann so eine Ehe schließen. Wir haben alle unsere Nerven geschont und haben dabei auch Zeit gespart." (Levent)

4.3.10 Die standesamtliche Ehe

Beim verständnisvoll-nachsichtigen Erziehungsstil wird einer standesamtlichen Eheschließung eine immense Bedeutung zugesprochen. Eine Ehe wird nur dann als geschlossen betrachtet, wenn sie rechtlich anerkannt ist. Eine Eheschließung, die nur auf einer islamischen Trauung basiert, gibt es nicht. Das hängt auch damit zusammen, dass die Eltern beider Ehepaare so eine Eheschließung als alleinige ebenfalls missbilligen und nicht akzeptieren, während dies beim spartanisch-konservativen Erziehungsstil anerkannt wird. Bei der gebildeten Mittel- und Oberschicht – auch in der Türkei – findet in der Regel nur eine standesamtlich geschlossen Ehe Akzeptanz.

„Ich habe es ja schon mal erwähnt, die einzige legale Form, wenn man heiratet, ist das Standesamt. Alles andere zählt für mich nicht (...) Meine Eltern wollten auch keine islamische Ehe. Weil, es ist bei uns nicht üblich. Wenn geheiratet werden soll, geht man zum Standesamt oder zum türkischen Konsulat und man heiratet legal auf dem Papier. (...) Meine Frau wollte auch keine Hodcha-Ehe, weil sie genau so denkt wie ich auch." (Levent)

In den Augen von Levent, von seinen Eltern und seiner Frau ist die einzig legale Form von Eheschließung die standesamtliche Ehe. Er lehnt eine religiöse Trauung auch ab, weil er sich nicht als religiös bezeichnet. Darüber hinaus wird in den Familienkreisen beider Ehepartner eine islamische Eheschließung nicht verlangt und gefördert. Beim Interviewpartner Mustafa hat es keine religiöse Trauung gegeben, weil er zum einen nicht religiös ist und zum anderen eine deutsche Frau geheiratet hat, die keine Muslimin ist. Eine Imam-Ehe kann nur stattfinden, wenn beide Ehepaare sich zum Islam bekennen. Auch eine Trauung in der katholischen bzw. evangelischen Kirche hat es nicht gegeben.

„Eine islamische Ehe bedeutet für mich nichts. Wir haben auch so eine Ehe nicht geschlossen. (...) Für meine Eltern hat eine islamische Ehe keine Bedeutung. Das gibt's
bei uns nicht. Meine Eltern kennen nur die Ehe, die beim Standesamt geschlossen
wurde. Als ich geheiratet habe, wurde das nie thematisiert. Ich glaube auf so eine Idee
wären sie überhaupt nicht gekommen". (Mustafa)

4.3.11 Die arrangierte Ehe und der Einfluss der Eltern auf die Eheschließung

Beim verständnisvoll-nachsichtigen Erziehungsstil konnten keine Indizien, die auf
eine arrangierte Ehe hindeuten, festgestellt werden. Die Kinder haben im Hinblick
auf die Eheschließung bei diesem Erziehungsstil große Freiheiten. In erster Linie
hängt diese Freiheit damit zusammen, dass die Kinder früh Verantwortung – bezogen auf die eigenem Interessen – übernehmen, zum selbständigen Handeln (und
auch teilweise zur Individualität) ermuntert werden. Die von den Kindern gezeigten
Interessen werden sehr früh emotional und finanziell unterstützt wie auch die persönliche Entwicklung (angesehene Berufsausbildung oder Universitätsabschluss,
frühe Ablösung vom Elternhaus sowie selbständige Haushaltsführung – u.U. mit
einem Partner). Damit sind sie in der Lage, wichtige individuelle Entscheidungen
selbständig, d.h. ohne latente Einflussnahme der Eltern, zu treffen. Der Interviewpartner Mustafa hat diese Erziehungsform sehr zeitig realisiert, da die Eltern ihm
bereits während seiner Kindheit viele Freiheiten eingeräumt haben.

„Meine Erziehung war relativ frei. Es gab bestimmte Regeln, die nicht verletzt werden durften. Wenn man mit dem Vater gesprochen hat oder mit der Mutter gesprochen hat; einen gewissen Ton beibehält, nicht anschreien oder extrem laut werden.
Man musste mit einem vernünftigen Ton mit den Eltern gesprochen haben. (...) Es
war allgemein wichtig, mit den Eltern zu reden – sie waren auch Pädagogen – aber in
einer bestimmten Tonlage. Ansonsten gab's paar Regeln, die einzuhalten waren: Bett-
gehezeiten, Taschengeld bekommen. Es war alles sehr geregelt und auch sehr frei. Es
wurde gefördert, wenn ich Sport machen wollte. Es gab immer Möglichkeiten, dass
ich einen Verein besucht habe oder dass dieser Verein finanziert wurde. (...) Verbote?
Da muss ich nachdenken. Es gab Regeln. Man musste nach einer bestimmten Zeit da
sein. Es wurde geredet, wenn was Neues war und auch gemeinsam diskutiert. Wenn
ich zum Beispiel einen brutalen Film mir angeschaut habe, haben sie gesagt: ‚Du, das
ist nicht gut!' Es wurde pädagogisch wertvoll bearbeitet." (Mustafa)

Bei wichtigen Entscheidungen wie z.B. bei der Schulgattung oder Berufsausbildung haben die Eltern zwar eigene Vorstellungen gehabt, die endgültige Entscheidung aber dem Kind überlassen. Auf die Frage, ob die Eltern Einfluss auf die Berufswahl genommen haben, antwortet Mustafa folgendermaßen:

„Die Entscheidung war mein eigener Wunsch. Ich hatte mich auf mehrere Sachen beworben. Mich hatte auch Medizin interessiert, habe mich um Medizin beworben; auch Biologie und Psychologie. In Psychologie habe ich direkt eine Zusage gekriegt, in Medizin halt nicht. Dann habe ich gesagt, fange ich halt mal an, probiere es aus – ein-zwei Semester – und es hat mir gefallen. Meine Eltern haben keinen Einfluss drauf gehabt. (...) Ich glaube. meine Eltern hätten es lieber gesehen, dass ich Mediziner geworden wäre. Obwohl sie jetzt sehen, wie viel arbeitslose Mediziner es gibt, sagen sie: ‚Gut, dass du was anderes gemacht hast. Wir haben auch Freunde im Medizinerkreis. Sie sehen auch wie sie sich krumm arbeiten.'.“ (Mustafa)

Aus den Erzählungen des Interviewpartners geht hervor, dass die Eltern wichtige Entscheidungen, auch die Eheentscheidungen ihrer Kinder, selbst wenn sie andere Vorstellungen hatten, akzeptieren. So waren Mustafas Eltern, die gerne eine große Hochzeit mit sehr vielen Gästen gefeiert hätten, schließlich mit einer spartanischen Hochzeitsfeier, wie es der Wunsch von Mustafas war, einverstanden.

Bei den anderen Interviewpartnern haben die Mütter im Vorfeld versucht, einen gemäßigten Einfluss auf die Eheschließung zu nehmen. Levents Mutter hat ihren Sohn darauf aufmerksam gemacht, dass die Eltern seiner Freundin einer eventuellen Ehe nicht zustimmen würden, mit der Begründung, dass sie nicht der gleichen Religionsgemeinschaft angehören.

„Also, das war ganz am Anfang. Meine Mutter meinte dann, ja ob es mir schon bewusst sei, dass meine Freundin Alevitin sei. Sie meinte: ‚Ja ,ich hab nichts dagegen, aber es kann sein, dass ihre Eltern einer Ehe nicht zustimmen werden.'(...) Ich nenne das nicht als Einflussnahme. Ja, eher so: Sie wollte mich vielleicht vor einer Enttäuschung schützen. (...) Obwohl, weiß ich nicht, vielleicht hat sie auch gehofft, dass es nicht klappt. (...) Danach war das eigentlich, so weit ich mich erinnern kann, kein Thema. Obwohl, wie ich schon mal sagte, vor der Hochzeit haben sie das noch mal gesagt. Aber auch nicht, um zu beeinflussen. Sie haben meine Frau sofort akzeptiert.“ (Levent)

Auch Latifes Mutter hat, wie oben erwähnt, versucht, Einfluss auf ihre Tochter zu nehmen, wobei sie sich sehr konkret gegen eine Beziehung Latifes zu einem verheirateten Mann mit drei Kindern ausgesprochen hat. Nachdem der Mann sich von seiner Frau getrennt hatte, hat sie einer Eheschließung widerstrebend zugestimmt.

Zusammenfassend lässt sich hier feststellen, dass die Eltern, wenn sie suggestiv auf ihre Kinder einwirken, diese Einflussnahme damit begründen, dass sie ihre Kinder eher aufklären wollen. Dieses Motiv begründet sich in dem Wunsch, einer späteren Enttäuschung ihrer Kinder vorzubeugen. Nachdem der Entschluss ihrer Kinder aber feststeht, akzeptieren sie diese Entscheidung, auch wenn es ihren Vorstellungen nicht entspricht.

4.4 Erziehung „zwischen Tradition und Moderne"

Im Wörterbuch der Pädagogik wird der Begriff Tradition wie folgt definiert: „Tradition (lat.: Weitergabe) bezeichnet im weiteren Sinne als Grundphänomen menschl. Daseins das Gesamt von Überlieferungszusammenhängen, die u.a. als Erfahrung, Lebensform, Sitte, Brauchtum, Glaubenssatz, Rechtsform, Handlungsregel, Kunstwerk, Wissenschaft durch Erziehung an die nachfolgende Generation weitergegeben werden und so eine den einzelnen überdauernde Ordnung stiften. Die T. entlastet den Einzelnen durch Sprache u. Institutionen vom Zwang zu ständig neuen (eigenen) Entscheidungen (Gehlen)." (Böhm, 1994, S. 686.) Bei der Suche nach einer Definition von „Moderne" oder „modern" fällt auf, dass „Moderne" immer in Zusammenhängen, wie z.B. Postmoderne, moderne Kunst, moderne Architektur oder moderne Literatur, betrachtet bzw. definiert wird. Moderne wird in der Brockhaus-Enzyklopädie allgemein wie folgt definiert: „Die M. ist dadurch gekennzeichnet, daß sie auf allen Gebieten ihre Orientierung nicht mehr im tradierten Erfahrungsraum, in den, Normsuggestionen der Vergangenheit' (J. HABERMAS) sucht, sondern ihre Normativität aus sich selbst sucht." (Brockhaus-Enzyklopädie, 1991, S. 709.) Im selben Lexikon wird der Begriff modern mit „dem neuesten Stand der gesellschaftl., wiss. und techn. Entwicklung entsprechend, zeitgemäß" (ebd.) definiert. Die Definitionen deuten bereits darauf hin, dass dieser Erziehungsstil ambivalent im Hinblick auf Rollenmuster, Autoritätsstruktur, Eheschließungsform etc. sein kann; d.h. eine klare, „einheitliche" Linie, die wir bei den beiden anderen Erziehungsstilen kennen gelernt haben, kann hier nicht beobachtet werden. Der Grund dafür ist, dass die Eltern sich nicht einig sind, welche Form der Erziehung – Festhalten an den „traditionellen" Rollenmustern eines bäuerlich geprägten Entwicklungslandes oder Anpassung dieser Rollenmuster an die hiesige Industriegesellschaft – sie ihren Kindern weitergeben können oder wollen. Die Übersiedlung aus einem „Entwicklungsland", in dem in den 60er- und 70er-Jahren mehr als die Hälfte der Bevölkerung auf dem Land lebte, die Industrie unterentwickelt, die Infrastruktur schlecht war, die Medien kaum verbreitet waren und die Arbeitslosigkeit sehr hoch war, in ein hochentwickeltes Industrieland, bringt Probleme mit sich. Die übergesiedelten Migranten müssen nicht nur mit der neuen Sprache, mit dem neuen Umfeld, mit der hoch technisierten Infrastruktur (U-Bahnnetz in den Großstädten, Autobahnen, die teilweise einem Labyrinth ähneln oder einem weit verzweigten Schienennetz) zurecht kommen, sondern auch mit einer anderen Kultur bzw. Religion, in der ein anderes Verständnis von Erziehung, Norm- und Wertvorstellungen sowie Rollenmustern vorherrscht. Diese Umstellung kann für die Migranten belastend sein; häufig wurden viele Verwandte, Bekannte und Freunde in der Heimat zurückgelassen – und immer wieder wird auch heute noch der Wunsch geäußert, in die Türkei zurückzukehren. Viele Migranten konnten mit der rasanten

Entwicklung und den Erneuerungsprozessen, denen sie in der Migration ausgesetzt waren bzw. sind, nicht fertig werden. Da die Rückkehr immer wieder verschoben werden musste und in der Zwischenzeit auch Kinder nachgeholt bzw. geboren wurden, war es für die Migranten schwer, zwischen den beiden Kulturen eine „einheitliche" Erziehung beizubehalten. Zudem wurde eine solche „einheitliche" Erziehung auch dadurch erschwert, dass die Kinder in eine deutsche Schule gingen und unabhängig von ihren Eltern eine eigene Vorstellung von Rollenmustern und Erziehung entwickelt haben.

Die Interviewpartnerin Oya, die im zwölften Semester Volkswirtschaftslehre studiert und mit einem deutschen Mann verheiratet ist, beschreibt diese ambivalenten Voraussetzungen, die sie in Deutschland erlebt hat, folgendermaßen.

> „Mein Vater betet fünfmal am Tag. Er hat, ja hab ich am Anfang erzählt, Krebs gehabt. Danach, es war eine sehr schwierige Krankheit, hat er angefangen, zu beten; fünfmal am Tag[71]. Er ist sehr, sehr religiös geworden. Meine Mutter betet nicht, sie trägt auch kein Kopftuch (...) Ich habe nicht direkt eine religiöse Erziehung bekommen. Ich habe kein Kopftuch tragen müssen, meine Mutter trägt ja auch keines. Ich habe von mir aus damals versucht, religiöse Dinge zu machen. Zum Beispiel habe ich versucht, Koran zu lesen, ich habe irgendwie versucht mir die arabische Schrift beizubringen – irgendwann habe ich aber aufgegeben. Ich habe diese Suren, die man zum Beten braucht, auswendig gelernt. Das alles habe ich gemacht. Ich habe auch gelernt, wie man betet. Aber so richtig religiös, weiß ich nicht. (...) Ich wurde dazu auf keinen Fall gezwungen. Ich wurde dafür natürlich gelobt. Ich wurde hier in Deutschland so erzogen, wie ein türkisches Mädchen in der Türkei erzogen wird. Das heißt, wenn jemand kommt, musste ich die Küche übernehmen, Tee oder Kaffee kochen und anbieten, sauber sein; das hat alles meine Muter mir beigebracht. Ich sollte Vorzeigemädchen für das Umfeld sein. So wurde ich auch erzogen. (...) Die Eltern, die hier leben, legen großen Wert auf die Werte, die in der Türkei vorherrschen. Aber die Menschen in der Türkei leben nicht mehr so streng nach diesen alten Werten. Die sind eher in der Lage, diese Werte bei Seite zu legen. Aber unsere Eltern können das nicht. Weil sonst würden sie in einem fremden Land ein Teil ihrer Identität abgeben. Die Leute in der Türkei denken, weil sie was Neues lernen, denken sie, sie sind jetzt Europäer. Aber die Menschen hier wollen diese Werte sehr fest in den Händen halten, auch wenn es sie in der Türkei nicht mehr gibt. Dann gibt es hier auch Dinge, die sie übernehmen. Später kommen sie in Konflikt und wissen nicht mehr, was nun besser ist.(...) In der Schule lernen wir ja andere Dinge, die nicht mit Vorstellungen unserer Eltern übereinstimmen"[72] (Oya)

Oya begründet das ambivalente Verhalten ihrer und anderer Eltern damit, dass viele Eltern zwischen der Kultur der Aufnahmegesellschaft und der Kultur der

---

[71] Oben wurde erwähnt, dass Menschen im hohen Alter religiöser werden und auch öfter als sonst beten. Auch bei Krankheiten kann man einen Wandel bei der Ausübung der praktischen Religionsausübung beobachten, weil in den Augen dieser Menschen der Tod naht. Noch während der Mensch lebt, wird „Frieden mit Gott geschlossen"; man hofft, dass einem die Sünden verziehen werden.
[72] Die unterstrichene Passage wurde aus dem Türkischen frei vom Autor übersetzt.

Herkunftsgesellschaft stehen. Denn auch die Werte, die die Eltern in der Herkunftsgesellschaft kennen gelernt haben, sind im Laufe der Zeit dort so nicht mehr exis-
tent. Der Wertewandel in der Türkei bleibt den Migranten in Deutschland vorenthalten. Obwohl Oya in Deutschland auf die Welt kam, wurde sie zweimal, einmal
als sie ein Jahr alt war und einmal als sie sechs Jahre alt war, in die Türkei geschickt, mit der Begründung, die Eltern würden bald auch zurückkehren und das
Kind soll sich im Vorfeld an die türkische Sprache und Kultur „gewöhnen".

> „Ja, mit einem Jahr hat man mich in die Türkei zurückgeschickt, zu meinen Großel-
> tern. Mein Vater arbeitete, meine Mutter sollte auch arbeiten, um schnell Geld zu ver-
> dienen und schnell wieder zurückgehen zu können. Dann war ich unten dort kurz im
> Kindergarten. Warum meine Eltern mich damals wieder zurückgeholt haben, weiß ich
> ehrlich gesagt nicht. Die haben mich auch dort später in die Schule geschickt, weil
> sie, wie ich sagte, wieder zurückkehren wollten. In der zweiten Klasse hat sich her-
> ausgestellt, dass ich dann zurück wollte und zu meinen Eltern wollte. Sagen wir mal
> so: Um Aufmerksamkeit auf mich zu ziehen, habe ich wohl gesagt, ‚ich will wieder
> zurück'." (Oya)

Bei diesem Erziehungsstil können im Bildungsniveau der Eltern große Unterschiede beobachtet werden. Das Bildungsniveau des Vaters reicht vom Universitätsabschluss bis zum Analphabetismus. Bei zwei Fällen fällt auf, dass Väter mit Abitur
bzw. Hochschulstudium mit Müttern verheiratet sind, die entweder Autodidaktinnen
sind oder nur eine fünfjährige Grundschule besucht haben. Die Mütter können
zwar in der Regel lesen und schreiben, aber eine hohe Schulbildung ist eher die
Ausnahme. Einige Väter haben in der Türkei eine Berufsausbildung erworben, können aber den erlernten Beruf hier in Deutschland nicht ausüben. Ein Vater hat sogar
in der Türkei als Lehrer gearbeitet. Dieser Tätigkeit kann er in Deutschland aber
nicht nachgehen und ist als Hilfsarbeiter tätig. Die Mütter sind entweder Hilfsar-
beiterinnen oder Hausfrauen; ein Angestelltenverhältnis stellt eine Ausnahme dar.
Sie haben auch in der Türkei meist keinen Beruf erlernt. Die Familien können aus
Großstädten wie auch aus kleineren Kreisstädten oder Dörfern stammen. Bei den
Eltern aller Interviewpartner hat in der Türkei eine Binnenmigration stattgefunden.
Das heißt bei Eltern dieser Migranten kann sowohl von einer dörflichen als auch
von einer städtischen Sozialisation ausgegangen werden. Bei diesen Familien kön-
nen auch bei der Anzahl der Kinder große Unterschiede beobachtet werden: die
Anzahl der Kinder bewegt sich zwischen zwei und sechs.

4.4.1 Die Vater-Kind-Beziehung

Bei diesem Erziehungsstil kann beim Vater eine gewisse Autorität beobachtet werden, die sich jedoch von jener des konservativ-spartanischen Erziehungsstils unterscheidet. Ein absoluter Gehorsam gegenüber dem Vater wird nicht erwartet. Das Kind kann Gegenfragen stellen, es werden bestimmte Dinge (besonders schulische) mit dem Kind besprochen und ihm gegenüber begründet.

> „Wie soll ich das am besten ausdrücken. Es war so, dass ich bestimmte Sachen mit ihm besprechen konnte. Er hat mir auch viel über die Geschichte erzählt, ich habe viele Fragen gestellt und auch viele Antworten bekommen." (Pakize)

Inwieweit die Kinder dem Vater gegenüber nicht hundertprozentig gehorsam sein müssen, zeigen die Ausführungen von Pakize:

> „Mein Papa wollte unbedingt, dass ich Krankenschwester werde. Mein Papa wollte nach der Hauptschule, das war so ein Internat nur für Mädchen – ein Krankenschwesterinternat besuche. Weil er meinte halt, ich sollte nach seiner Meinung Hebamme oder Krankenschwester werden. Weil er wusste, dass meine Noten nicht unbedingt gut waren. Weil er nie dachte, dass ich studiere oder Sonstiges. Deswegen hat er sich darum gekümmert, dass man sehr viel Geld verdient, obwohl Krankenschwester verdienen nicht so viel Geld. Aber ein Beruf, wo man immer wieder reinkommen kann, ob das in Deutschland ist oder wenn man in die Türkei geht. (...) Ich habe jetzt eine kaufmännische Ausbildung. (...) Meine Eltern waren mit dieser Entscheidung einverstanden. (...) Mein Papa ist mit mir hingegangen zu diesem Internat. Da war auch so eine alte Frau, Direktorin war das. Das war wie in den Filmen. Es gibt doch in den Filmen Internate mit schwarzen Sachen, Röcken und hochgesteckten Haaren. Als ich die Frau gesehen hatte, hat mir das auch Angst gemacht. Und ich wollte das halt nicht. Das hat halt auch mein Vater auch akzeptiert." (Pakize)

Die dominante Rolle des Vaters verliert in diesem Kontext an Bedeutung, da der Vater, obwohl er einen Internatsbesuch seiner Tochter bevorzugt, dem Wunsch der Tochter, eine Lehre im Bereich des Einzelhandels zu beginnen, nachkommt. Der Vater könnte, wie die Interviewpartnerin selbst andeutet, nicht mehr damit gerechnet haben, dass seine Tochter aufgrund der schwachen Noten eine höhere Berufsausbildung erreichen kann.

Auch bei diesem Erziehungsstil ist die Vater-Kind-Beziehung durch *saygı* und *sevgi* geprägt.

> „Es ist wichtig, dass die jungen Leute die älteren Leute akzeptieren. Es ist auch so, ne, man soll schon mit ihnen diskutieren, auch hin und wieder seine Meinung sagen. Aber ich rauche zum Beispiel nicht, wenn mein Vater da ist. Das finde ich schon unhöflich. (...) Auch in Deutschland soll man die alten Leute akzeptieren und Respekt zeigen.(...) Aber mit meinem Vater kann ich trotzdem diskutieren, und meine Meinung sagen". (Filiz)

Wie oben kurz angedeutet wurde, wird von den Kindern erwartet, ihre Meinung zu bestimmten Sachverhalten zu äußern[73]. Das soll aber maßvoll passieren, d.h. die Kinder sollen mit dem Vater nicht laut sprechen, sie sollen ihn nicht anschreien und ihm soll in der Öffentlichkeit nicht widersprochen werden, weil das von der Umwelt als Autoritätsverlust und Schwäche betrachtet werden könnte.

> „Mit ihm kann ich, habe ich eben gesagt, diskutieren. Aber wenn viele Leute da sind, fremde Leute, dann diskutiere ich nicht. Weil die Leute denken, ‚guck mal die Filiz, diskutiert und widerspricht dem eigenen Vater.‘" (Filiz)

4.4.2 Die Mutter-Kind-Beziehung

Wie schon beim konservativ-spartanischen Erziehungsstil festgestellt werden konnte, verhält sich die Mutter auch beim Erziehungsstil „zwischen Tradition und Moderne" gegenüber ihrem Sohn ambivalent. Das Ausmaß dieses Verhaltens unterscheidet sich aber in einigen Punkten vom konservativ-spartanischen Erziehungsstil. Die Erziehung des Jungen ist nicht alleine die Aufgabe des Vaters, und die Mutter ist für den gesamten Erziehungsprozess mitverantwortlich; der Sohn erfüllt auch die Anforderungen der Mutter. Sollte der Junge die Anforderungen der Mutter nicht erfüllen oder Widerstand zeigen, wird er von beiden Elternteilen für sein Verhalten bestraft. Die Ambivalenz der Mutter zeigt sich dadurch, dass sie nicht so konsequent ist wie der Vater; sie gibt eher nach und verzeiht ihrem Sohn. Das Einschalten des Vaters sowie die inkonsequente Linie der Mutter wird vom Kind als Schwäche der Mutter gewertet, sodass sie nicht immer ernst genommen wird.

> „Bei meiner Mutter war so: Also, sie hat mir etwas gesagt, ich habe das dann gemacht. Wenn ich etwas nicht richtig gemacht habe, dann hat sie das meinem Vater gesagt. Es war bisschen komisch. Manchmal wusste ich nicht genau, was ich tun sollte, ja weil sie manche Sachen nicht gesagt hat. (...) Irgendwann hab ich gemacht, was mir passte. (...) Ich konnte mich ja nicht auf ihn verlassen. Ja, dann hat mein Vater immer Stress geschoben. (...) Ich machte ja nicht immer, was meine Mutter sagte." (Ali)

Das Verhalten seiner Mutter kommentiert der gleiche Interviewpartner wie folgt:

---

[73] Das wird auch gefördert, indem z.B. die Mädchen immer häufiger als die Jungen einen Kulturverein besuchen. Die Interviewpartnerin Pakize war sogar ein Zeit lang Mitglied der CDU in Nordrhein-Westfalen.

„Ja, mein Vater hat oft ‚Nein' gesagt, wenn ich was wollte. Meine Mutter, war da nicht so streng. Sie dachte vielleicht, es reicht, wenn einer streng ist. (...) ich weiß es nicht genau. Die Mütter tragen einem ja neun Monate. Vielleicht können sie deshalb nicht so fies sein. (...) Sie passen auch auf einen auf, wenn du klein bist. Der Vater macht ja nichts. (...) Er geht arbeiten und schaut Fernseher." (Ali)

Auch bei diesem Erziehungsstil wird die Erziehung der Tochter in erster Linie als Aufgabe der Mutter gesehen, wenn es darum geht, die weiblichen Rollenmuster und das weibliche Verhalten an die Tochter weiterzugeben.

„Ich wurde hier in Deutschland so erzogen, wie ein türkisches Mädchen in der Türkei erzogen wird. Das heißt, wenn jemand kommt, musste ich die Küche übernehmen, Tee oder Kaffee kochen und anbieten, sauber sein; das hat alles meine Muter mir beigebracht. Ich sollte Vorzeigemädchen für das Umfeld sein. So wurde ich auch erzogen. Meine Mutter hat mir nicht immer erlaubt raus zu gehen. Wenn wir zum Beispiel mit der Schule für mehrere Tage wegfahren wollten, hat mir meine Mutter das nicht erlaubt. Ich durfte, als ich klein war, auch nicht immer am Tanzunterricht teilnehmen."[74] (Oya)

Die Mutter ist bei den erzieherischen Belangen des Mädchens sehr konsequent, zeigt keine Schwächen und verhängt bei ungehorsamem Verhalten Sanktionen. Die Mutter-Tochter-Beziehung „taut" auf, wenn die Tochter sich im heiratsfähigen Alter befindet. Wenn die Tochter z.B. heiraten möchte, wird die Mutter zunächst informiert. Die Mutter glättet auch die Fronten, sollte es Probleme mit dem Vater geben. Hier unterscheidet sich die Mutter vom Vater, weil sie eher die Entscheidung der Tochter akzeptiert. Falls der Vater Widerstand gegen die Eheschließung der Tochter zeigt, übernimmt die Mutter die Rolle der Vermittlerin.

Wenn es um Bildung, Berufsausbildung oder das Studium geht, schaltet sich der Vater aktiv ein, falls er sich mit dem hiesigen Schul- und Berufsausbildungssystem auskennt.

„Bei der Berufswahl haben meine Eltern mir sehr viele Freiheiten gegeben. Sie haben mich auch sehr unterstützt. (...) Mein Vater hat das mehr gemacht, ja er kennt das System besser. Er hätte gewünscht, dass ich studiere. Er wusste auch, das klappt nicht. (...) Vielleicht, ich war nicht sehr gut in der Schule. Es war ja auch eine Hauptschule, das wusste er." (Filiz)

4.4.3 Die Geschwisterbeziehung

Beim Erziehungsstil „zwischen Tradition und Moderne" herrscht zwischen den Geschwistern ein anderer Umgangston als z.B. beim konservativ-spartanischen Erziehungsstil, die Jüngeren sprechen die Älteren als *abi* bzw. *abla* an, bezeichnen diese Ansprache öfters als „Mundgewohnheit".

---

[74] Die unterstrichene Passage wurde aus dem Türkischen frei vom Autor übersetzt.

„Also ich habe einen älteren Bruder, du kennst ihn doch, ich sage zu ihm immer abi. (...) Das ist schon Respekt. (...) Aber das ist doch nicht alles. (...) Ich kann auch abi sagen, und später sagen, ‚deine Meinung ist mir egal'. Das ist doch nicht schön, oder? (...) Ich habe das immer so gelernt von klein auf. Ich sage zu ihm immer abi. Ich kenn das nicht anders." (Pakize)

Pakize bezeichnet ihr Rauchen in Anwesenheit ihres älteren Bruders nicht als Verletzen des Respekts. Sie definiert den Wert des *saygı* (Respekt) anders.

„Wenn mein Vater im Zimmer ist, würde ich nie eine Zigarette anzünden, weil ich das nicht kann, das ist auch unhöflich. (...) Bei meinem Bruder ist es anders. Er raucht auch, ne. Und er hat auch nichts dagegen. (...) Ich empfinde das nicht als saygısızlık[75] und er auch nicht. (...) Wir haben uns immer gut verstanden. Wir werden uns, hoffe ich – auch in Zukunft gut verstehen. Ob ich rauche oder nicht, das spielt doch keine Rolle. Es ist wichtig, es ist schwer zu sagen, ja, dass wir uns mögen, gut, verstehen und akzeptieren. Ja, ich denke dadurch kommt auch saygı[76]." (Filiz)

Die Eltern sanktionieren das deviante Verhalten der jüngeren Geschwister nicht rigide. Sie äußern lediglich den Wunsch, dass in Anwesenheit des Älteren – insbesondere des Bruders – nicht geraucht werden soll.

„Also meine Schwester raucht, wenn ich da bin. (...) Ja, das wissen meine Eltern. (...) Am Anfang haben sie immer gesagt: ‚Mach das nicht, das ist nicht schön!'. Aber irgendwann haben sie dann aufgegeben. (...) Ich denke, weil ich ja auch nichts dagegen hatte." (Ali)

Auch bei diesem Erziehungsstil werden die älteren Geschwistern damit beauftragt, die jüngeren Geschwister bei den Hausaufgaben zu unterstützen, weil den Eltern häufig die nötigen Kenntnisse besonders in der deutschen Sprache fehlen. In einigen Fällen ist auch beim „traditionell-modernen" Erziehungsstil die älteste Schwester die Ansprechpartnerin, wenn erzieherische und organisatorische Fragen, die die jüngeren Geschwister betreffen, im Vordergrund stehen.

„Ich habe auch zwei jüngerer Brüder. (...) Ich habe oft auf sie aufgepasst. Meine Mutter arbeitet immer noch. Sie hat immer Schichtarbeit. Ich habe immer auf meine Brüder aufgepasst, wenn meine Mutter nicht zu Hause war." (Pakize)

Hier kann davon ausgegangen werden, dass die Interviewpartnerin, die Hauptansprechpartnerin für die beiden jüngeren Brüder war, weil beide Elternteile erwerbstätig waren; die Mutter sogar in Schichtarbeit. Der Vater hat sie zwar bei der Hausaufgabenbetreuung unterstützen können, weil er Lehrer ist; bei anderen Aufgaben war sie aber alleine für die jüngeren Brüder zuständig.

---

[75] Respektlosigkeit
[76] Respekt

4.4.4 Die Bedeutung der Eheschließung

Beim „traditionell-modernen" Erziehungsstil sehen sowohl die Männer als auch die Frauen in der Ehe die einzige Form des gemeinsamen Lebens mit einem Partner; außereheliche Partnerschaften bilden eher die Ausnahme. Hier konnte festgestellt werden, dass, obwohl viele Frauen eine Berufsausbildung haben, eine geschlechtsspezifische Arbeitsteilung vorhanden ist. Drei Interviewpartnerinnen, die diesem Erziehungsstil zugeordnet werden konnten, haben die klassische Rolle einer Hausfrau ausgeübt, obwohl zwei von ihnen vor der Eheschließung im Bereich des Einzelhandels erwerbstätig waren. Die andere Interviewpartnerin, die Studentin war, hat nach der Eheschließung das Studium „schleifen" lassen; auch sie war während der Befragung Hausfrau. Die Ehefrau des einzigen männlichen Interviewpartners hat auch nach der Eheschließung ihre Tätigkeit zunächst aufgegeben. Das heißt die Zuständigkeit dieser Frauen ist weitgehend auf den häuslichen Bereich (Kochen, Putzen, Erziehung und Betreuung der Kinder etc.) beschränkt. Dadurch sind diese Frauen ökonomisch und rechtlich von ihren Ehemännern abhängig, und die Männer üben die Rolle des Ernährers aus. Die Gründe dafür liegen in erster Linie darin, dass die Frauen nach der Heirat ihren Männern in eine andere Stadt folgen, wie dies z.B. bei den beiden Interviewpartnerinnen Pakize und Filiz der Fall ist. Außerdem üben diese Frauen ihre Berufe auch nicht aus, weil sie zunächst ein Kind haben wollen. Drei Interviewpartner hatten während der Befragung ein bzw. mehrere Kinder unter drei Jahren. Eine Interviewpartnerin war frisch verheiratet und wünschte sich ein Kind. Das Aussetzen der beruflichen Tätigkeit der Frauen und ihre Rolle ausschließlich als Hausfrauen sind temporär (bis zum Kindergartenbesuch des Kindes oder der Kinder).

> „Im Moment bin ich im Erziehungsurlaub. (...) Korrekt ist es eigentlich anders: nachdem ich geheiratet habe, habe ich nicht mehr gearbeitet. (...) Weil ich ja von Nordrhein-Westfalen nach Hessen gekommen bin. Ich werde meinen Beruf vielleicht später[77] ausüben. Ich mag meinen Beruf eigentlich nicht so sehr. Ich spiele mit den Gedanken, vielleicht etwas anderes zu lernen oder zu machen. Also, ich muss nicht unbedingt in meinem Beruf arbeiten. (...) Vorher war ich eigentlich auch nicht ganz zufrieden mit meinem Beruf. (...) Ja, es waren die Arbeitszeiten, ich habe im Einzelhandel gearbeitet, das war bisschen anstrengend und durch Personalmangel war man also überfordert. Daher wollte ich nicht unbedingt diese Arbeit weitermachen. Vielleicht, wenn ich eine Arbeit finde, wo man nicht so viel arbeiten muss, arbeite ich wieder." (Pakize)

Die Eheschließung wird von den Eltern sowohl unter dem Aspekt der individuellen Austauschbeziehungen als auch unter dem Gesichtspunkt der Verbindung zweier

---

[77] Mit „später" meint die Interviewpartnerin, wenn ihre zweijährige Tochter in den Kindergarten kommt.

Familien, die ihre Kinder miteinander verheiraten, betrachtet. Falls die Kinder eine romantische Liebesehe schließen wollen, stimmen die Eltern zu, wenn sie das Umfeld des Ehepartners kennen. Der Hauptgrund für die Absage an eine Heirat ist häufig nicht die individuelle Ablehnung der Braut oder des Bräutigams, sondern ein Vorbehalt gegenüber der gesamten Familie. Auch aus diesem Grund lehnen die Eltern eine Ehe zwischen den Kindern alevitischen und sunnitischen Glaubens ab. Sie gehen davon aus, mit diesen Familien aufgrund der unterschiedlichen Interpretation des Islam und der verschiedenen Weltanschauungen keine familiäre Verbindung eingehen zu können. Das primäre Ziel ist nicht so sehr, eine Ehefrau oder einen Ehemann aus der Türkei zu wählen, sondern einen Partner zu finden, der für eine familiäre Verbindung geeignet ist. Ist das in Deutschland nicht möglich, weil das „eigentliche Umfeld" der Familie sich nicht in Deutschland befindet, orientiert man sich Richtung Türkei. Wie es bei der konservativ-spartanischen Erziehung auch der Fall war, liegt das Hauptmotiv der Eheschließung in religiösen, kulturellen und wirtschaftlichen Ressourcen.

> „Meine Eltern haben meine Ehe sofort akzeptiert. (...) Ja, sie kannten meinen Mann ja. Er war sehr oft bei mir, meine Eltern kannten ihn ja schon. Wir waren ja mehrere Jahre befreundet. (...) Ja, der wichtigste Grund war ja, der ist Alevi und ich bin Alevi. Am meisten war mein Vater davon begeistert. Deshalb sagte er auch ‚so sind gute Jungen, so sind gute alevitische Jungen' (...) Mein Vater sagte immer Ja. ‚Ist der Junge gut, dann ist die Familie auch gut. Die Ehe klappt besser, wenn die Familien sich gut verstehen.' (...) Ich denke, mein Vater hat Recht. Ich komme nur mit Schwiegereltern klar, wenn sie offen sind. Und wenn ja sie nicht so streng sind." (Filiz)

Die Anfangsphase der Ehe kann insbesondere für die Frauen belastend sein, wenn sie vor der Ehe einer geregelten Erwerbstätigkeit nachgingen. Das Ausmaß und die Art der Belastung ist nicht identisch mit dem bei einem verständnisvoll-nachsichtigen Erziehungsstil, weil hier die Doppelrolle der Frau, Erwerbstätigkeit und Haushaltsführung, nicht vorhanden ist sowie die Individualität während der Erziehung nicht so sehr gefördert wurde wie beim verständnisvoll-nachsichtigen Erziehungsstil.

> „Ich langweile mich etwas hier. (...) Ja, weil ich ja in einer neuen Stadt bin, vorher habe ich auch gearbeitet. Und ich arbeite hier nicht. Alle meine Freunde habe ich dort gelassen. (...) Ich kenne hier eigentlich die Eltern und die Verwandten von meinem Mann. Ich muss mich daran gewöhnen. Ich tue ja nichts und es ist schwer, nichts zu tun. (...) Meine Mutter sagt, man gewöhnt sich dran." (Filiz)

Filizs Ausführungen machen deutlich, dass diese Belastung nicht nur in dem Verlust der Selbstbestimmung begründet liegt, sondern vielmehr mit der Gewöhnungsphase an das neue Umfeld zu tun hat.

Die Jungfräulichkeit der Ehefrau steht nicht unbedingt im Vordergrund. Eine ehrenhafte Frau, auch wenn sie vor der Eheschließung Geschlechtsverkehr hatte, soll eine eigene Persönlichkeit haben.

> „Eine ehrenhafte Frau, das ist eine, die zu ihrer Meinung steht, die sich auch so ausgibt, wie sie ist. Also, nicht irgendwelche Rollen spielt, sondern sie zeigt sich, wie sie ist. Das ist für mich eine ehrenhafte Frau. (...) Nein, ich lege mehr Wert auf die innere Werte, auf die Persönlichkeit der Frau. Nicht auf irgendwelche Körperteile der Frau. Ihre Gedankenführung, wie sie ist, wie sie zu mir ist, ob sie ehrlich und treu zu mir ist und die Jungfräulichkeit kommt von selbst. Ich meine, das ist Quatsch. Wenn das stimmt, dann ist doch Jungfräulichkeit meiner Frau nicht mehr so wichtig." (Ali)

Dem Interviewpartner sind vor allem die persönlichen Grundvoraussetzungen einer Lebenspartnerin wichtig. Die Ehre der Frau wird nicht unbedingt in ihrer „Unberührtheit" gesehen, sondern an ihrem Verhalten gegenüber Männern gemessen. Eine Freundschaft, wenn es sich um eine einmalige handelte und es währenddessen zu Sexualkontakten gekommen ist, wird vom zukünftigen Ehemann geduldet. Aber mehrere Männerbekanntschaften vor der Eheschließung werden nicht akzeptiert, da das als Anzeichen für künftige Untreue gewertet wird.

4.4.5 Die Bedeutung der Religion

Das oberste Prinzip ist bei diesem Erziehungsstil zwar nicht in der Religion oder im Islam begründet, aber die Eltern fördern ihre Kinder dabei, Gebete und Suren aus dem Koran zu lernen, eine Moschee aufzusuchen, oder einen Korankurs zu besuchen. Auch beim „traditionell-modernen" Erziehungsstil werden die Kinder zunächst theoretisch aufgeklärt.

> „Also, mein Vater hat ja, als ich klein war, mich darüber aufgeklärt, welche Religion wir haben. Ja, er hat mir gesagt, was die Unterschiede sind und so. (...) Meine Mutter hat das mit mir auch gemacht. Aber ich wurde nie dazu gezwungen oder so. (...) Ich wollte auch ja selber einiges über unsere Religion erfahren. Das war ein Teil vom Leben." (Filiz)

Die Eltern und die Kinder leben nicht für die Religion, sondern mit der Religion. Das allgemeine Bild der türkischen Mädchen in der Öffentlichkeit – dass sie gezwungen werden, ein Kopftuch zu tragen, oder sie eine Koranschule besuchen müssen – kann hier nicht bestätigt werden. Es fällt aber auf, dass die Interviewpartner eine religiöse Erziehung mit dem äußeren Erscheinungsbild, wie z.B. mit dem Tragen eines Kopftuches[78] oder dem Besuch eines Korankurses verbinden. Die Wert- und Normvorstellungen, die während der Erziehung vermittelt werden, wer-

---

[78] Dies konnte auch beim verständnisvoll-nachsichtigen Erziehungsstil beobachtet werden.

den nicht mit der Religion oder dem Islam begründet, sondern mit der Lebenseinstellung.

> „Ich habe nicht direkt eine religiöse Erziehung bekommen. Ich habe kein Kopftuch
> tragen müssen, meine Mutter trägt ja auch keines. Ich habe von mir aus damals ver-
> sucht, religiöse Dinge zu machen. Zum Beispiel habe ich versucht, Koran zu lesen,
> ich habe irgendwie versucht mir die arabische Schrift beizubringen – irgendwann ha-
> be ich aber aufgegeben. Ich habe diese Suren, die man zum Beten braucht, auswendig
> gelernt. Das alles habe ich gemacht. Ich habe auch gelernt, wie man betet. Aber so
> richtig religiös, weiß ich nicht. (...) Ich wurde dazu auf keinen Fall gezwungen. Ich
> wurde dafür natürlich gelobt. (...) Wenn meine Eltern mir irgendwelche Werte geben
> wollten, hat das mit dem Islam nichts zu tun gehabt. Es hat viel mehr damit zu tun,
> dass die Einstellungen wertvoll und erhaltenswert sind. Es kann auch sein, dass diese
> Werte im Koran sind. (...) Aber sie haben mir nicht gesagt, das musst du jetzt machen,
> weil das im Koran steht oder so. Wie gesagt, das ist die individuelle Lebenseinstel-
> lung."[79] (Oya)

Das heißt, den Kindern werden die religiösen Werte weitergegeben, aber nicht aufgezwungen; deviantes Verhalten wird geduldet und nicht rigide sanktioniert.

> „Eben habe ich das ja gesagt, ich habe freiwillig damit angefangen, ich habe auch
> freiwillig damit aufgehört. (...) Meine Eltern haben nichts gesagt. Das war meine Ent-
> scheidung. (...) Mein Vater hätte gerne gesehen, dass ich damit weiter mache, aber
> böse oder sauer ist er deshalb nicht." (Oya)

Da die Kinder im Hinblick auf die Religion gewisse Freiheiten genießen, kann beobachtet werden, dass sich einige, wie dies auch bei einer verständnisvoll-nachsichtigen Erziehung der Fall ist, in der Adoleszenz von der Religion bzw. vom Islam distanzieren.

> „In der Erziehung hat keiner gesagt, mach das und mach dies. Also, mit Gottesangst
> bin ich nicht aufgewachsen. Mein Vater war selber auch nicht religiös, meine Mutter
> glaube ich auch nicht. Wir haben uns ja selber erzogen, weil meine Mutter sehr früh
> starb. (...) Irgendwann habe ich auch gesagt, das muss nicht sein, das ist nicht mein
> Ding."[80] (Ali)

Wie der Aussage von Ali entnommen werden kann, ist der Grund für die „nichtre-
ligiöse Erziehung" in der Einstellung seiner Eltern, insbesondere des Vaters (da die
Mutter früh starb), zu suchen. Die Kinder der Familie wurden zwangsweise „frei
erzogen", weil die Mutter nicht mehr lebte und der Vater aufgrund der Schichtarbeit wenig Zeit für seine Kinder hatte.

---

[79] Die unterstrichene Passage wurde aus dem Türkischen frei vom Autor übersetzt.
[80] Mit „das ist nicht mein Ding" meint der Interviewpartner, dass diese Religion ihm nicht sehr viel
bedeutet. Diese Feststellung von Ali geschah in der frühen Adoleszenz.

4.4.6 Das Heiratsalter

Das Heiratsalter beim „traditionell-modernen" Erziehungsstil kann ganz unterschiedlich sein; während der Interviewpartner Ali 33 Jahre alt war, als er heiratete, waren die Interviewpartnerinnen Filiz und Oya nur 22 Jahre alt. Das Heiratsalter bei diesem Erziehungsstil ist höher als beim konservativ-spartanischen Erziehungsstil, weil eine Eheschließung vor einer Berufsausbildung weder bei den Eltern noch bei den Kindern eine große Zustimmung findet. Es ist aber entschieden niedriger als beim verständnisvoll-nachsichtigen Erziehungsstil, weil eine partnerschaftlich-sexuelle Beziehung nur in Form einer Ehe existieren kann.

> „Also, meine Eltern hatten nichts dagegen. Ich hatte ja eine Lehre gemacht. Ich war auch schon am Arbeiten. Außerdem war ich nicht die Jüngste. (...) Als dann der passende Mann kam, haben sie nichts gesagt. (...) Wir wollten eigentlich früher heiraten. Aber unsere Eltern haben gesagt, wir sollen erst die Lehre machen. (...) Mein Mann war in der Ausbildung, und ich war in der Ausbildung. Dann haben sie ja gesagt, ja wir sollen zuerst unsere Lehre zu Ende bringen. (...) Ja, und als wir fertig wurden, haben wir dann geheiratet." [81] (Filiz)

Der Zeitpunkt der Eheschließung begründet sich bei diesem Erziehungsstil in folgender Reihenfolge: erst kommt die materielle Sicherheit und danach kann eine Ehe geschlossen werden. Es gibt aber auch durchaus Abweichungen; die Interviewpartnerin Oya hat einen (deutschen) Mann geheiratet, obwohl sie noch Studentin war. Ihr Ziel war es, zunächst das Studium mit Erfolg abzuschließen. Als sie mit 22 Jahren ihren Mann heiratete, hatte sie keine Gelegenheit gehabt, ihn näher kennen zu lernen und mit ihm länger befreundet zu sein, weil die Eltern gegen eine außereheliche Partnerschaft waren. Die einzige Gelegenheit, mit ihrem Freund zusammen zu sein, ergab sich durch eine Eheschließung:

> „Im September haben wir angefangen uns füreinander zu interessieren. Und im Mai haben wir geheiratet. Das heißt acht Monate, ging sehr schnell. (...) Als ich ihn heiratete, war ich zweiundzwanzig. Es gab natürlich Probleme bei mir zu Hause. Entweder ich habe eine Beziehung, die ist gefestigt[82], sonst ist das eine halbe Sache. Das hätten meine Eltern nie und nie mehr akzeptiert, besonders mein Vater nicht. Unsere Heirat war schon sehr, sehr schwierig, muss ich schon sagen. Damals hätte es entweder nur ein ‚Ja' oder ein ‚Nein' gegeben. Wir haben dann eine Ehe durchgezogen, weil sie das andere nicht akzeptiert hätten." (Oya)

---

[81] Die unterstrichene Passage wurde aus dem Türkischen frei vom Autor übersetzt.
[82] Mit Festigung der Beziehung ist in diesem Kontext eine Eheschließung gemeint.

4.4.7 Der Ort der Hochzeit

Wie beim konservativ-spartanischen Erziehungsstil werden auch hier für die Hochzeitsfeier große Säle oder Sporthallen gemietet, um so vielen Gästen wie möglich ausreichend Platz zu bieten. Gleichsam wird die Hochzeit nicht von den Brautpaaren organisiert, sondern von deren Eltern, da das Ansehen der Eltern in erster Linie an der Anzahl der Gäste gemessen wird. Die Eltern der Brautpaare nehmen aber Rücksicht auf die Wünsche ihrer Kinder, wobei über die Größe – viele Gäste, großer Saal, Live-Musik – der Hochzeitsfeier nicht diskutiert wird. Die Wünsche der Kinder sind eher nebensächlich und werden respektiert, was z.B. die Fragen betrifft, welche Band die Musik spielt, wo der Freundeskreis des Ehepaares im Saal Platz nehmen kann oder welche Reihenfolge bei der Abendgestaltung festgelegt wird.

> „Ja, an der großen Hochzeit konnten wir nicht viel ändern. Unsere Eltern wollten das halt so, wir wollten das denen auch gönnen. Dann haben wir gesagt, ich meine ja, innerhalb der Hochzeit, ja, Dinge machen, die uns gefallen. (...) Ja, auch moderne Musik, nicht nur diese klassische, klassische türkische Musik. Und viele junge Leute und Freunde und so." (Filiz)

Die Hochzeitsfeier von Oya fand in einem Hotel statt, weil schnell geplant werden musste und ein großer Saal mit vielen Gästen nicht so rasch organisiert werden konnte. Darum wurde ein Kompromiss hinsichtlich der Anzahl der Hochzeitsgäste geschlossen, da Hotels in der Regel nicht für Massenhochzeiten geeignet sind. Die Wahl eines Hotels war auch ein Kompromiss zwischen der türkischen und der deutschen Familie, da beide Familien an einem anderen Ort feiern wollten.

> „Ja, wir haben in einem Hotel geheiratet. Das musste ja alles sehr schnell gehen. Wir haben auf Anhieb nichts gefunden. Bei den Türken ist es ja so, dass man sehr viele Leute – vierhundert, fünfhundert Leute – einladen muss. Bei den Deutschen ist es so, man lädt wenig Leute ein, dafür gibt es ein ganzes Menü von Essen, Kuchen und Kaffee. Wir haben uns dann auf 150 Leute geeinigt – Türken und Deutsche, die Hälfte Türken, die Hälfte Deutsche. Dann fand das im Hotel statt, mit türkischer Musik, mit deutscher Musik, jeder musste auf seine Kosten kommen." (Oya)

4.4.8 Die Hochzeitsfeier

Obwohl die Prozedur der Hochzeitsfeier bei diesem Erziehungsstil mit jener bei der konservativ-spartanischen Erziehung (nämlich: ,um die Hand der Frau bitten', Hennaabend sowie die Feier in einem Saal) identisch ist, gibt es Unterschiede bei der Durchführung der einzelnen Schritte.

Um die Hand der Frau bitten: Beim „traditionell-modernen" Erziehungsstil ist dieser Brauch ein fester Bestandteil der Hochzeit und wird fast immer vollzogen. Eine Trennung nach Geschlechtern findet hier nicht statt, der Bräutigam nimmt daran teil, er redet und unterhält sich, auch wenn er nicht gefragt wird. Nur während der eigentlichen Aussage, wenn das älteste Mitglied der Familie das Wort ergreift, um um die Hand der Braut zu bitten, verlässt das Paar den Raum. Zwei Besuche sind hier nicht vonnöten, eine Absage an die Eheschließung wird nicht mehr erwartet, da diese Entscheidung bereits im Vorfeld mit den beiden Kindern geklärt wurde. Der Interviewpartner Ali schildert diesen Abend so, dass Unterschiede im Vergleich zur konservativ-spartanischen Erziehung zu beobachten sind.

> „Ich habe dann mit meiner Frau gesprochen, wann wir sie besuchen können, oder meine Eltern bei ihren Eltern für mich um ihre Hand bitten würden. Dann hatten wir ein Datum ausgemacht. Da bin ich sogar noch mitgefahren. Normal heißt ja, der Bräutigam fährt an diesem Tag nicht mit. Aber das ist ja veraltet. Meine Eltern meinten, ich soll mitfahren. Dann sollte ich und meine Frau aus dem Zimmer rausgehen, weil da wurde in dem Moment um die Hand der Frau gebeten. (...) Da waren: ihr Onkel war dabei, ihre Tante war dabei und ihre Eltern und Geschwister. Und von unserer Seite: mein Schwager, mein Bruder, mein Vater, meine Stiefmutter, wer war noch da? Und der Schwager von meinem Bruder war noch da. Und da hat ihr Onkel ihren Vater vertreten – es geht halt auch nicht direkt, da werden noch Vertretungen ausgesucht – und der Bruder von meinem Schwager hat meinen Vater vertreten. Es wurde halt um die Hand der Frau gebeten. Und ihre Eltern haben zum Schluss sie noch mal gefragt. Ihr Onkel war noch mal bei ihr, um zu wissen, ob es wirklich ihre Gedanken sind oder ob von anderer Seite Gewalt ausgeübt wird. Gut, viel habe ich selber nicht mitgekriegt, weil ich nicht drin saß. Ich weiß das von Erzählungen." (Ali)

Aus den Aussagen von Ali kann abgeleitet werden, dass es bei diesem Brauch örtlich kleine Abweichungen gibt – wie z.B. die Vertretung der Väter durch andere Mitglieder der Familie. Die Gründe dafür sind folgende: es gibt keine Großeltern der beiden Ehepaare, die das Wort ergreifen und die Initiative übernehmen können. Die Väter werden bei dieser Sache für befangen gehalten, weil ursprünglich bei solchen Gelegenheiten der Brautpreis festgelegt wurde. Bevor das endgültige Jawort gegeben wird, wird die Braut vom Vertreter des Vaters unter vier Augen befragt, ob dieser Entschluss ihre freie Entscheidung – ohne Ausübung von Gewalt oder Druck von Seiten der Eltern – ist.

Auch bei diesem Erziehungsstil entfällt die Prozedur „um die Hand der Frau zu bitten", wenn ein deutscher Ehepartner geheiratet wird.

> „Also, um meine Hand bitten, die bei Türken üblich ist, hat es nicht gegeben. (...) Es war ja eine Krisensituation und mein Onkel ist extra aus der Türkei gekommen. Mein Onkel und andere Leute aus diesem Verein haben ja vermittelt und verhandelt. Die haben sich unterhalten, irgendwann haben sie sich geeinigt und dann haben wir vor dem Hodcha geheiratet." (Oya)

Unter ‚vermitteln' und ‚verhandeln' ist die Feststellung zu verstehen, dass der Ehemann der Interviewpartnerin zum Islam übergetreten ist. Erst dadurch war der Vater mit einer Eheschließung seiner Tochter einverstanden.

Kına gecesi (Hennaabend): Beide Brautpaare und deren Eltern sehen diesen Brauch als einen festen, unumgänglichen Bestandteil der Hochzeit an; Abstriche werden nicht toleriert. Von der Gestaltung her ist der Verlauf des Abends mit dem beim konservativ-spartanischen Erziehungsstil identisch. Der wesentliche Unterschied besteht darin, dass an diesem Abend auch Männer aus der nahen Verwandtschaft und dem Freundeskreis beider Familien teilnehmen dürfen. Die Braut bzw. ihren Eltern organisieren den Abend mit Abendessen, Musik, Tanz und (alkoholischen) Getränken. Da auch bei diesem Erziehungsstil der Abend zum Abschied der Braut dient, werden traurige Lieder gesungen. Ziel des Abends ist es, die Braut zum Schluss zum Weinen zu bringen, da das Weinen den Abschied, die Trauer und das Ablösen vom Elternhaus symbolisiert.

> „Also, an diesem Hennaabend haben natürlich auch Männer teilgenommen, auch mein Mann natürlich. (...) Das hat aber mit der Religion nichts zu tun. Es gibt solche Familien und solche Familien. Bei uns ist es so, auch Männer nehmen teil. (...) Ja, da wurden auch ağıt – traurige Lieder gesungen. Ja, die Braut soll ja weinen, alle wollten mich zum Weinen bringen. Ich wollte gar nicht weinen. Aber ich habe gesehen, wie meine Tante meine Mutter oder meine Cousine weinen. Ich habe sie gesehen und auf einmal habe ich auch angefangen zu weinen." (Pakize)

Die Hochzeitsfeier: Die Hochzeitsfeier wird auch beim „traditionell-modernen" Erziehungsstil vom Bräutigam bzw. seinen Eltern geplant. Es geht in erster Linie darum, eine große Hochzeitsfeier mit sehr viele Gästen zu organisieren; kleine Änderungsvorschläge können, wie oben erwähnt, von den Kinder eingebracht werden. An dem gesamten Konzept der Hochzeit – großer Saal, viele Gäste und Verwandte aus Deutschland, der Türkei und benachbartem Europa – wird nichts verändert. Darauf haben die Kinder kaum Einfluss, weil auch hier die Eltern dem Umfeld zeigen wollen, dass sie in der Lage sind, sich eine große und kostenaufwendige Hochzeit leisten zu können. Wie beim konservativ-spartanischen Erziehungsstil ist der Höhepunkt der Hochzeit für die Eltern das Schenken von Geld und Gold:

> „Ich habe ja immer gedacht, das ist irgendwie nicht unsere Hochzeit. Es war die Hochzeit unserer Eltern. Sie wollten ja der Welt zeigen, dass sie so etwas Tolles organisieren können. (...) Am nächsten Tag haben alle diskutiert, ja wer hat was geschenkt. (...) Ob die Leute zufrieden waren, oder ja ob die Leute sich amüsiert haben, spielte keine Rolle. Es wurde auch immer geschimpft. (...) Ja ich habe auf deren Hochzeit so und so viel gegeben und die auf unserer Hochzeit nur so wenig." (Filiz).

Aus der Aussage von Filiz wird deutlich, dass das Schenken von Geld und Gold ein Geben und Nehmen ist. Wenn ein Bekannter oder Verwandter zu wenig Geld oder Gold schenkt, muss er mit Abstrichen rechnen, wenn er selbst eine Hochzeit organisiert. Diese Form des Schenkens kann als eine Art „Geld ausleihen" betrachtet werden, denn es wird darauf geachtet, wer wem bei welcher Hochzeit wie viel geschenkt hat, damit auf der Hochzeit des Anderen der gleiche oder ein höherer Betrag überreicht werden kann.

> „Dieses Schenken ist blöd. Da ändert sich ja nichts. Meine Eltern haben an jeder Hochzeit teilgenommen, haben überall Geld geschenkt. (...) Sie hoffen auf meiner Hochzeit, ja diese Leute sollen ja zu meiner Hochzeit kommen und am besten natürlich das Gleiche schenken oder so." (Pakize)

4.4.9 Die islamische Ehe

Grundsätzlich wird beim Erziehungsstil „zwischen Tradition und Moderne" der Wunsch nach einer islamischen Eheschließung von den Eltern geäußert. Aber eine Ehe, die nur auf einer islamischen Form beruht, wird nicht uneingeschränkt begrüßt. Viele Eltern äußern den Wunsch, dass vor oder nach der standesamtlichen Eheschließung eine religiöse Trauung stattfinden soll. Auch stimmt das Brautpaar einer religiösen Trauung nur zu, weil die Eltern in der Regel eine religiöse Heirat wünschen bzw. diese vorschreiben.

> „Es gab bei uns auch eine religiöse Trauung. Das war nicht unserer Wunsch, sondern von unseren Eltern. Mein Schwiegervater wollte das sehr. Da kam ein Dede. Also kein Hodcha, bei Aleviten macht das ein Dede. Der ist einer, der vom Gott geheilt wurde, angeblich. (...) Wir haben uns auch sehr kaputt gelacht (lacht auch hier). Der hat irgendwelche Gebete gelesen, und uns noch mal gefragt, ob jemand Druck ausübt, zur Heirat, ob das unser freier Wille ist, hat er uns noch mal gefragt. Dann hat er – was hat der Dede noch gesagt? – ja, ob wir irgendetwas voneinander verheimlicht haben, das wir jetzt sagen sollten. Ich weiß es nicht mehr, es ist ein paar Jahre her. (...) Nachdem Hennaabend haben wir dann standesamtlich geheiratet. Das ist die eigentliche Ehe. (...) Nein, unsere Eltern würden nie aufs Standesamt verzichten, ja am besten auf keine verzichten. (...) Ja, wenn man auf eine verzichten müsste, dann würde ich sagen, auf alle Fälle, auf die, diese religiöse Ehe, aber nicht Standesamt, sonst hat keiner Rechte und Pflichten." (Ali)

Beim „traditionell-modernen" Erziehungsstil kann im Gegensatz zur verständnisvoll-nachsichtigen Erziehung beobachtet werden, dass die Eltern auch eine islamische Eheschließung verlangen, wenn ihre Kinder einen deutschen Ehepartner heiraten.

> „Das war der Wunsch meines Vaters, es sollte eine islamische Ehe stattfinden, also auf religiöser Basis etwas gemacht wird. (...) Für mein Mann war das kein Problem, dass Gott eins ist und der Prophet der Mohammed ist, das hat er akzeptiert, das war für ihn kein Problem, Ich habe ja schon gesagt, er ist Moslem geworden. Wenn man das akzeptiert, ist man ja auch Moslem. Er hat das mit sich vereinbart, deshalb war das auch kein Problem." (Oya)

Hier wird ganz deutlich, dass der Vater von Oya einer Eheschließung nur zugestimmt hat, weil beide bereit waren, eine Ehe nach islamischer Tradition einzuge-
hen. Das war die Hauptbedingung des Vaters, um der Ehe seiner Tochter zuzustim-
men. Eine Eskalation des angespannten Verhältnisses wäre denkbar gewesen, falls
der Ehemann der Interviewpartnerin in eine islamische Eheschließung nicht einge-
willigt hätte.

4.4.10 Die standesamtliche Ehe

Der Wert der standesamtlichen Ehe ist bei diesem Erziehungsstil unumstritten und
sie wurde von allen Interviewpartnern geschlossen. Nur eine Ehe, die rechtliche
Relevanz hat, wird sowohl von den Eltern als auch von den Kindern akzeptiert. Das
beim konservativ-spartanischen Erziehungsstil beobachtete temporäre Zusammenleben, das lediglich mit einer islamischen Eheschließung begründet wurde, kann
hier selten beobachtet werden.

> „Nur Dede-Trauung ist für mich keine Ehe. Ich denke, man soll, ja, wie kann man das
> sagen, vor dem Gesetz als Verheiratete anerkannt werden. Man hat ja dann keine
> Rechte. (...) Ja, Versicherungen, zum Beispiel Krankenversicherung, ich kann ja mein
> Kind mitversichern, was noch? Das Erbrecht und so weiter. Wenn man auf dem Pa-
> pier keine Rechte hat, ist da in meinen Augen keine richtige Ehe. (...) Also, auch un-
> sere Eltern akzeptieren nur eine standesamtliche Ehe. (...) Vorübergehend nur mit
> Dede-Nikah zusammenwohnen? Ne, das würden unsere Eltern nicht akzeptieren. Un-
> sere Eltern sagen, das ist auch meine Meinung, die Paare sollen zusammenwohnen,
> wenn eine Standesamtsehe geschlossen wurde, ja und wenn die Hochzeit gefeiert
> wurde. Dann ist man miteinander verheiratet. Ja, diese Dede-Sache ist der Zuschlag."
> (Ali)

Im Gegensatz zur Hochzeit beim verständnisvoll-nachsichtigen Erziehungsstil
können sich die Paare aber nicht frei aussuchen, ob sie nach der standesamtlichen
Ehe eine religiöse Heirat wollen oder nicht. Aufgrund des elterlichen Drucks müssen viele Paare einer islamischen Trauung, vor oder nach der standesamtlichen
Trauung, zustimmen.

> „Mein Vater wollte unbedingt eine religiöse Ehe. Ich wollte das eigentlich nicht. (...)
> Ja, weil eine standesamtliche Ehe für mich völlig ausreichend ist. Das haben wir ei-
> gentlich für unsere Eltern gemacht." (Pakize)

4.4.11 Die arrangierte Ehe und der Einfluss der Eltern auf die Eheschließung

Auch beim „traditionell-modernen" Erziehungsstil kann festgestellt werden, dass noch arrangierte Ehen vorkommen können. Die Struktur dieser arrangierten Ehe entspricht der des spartanisch-konservativen Erziehungsstils; die Anzahl der arrangierten Ehen ist aber bei diesem Erziehungsstil geringer. Die Mehrzahl der geschlossenen Ehen basieren auf einer romantischen Liebesheirat, die bei einem Großteil der türkischen Bevölkerung in Deutschland beobachtet werden kann. Auch hier spielen die Geschwister und die Eltern – in erster Linie aber die Mutter – eine wichtige Rolle, wenn der Junge oder das Mädchen „verheiratet" werden sollen. Nachdem die Interviewaussagen von Ali ausgewertet wurden, konnte festgestellt werden, dass seine Ehe von der Schwester[83] „arrangiert" wurde: Die Schwester von Ali macht während ihrer Urlaubszeit in der Türkei die Bekanntschaft einer jungen Frau, die auch in Deutschland lebt. Noch im Urlaub verabreden sich die beiden Frauen für ein Wiedersehen in Deutschland. Als es zu diesem verabredeten Besuch kommt, nimmt sie ihren Bruder Ali mit, mit der Begründung, sie dürfe nicht allein von Hessen nach Nordrhein-Westfalen fahren:

> „Kennen gelernt habe ich sie – zum ersten Mal habe ich sie in Bielefeld, bei ihr zu Hause kennen gelernt. Meine Schwester und sie, sie kannten sich. Meine Schwester hat sie besucht, und von meinem Vater aus durfte sie nicht allein fahren, zu ihr, zu meiner jetzigen Frau. Und ich musste halt für sie einspringen, und sie hinfahren; begleiten, damit sie hinfahren durfte. Da hab ich sie zum ersten Mal gesehen. Da hab ich sie zum ersten Mal kennen gelernt." (Ali)

Dass eine junge, ledige Frau nicht allein mit dem Auto z.B. von Frankfurt nach Bielefeld fahren darf, ist bei einigen Familien üblich; sie wird in der Regel von einem männlichen Familienmitglied oder aber von einem verheirateten Paar zu diesem Besuch begleitet. Es ist eher als unüblich zu bewerten, dass Ali – ein junger, lediger Mann – an diesem Besuch teilnimmt. Bei dieser Konstellation wäre es zu erwarten, dass er seine Schwester hinfährt und nach dem Besuch wieder abholt. Der Besuch der Schwester könnte mit dem Hintergedanken geplant gewesen sein, ihren Bruder die Gelegenheit zu geben, eine der Familie – aufgrund des alevitischen Glaubens beider Familien – vertraute junge Frau kennen zu lernen, mit dem Ziel, dass beide einer Ehe zustimmen würden. Erst drei Jahre nachdem sie sich zum ersten Mal gesehen haben, beschließen sie zu heiraten. Aus dem Interviewauszug wird deutlich, dass sie sich während der drei Jahre eigentlich kaum gesehen haben. Nur sechs Monate vor der Eheschließung haben sie sich in Antalya während der Urlaubszeit näher kennen gelernt und sich angefreundet.

---

[83] Die leibliche Mutter des Interviewpartners lebt nicht mehr.

„Wir kannten uns drei Jahre. Aber intensiv kannten wir uns halbes Jahr. Meine Schwester hatte uns bekannt gemacht, ja und danach war nicht mehr viel. Wir haben uns dann in Antalya im Urlaub richtig kennen gelernt. (...) Vorher waren Brüche da. Ich glaube zuerst wollte sie nicht so recht. Und wir haben sehr lange voneinander nicht viel gehört." (Ali)

An dieser Stelle wird sehr deutlich, dass Alis Schwester beide bewusst miteinander bekannt gemacht hat, um auf eine Heirat hinzuwirken. Da Ali von Brüchen spricht, ist zunächst eine Absage oder ablehnende Haltung von Seiten seiner künftigen Frau zu vermuten. Die letzten sechs Monate sind eigentlich als Phase des Kennenlernprozesses für eine partnerschaftliche Liebesehe zu kurz. Denn zwischen dem Sommerurlaub und der Hochzeit vergehen nur sieben Monate. Wenn man die Prozedur der Hochzeitsfeierlichkeit berücksichtigt, ist zu vermuten, dass sie entweder bereits in Antalya beschlossen haben zu heiraten oder aber kurz nach dem Urlaub in Deutschland.

Wie auch beim konservativ-spartanischen Erziehungsstil beobachtet werden konnte, lässt sich zusammenfassend feststellen, dass die Eltern – oder wie in diesem Fall – die Schwester versuchen, eine Ehe zu „arrangieren". Es fällt auf, dass sich die klassische Form, um die Hand einer Frau zu bitten, die dem Jungen nicht bekannt ist, aufgelöst hat[84]. Diese Form des Arrangierens kann sowohl beim konservativ-spartanischen Erziehungsstil als auch beim „traditionell-modernen" als „Verkuppeln" zweier junger Menschen betrachtet werden, da eine Option, dass sich die Paare nicht verstehen könnten, offen gelassen wird. Solch ein Versuch muss nicht um jeden Preis mit einer geglückten Eheschließung enden und niemandem wird beim Scheitern dieses unverbindlichen Versuchs ein Vorwurf gemacht.

---

[84] vgl. den konservativ-spartanischen Erziehungsstil.

5. Resümee

Das Anliegen dieser Arbeit war es, eine genauere Unterscheidung hinsichtlich des Erziehungsprozesses, und unter welchen Kriterien und Bedingungen Migranten-kinder türkischer Herkunft ihre Partner wählen, zu finden. Es konnte deutlich auf-gezeigt werden, dass es bei Migranten aus der Türkei im Hinblick auf Erziehung, Erziehungsverhalten, Rollen- und Autoritätsstrukturen sowie Eltern-Kind-Bezie-hungen, die die Eheschließung und das Eheschließungsverfahren immens beein-flussen, große Unterscheidungen und Abweichungen gibt. Ein homogenes Verfah-ren bei der Eheschließung oder aber eine einheitliche Erziehung konnte im Rahmen dieser Arbeit nicht festgestellt werden. Vielmehr wählen die Migranten türkischer Herkunft ihre Partner nach Kriterien des Lebensstils und der wirtschaftlichen Res-sourcen aus; bei einigen kommen die religiösen und die kulturellen Aspekte hinzu. Darüber hinaus konnte auch nicht belegt werden, dass die jungen Migranten türki-scher Herkunft ihre Ehepartner vorwiegend im Umfeld der Verwandtschaft bzw. in der Türkei[85] suchen. Erziehungsstilübergreifend ist festzuhalten: die Migrantenju-gendlichen, sei es Mädchen oder Junge, setzen sich leichter bei der Partnerwahl ge-gen die Eltern durch, die eine höhere Schul- und Berufsausbildung, wie z.B. FH-oder Universitätsabschluss, haben[86].

Bei einigen Interviewpartnerinnen konnte nach der Eheschließung ein Wechsel in die Rolle der Hausfrau beobachtet werden. Diese Situation resultierte daraus, dass die Frauen die Stadt, in der sie lebten, verlassen haben und keine adäquate Stelle finden konnten oder aber eine „Baby-Pause" einlegen wollten; diese Situa-tion ist temporär. Bei anderen Frauen konnte eine selbstbewusste und selbstver-ständliche Rollen- und Aufgabenverteilung mit dem Ehepartner in Bezug auf Er-werbstätigkeit, Haushalt, Freizeit sowie Kindererziehung festgestellt werden.

Die wichtigsten Ergebnisse der Untersuchung werden im Folgenden mit Blick auf die Zukunft und einer Interpretation auf die dritte Generation zusammengefasst:

(1) Für die gesamte Untersuchungspopulation konnte festgestellt werden, dass sie sich für einen dauerhaften Aufenthalt im Bundesgebiet entschieden hat. Die Türkei wird bezeichnet als „ein schönes Urlaubsland", „ein Land, wo viele Verwandte wohnen" sowie „Heimat meiner Eltern". Die Hauptgründe für einen dauerhaften Aufenthalt in Deutschland können wie folgt zusammengefasst werden:

---

[85] In einem Beitrag von Straßburger, Gaby im Sachverständigenkommission 6. Familienbericht (Hrsg.), 2000, konnte nicht festgestellt werden, wie viele Migranten türkischer Herkunft ihre Partner aus der Türkei wählen, weil in der türkischen Statistik nicht darauf geachtet wird, wo die Ehepaare ihren Lebensmittelpunkt haben. In dieser Statistik werden sie vielmehr als neutrale türkische Staats-angehörige geführt. Aus dieser Studie geht hervor, dass mehr als 80 Prozent, der im Jahre 1996 ge-schlossenen Hochzeiten der Türkinnen und Türken dieselbe Nationalität haben (vgl. S. 35).
[86] Als Beispiele dafür können die Interviewpartnerinnen Oya und Latife genannt werden.

- Im Gegensatz zur ersten Generation spricht die zweite Generation sehr gut Deutsch. Als Beleg dafür kann der Sprachgebrauch in den Interviews angeführt werden; fast alle Interviewpartner konnten sich in Deutsch besser artikulieren als in Türkisch.
- Der Mindestaufenthalt der Befragten in Deutschland beträgt 18 Jahre; d.h. die schulische und familiäre Sozialisation ist in erster Linie in Deutschland vollzogen worden. Dadurch ist der Bezug zur Türkei nicht so intensiv, wie dies bei der ersten Generation zu beobachten ist, die erst im Erwachsenenalter ins Bundesgebiet emigriert ist. Viele Interviewteilnehmer haben nur eine vage Vorstellung davon, wie der Alltag in der Türkei aussieht.
- Neun der zwölf Interviewteilnehmer haben eine abgeschlossene Berufs-, FH- oder Universitätsausbildung; eine Interviewpartnerin war während der Befragung Studentin. Lediglich zwei Interviewpartner waren als Hilfsarbeiter tätig. Die meisten Interviewpartner haben in Deutschland einen gewissen Lebensstandard erreicht, den sie in der Türkei nicht glauben realisieren zu können.

Wenn davon ausgegangen werden kann, dass fast alle Interviewpartner in Deutschland leben wollen und ihre Einstellung in Bezug auf eine „Rückkehr" in erster Linie auf ihre Kinder projizieren werden, wird bei der dritten und vierten Generation ein Leben, das sich in der Türkei fortsetzt, fast nicht denkbar sein.

(2) Bei der zweiten Generation konnte anhand der Interviews festgestellt werden, dass der Wunsch nach höherer Schul- und Berufsausbildung sehr ausgeprägt ist. Einige haben zwar eher zufällig ein Gymnasium besucht, da die Eltern sich mit dem hiesigen Schul- und (dualen) Berufsausbildungssystem nicht auskannten. Aber das heißt nicht, dass die Eltern keine Schul- und Berufsausbildung gefördert haben. Viele Eltern, die der ersten Generation angehören, mussten in der Regel in Schicht arbeiten und haben ihre Kinder unter der Woche kaum gesehen. Dadurch konnten sie ihre Kinder wenig unterstützen. Unterstützung wurde lediglich in finanzieller Hinsicht geleistet. Auch die Grundvoraussetzungen, wie z.B. ein eigenes Zimmer, ein eigener Schreibtisch oder aber eine eigene Intimsphäre, waren oft nicht vorhanden. Die Verantwortung für die schulischen Belange wurde und wird auch heute noch bei vielen Familien in vollem Umfang der Schule übertragen.

Es ist davon auszugehen, dass die zweite Generation bei den eigenen Kindern großen Wert auf Schul- und Berufsausbildung legen wird: Die zweite Generation kennt das komplizierte Schul- und Berufsausbildungssystem in Deutschland gut und beherrscht die deutsche Sprache gut bzw. sehr gut. Da sie sich für einen dauerhaften Aufenthalt entschieden haben, ist zu erwarten, dass auch ihre Kinder in Deutschland sozialisiert werden. Als Hauptziel der Erziehung der Untersuchungspopulation als Eltern wird in erster Linie eine gute Schul- und Berufsausbildung ihrer Kinder angesehen, dies bestätigen die Interviewergebnisse.

(3) Die erste Generation ist mit dem Ziel, binnen weniger Jahre Geld zu verdienen und wieder in die Heimat zurückzukehren, nach Deutschland gekommen. Alles, was mit großen Kosten verbunden war, wie z.B. auch eine hohe Miete, wurde vermieden. Viele große Familien wohnten in kleinen Wohnungen, weil sie dachten, dieser Zustand würde sich ändern, indem sie wieder in die Heimat zurückkehren würden. Bei der zweiten Generation kann diese Denkweise nicht so intensiv beobachtet werden; sie sind bereit, für große Wohnungen auch höhere Mieten zu zahlen. Alle Interviewpartner, die bereits ein Kind hatten, wohnten entweder in größeren Wohnungen oder aber sie waren auf der Suche nach einer größeren Wohnung, um für das Kind ein Einzelzimmer einzurichten. Da die Bereitschaft bei der zweiten Generation, für größere und gut ausgestatte Wohnungen auch dementsprechend hohe Mieten zu zahlen, steigt, ist davon auszugehen, dass sich dieser Trend bei der dritten und vierten Generation noch ausgeprägter fortsetzen wird.

(4) Die Bereitschaft, sich einbürgern zu lassen, ist bei der ersten Generation sehr gering. Einerseits spricht die erste Generation kaum Deutsch, was die Einbürgerung verhindert. Auf der anderen Seite hat die erste Generation immer noch eine starke emotionale und materielle Bindung[87] zur Türkei und will den türkischen Pass behalten. Bei der zweiten Generation konnte ein Trend beobachtet werden, der als pragmatisch zu bezeichnen ist. Eine emotionale Bindung an die Türkei ist bei der zweiten Generation nicht sehr stark ausgeprägt. Die Männer wollen sich primär einbürgern, um sich dem türkischen Militärdienst zu entziehen. Das Hauptmotiv für beide Geschlechter liegt darin, dass sie mit dem deutschen Pass überall ohne Visum einreisen können. Da nach dem neuen Gesetz, das zum 01.01.2000 in Kraft getreten ist, alle neugeborenen Kinder der Migranten automatisch, wenn gewisse Bedingungen[88] erfüllt sind, auch den deutschen Pass erhalten, ist davon auszugehen, dass viele Migranten diese Gesetzesänderung in Anspruch nehmen werden. Für welchen Pass sie sich nach dem 23. Lebensjahr endgültig entscheiden werden, bleibt abzuwarten.

(5) Es konnte beobachtet werden, dass die Migranten der zweiten Generation im Allgemeinen wenig Kontakt zu Deutschen haben. Die Kontakte kommen eher zufällig entweder in der Schule, am Arbeitsplatz oder auf der Straße zustande.

---

[87] Die erste Generation hat in der Türkei sehr viel in Immobilien und Grundstückserwerb investiert. Viele pendeln zwischen den beiden Ländern hin und her und wollen deshalb den türkischen Pass nicht abgeben, da beim Erwerb und Verkauf eines Grundstückes sehr viele Formalitäten zu bewerkstelligen sind, wenn sie nicht im Besitz eines türkischen Passes sind.
[88] Hier muss mindestens ein Elternteil des Kindes seit mehr als acht Jahren in Deutschland leben und mindestens im Besitz eines unbefristeten Aufenthalts sein. Da Deutschland auch hier die Mehrstaatlichkeit vermeiden will, müssen diese Kinder spätestens, wenn sie 23 Jahre alt geworden sind, sich für einen Pass entscheiden.

Die sozialen Kontakte der Interviewpartner beschränken sich meist auf das familiäre Umfeld. Eine Ausnahme stellen die Interviewpartner dar, die mit einem/r Deutschen verheiratet sind, ihr Freundeskreis ist breiter und gemischter.

Geschlechtsübergreifend konnte festgestellt werden, dass viele türkische Migranten nach der Eheschließung ihre Kontakte auf sehr wenige Menschen beschränken. Die Kontakte zu den „alten Freunden" werden in der Regel aufgegeben, mit der Begründung, man müsse sich auf seine Familie und Kind(er) konzentrieren. Diese Einstellung ist sehr tief bei der ersten Generation verankert und bei der zweiten Generation noch stark vorhanden:

> „Alte Freunde sehe ich nicht mehr so, ne. Ich muss arbeiten, viel arbeiten. Ich hab eine Frau und zwei Kinder, ne. Ich habe nicht mehr so viel Zeit wie früher. (...) Früher habe ich nicht groß nachgedacht. Ich bin weggegangen und hab meine Freunde getroffen. (...) Jetzt habe ich zwei drei Bekannte, wir treffen uns am Wochenenden mit denen. Das sind unsere Verwandte. (....) Ja, die sind alle verheiratet und sie haben auch Kinder, ne." (Osman)

Auch bei anderen Nationalitäten kann der Trend beobachtet werden, dass sich nach der Eheschließung der Freundeskreis auflöst und ein anderer Lebensabschnitt beginnt. Die teilweise latente und unterschwellige „Distanzierung" vom Freundeskreis symbolisiert den Beginn eines neuen Lebensabschnittes und des Erwachsenwerdens.

(6) Geschlechts- und erziehungsstilübergreifend kann gesagt werden, dass die Begriffe „Ehre" und „Religion" im Vergleich zur ersten Generation anders interpretiert werden. Ganz wenige Interviewpartner verbinden mit der Ehre die Jungfräulichkeit der Frau. Sehr viele sehen zwischen der Ehre der Frau und der Ehre des Mannes keinen wesentlichen Unterschied, d.h. für die Ehre werden für beide Geschlechter gleiche Maßstäbe angesetzt.

> „Also, wenn ich sage, dass die Frau aus den und den und den Gründen ehrlos ist, dann gilt das auch für den Mann. (...) Ehre ist für mich nicht die Jungfräulichkeit der Frau. Ehre ist für mich – das gilt für beide Geschlechter – wenn man für seine Familie und Kinder sorgt, ja, und nicht bei der nächsten Kleinigkeit abhaut. Man soll auch in einer schweren Phase zueinander stehen. Das ist für mich ehrenhaft. " (Filiz)

> „Wie gesagt, dieser Begriff ist altmodisch und verbraucht. Für mich gibt es keine Unterschiede zwischen der Ehre der Frau und der Ehre des Mannes. (...) Wenn ich sage, diese Frau hat keine Ehre, weil sie oft mit Männern rumhängt, dann sind auch die Männer, die oft mit Frauen rumhängen, ohne Ehre. (...) Diese Doppelmoral der Möchtegernmachos nervt mich sehr." (Levent)

Für die Untersuchungsgruppe konnte festgestellt werden, dass sie eine veränderte Einstellung zum Islam und zur Religion entwickelt hat, d.h. es wird nicht für die Religion, sondern mit der Religion gelebt, und die Religion bildet nicht den Lebensmittelpunkt des familiären Zusammenlebens. Die Religion wird als eine individuelle Einstellung betrachtet; welchen Stellenwert diese für den Einzelnen einnimmt, kann dieser für sich selbst bestimmen.

Es ist davon auszugehen, dass auch die dritte Generation diese Richtung einschlagen wird. Das Postulat einer rigideren Einhaltung der Jungfräulichkeit vor der Eheschließung wird bei der dritten und vierten Generation noch mehr an Bedeutung verlieren. Der sexuelle Kontakt vor der Ehe und außereheliche Partnerschaften werden bei der dritten und vierten Generation noch ausgeprägter sein, weil viele Interviewpartner diese restriktiven und teilweise „überalteten"[89] Werte anders interpretieren und auch dementsprechend an ihre eigenen Kinder weiterleiten werden.

(7) Viele Interviewpartner haben direkt oder indirekt zur Sprache gebracht, dass sie keine Erziehung im klassischen Sinne erfahren haben. Die „Erziehung", die diese Interviewpartner erfahren haben, wird bezeichnet als „Selbsterziehung", oder aber „Verwaltung und Stillhaltung der Kinder". Fast alle Interviewpartner sind sich einig, dass weder der „deutsche Erziehungsstil" noch der „türkische Erziehungsstil" der ideale Erziehungsstil für ihre eigenen Kinder sein wird. Viele von ihnen unterscheiden auch nicht zwischen einem „deutschen" und einem „türkischen" Erziehungsstil. In einem Punkt sind sich alle Interviewpartner einig: sie werden ihre Kinder nicht so erziehen, wie sie selbst erzogen wurden.

> „Also, ich kann nicht sagen: Erziehung ist deutsch oder türkisch. Das hängt immer von Eltern ab, und wie sie zu ihren Kindern stehen. (...) Bei deutschen Familien sehe ich, dass einige Familien ihre Kinder so erziehen, dass ich sie positiv finde und es gibt welche, die erziehen ihre Kinder nicht so gut. (...) Ich habe deutsche Bekannte, die diskutieren viel mit ihren Kindern, die drohen nicht gleich, ‚du kriegst Schläge oder Sonstiges!'. Die versuchen schon richtig ihren Kindern zu erklären, dass die Kinder richtig verstehen, warum die Eltern das sagen. Es gibt welche die nur mit Gewalt versuchen, die sagen es ist verboten. Aber warum es verboten ist, das sagen sie nicht. (...) Also, so wie ich erzogen wurde, werde ich mein Kind nicht erziehen, ich wurde ja nicht erzogen. Aber ich würde vieles anders machen. Ich werde sie nicht viel einschränken. Sie soll ihre Meinung sagen und auch versuchen ihre Meinung durchzusetzen. Das wird zum Beispiel bei vielen türkischen Familien nicht unterstützt. Also, Durchsetzungsvermögen soll bei ihr im Vordergrund stehen. Sie wird natürlich auch Verbote haben. Verbote sollen aber so erläutert werden, dass sie auch weiß, warum es verboten ist. In einigen deutschen Familien habe ich den Eindruck, dass keine Verbote gibt." (Ali)

> „Also, ich muss sagen, dass bei türkischen Familien Werte und Normen gibt, die ich meinem Kind weitergeben würde. Es gibt aber einige Werte bei deutschen Familien, die ich bei meinem Kind fördern würde. (...) Also ich würde sagen, ja, mein Kind wird eine Erziehung bekommen, die eine Mischung aus beiden Kulturen sein wird.

---

[89] Ein Begriff, der überwiegend vom Interviewpartner Levent – teilweise auch von Latife, Mustafa und Filiz verwendet – wird.

Ich finde das ganz positiv, dass man von beiden Kulturen das Beste für sich aussuchen kann. Diese Möglichkeit haben nicht so viele Menschen auf dieser Welt. (...) Ja, meine Frau ist in dieser Frage mit mir gleicher Meinung." (Levent)

Aus den Interviewergebnissen kann abgeleitet werden – wie die beiden Beispiele deutlich zeigen –, dass man bei der dritten und vierten Generation nicht von einer „türkischen" Erziehung wird sprechen können. Wie auch bei einigen Interviewpartnern zu beobachten ist, wird bei der dritten und vierten Generation vermutlich eine „Erziehung" zum Tragen kommen, die weder ausschließlich aus den Wert- und Normvorstellungen der „deutschen" Kultur noch aus den Wert- und Normvorstellungen der „türkischen" Kultur bestehen wird. Das heißt, die Erziehung wird sich aus einer Mischung der Wert- und Normvorstellungen beider Kulturen zusammensetzen, die auch beim Sprachgebrauch der Migranten beobachten werden können, nämlich ein „Mischmasch".

(8) Ein Großteil der Interviewpartner sieht die Ehe als einzig legitime Möglichkeit des partnerschaftlichen Zusammenlebens. Eine außerehelich-partnerschaftliche Beziehung ist für eine gewisse Zeitspanne für viele Interviewteilnehmer durchaus vorstellbar, aber aufgrund des familiären und gesellschaftlichen Drucks nicht realisierbar. In einem Punkt sind sich fast alle Interviewpartner einig: spätestens bei einer Schwangerschaft soll die Ehe geschlossen sein, damit das Kind nicht als nichteheliches Kind zur Welt kommt. Eltern, die der ersten Generation angehören, missbilligen eine außereheliche Partnerschaft so sehr, dass eine außereheliche Partnerschaft für Migranten der zweiten Generation kaum in Frage kommt, wobei dies bei den Söhnen eher toleriert wird als bei den Töchtern. Töchter pflegen eine außereheliche Beziehung allenfalls heimlich, wenn sie z.B. in einer von den Eltern fernen Stadt studieren.

Das außereheliche Zusammenleben wird bei der dritten und vierten Generation ausgeprägter sein. Die Gründe können wie folgt zusammengefasst werden:

- Die Werte der Religion und der Ehre, die einer außerehelichen Partnerschaft im Weg stehen, werden von der zweiten Generation anders interpretiert und auf die eigene Kinder übertragen.
- Die Berufs- und Schulausbildung und damit verbunden die Individualität und das Selbstbewusstsein der dritten und vierten Generation werden ausgeprägter sein. Dadurch werden sie sich gegen ihre Eltern durchsetzen und besser in der Lage sein, ihr eigenes Leben zu leben.
- Aus den Interviewergebnissen konnte entnommen werden, dass die zweite Generation ihren Kindern mehr Freiraum, Selbstbewusstsein, Selbständigkeit sowie Eigenverantwortung einräumen will.

(9) Eine Zwangsverheiratung konnte bei der Untersuchungspopulation nicht beobachtet werden. Es kann durchaus von arrangierten Ehen gesprochen werden, bei denen aber eine entscheidende Modifikation ausgemacht werden kann: Zwei junge Menschen werden von den Eltern oder Geschwistern unverbindlich miteinander bekannt gemacht, mit dem Ziel, dass sie zueinander finden und später heiraten sollen. Können sich die jungen Leute auf eine Eheschließung nicht einigen, wird dieses Treffen sehr schnell vergessen und es wird niemandem ein Vorwurf gemacht; weder die Familien noch die Kinder erleiden einen Imageschaden. Bei fünf der zwölf Eheschließungen in dieser Untersuchung handelt es sich um diese neue Form der arrangierten Ehe. Diese relativ neue Form der arrangierten Ehe ist sehr verbreitet und findet auch Zuspruch bei den Betroffenen selbst.

Diese Art der arrangierten Ehe wird auch bei der dritten Generation verbreitet sein, da die jungen Menschen die Möglichkeit haben, eine Person relativ unverbindlich, aber doch näher kennen zu lernen. Viele Eltern werden diese Form der „arrangierten Ehe" unterstützen, weil sie selbst gute Erfahrungen damit gemacht haben. Eine Zwangsverheiratung wird bei der dritten und vierten Generation deshalb immer seltener vorkommen.

Literaturverzeichnis

Abadan-Unat, Nermin/Keleş, Ruşen/Penninx, Rinus/Ranselaar van, Herman/Valzen van, Leo/ Yenisey, Leyla: Göç ve Gelişme (Migration und Entwicklung), Ankara o.J.

Abadan-Unat, Nermin: Der soziale Wandel und die türkische Frau (1923-1985). In: Abadan-Unat, Nermin (Hrsg.) Die Frau in der türkischen Gesellschaft, Frankfurt a.M. 1985.

Abadan-Unat, Nermin: Die Auswirkungen der internationalen Arbeitsmigration auf die Rolle der Frau am Beispiel der Türkei. In: Abadan Unat, Nermin (Hrsg.): Die Frau in der türkischen Gesellschaft, Frankfurt a.M. 1985.

Acker, Nuria: Ethnische Identität im urbanen Raum – am Beispiel einer tscherkessischen Familie. In: Schiffauer, Werner (Hrsg.): Familie und Alltagskultur, Frankfurt a.M. 1993.

Adanır, Fikret: Geschichte der Republik Türkei, Mannheim 1995.

Akpınar, Ünal: Pädagogische Arbeit mit ausländischen Kindern und Jugendlichen: Bestandsaufnahmen und Praxishilfen, München 1977.

Alamdar-Niemann, Monika: Türkische Jugendliche im Eingliederungsprozess. Eine empirische Untersuchung zur Erziehung türkischer Jugendlicher in Berlin (West) und der Bedeutung ausgewählter individueller und kontextueller Faktoren im Lebenslauf, Hamburg 1992.

Alamdar-Niemann, Monika: Einflussfaktoren auf die Erziehungsstile in türkischen Familien in Berlin (West). In: Bott/Merkens/Schmidt (Hrsg.): Türkische Jugendliche und Aussiedlerkinder in Familie und Schule, Hohengehren 1991.

Altuntek, Serpil N.: Van yöresinde akraba eviliği (Verwandtschaftsehen in Van), Ankara 1993.

Arbeitskreis Qualitative Sozialforschung (Hrsg.): Verführung zum Qualitativen Forschen. Eine Methodenauswahl, Wien 1994.

Atabay, İlhami: Zwischen Tradition und Assimilation. Die zweite Generation türkischer Migranten in der Bundesrepublik, Freiburg i.B. 1998.

Atabay, İlhami: Ist dies mein Land? Identitätsentwicklung türkischer Migrantenkinder und Jugendlicher in der Bundesrepublik, Pfaffenweiler 1994.

Atabay, İlhami: Väter und Söhne. In: Landeshauptstadt München – Sozialreferat (Hrsg.): Fachtagung interkultureller Jungenarbeit 1999, München 2000.

Attia, Iman/Aziz, Leila/Marburger, Helga/Menge, Johannes: Auf Ausbildungsplatzsuche. In: Attia/ Marburger (Hrsg.): Alltag und Lebenswelten von Migranten jugendlichen, Frankfurt a.M. 2000.

Auer, Peter/Dirim, Inci: Das versteckte Prestige des Türkischen. Zu Verwendung des Türkischen in gemischtethnischen Jugendlichengruppen in Hamburg. In: Gogolin, Ingrid/Nauck, Bernhard (Hrsg.): Migration, gesellschaftliche Differenzierung und Bildung, Opladen 2000.

Auernheimer, Georg: Der sogenannte Kulturkonflikt. Orientierungsprobleme ausländischer Jugendlicher, Frankfurt a.M., New York 1988.

Auernheimer, Georg: Vom Umgang der Pädagogik mit der Migration seit den sechziger Jahren. In: iza Zeitschrift für Migration und Soziale Arbeit, 1999/3-4.

Auernheimer, Georg: „Verlockender Fundamentalismus" – ein problematischer Bei trag zum Diskurs über „ausländische Jugendliche". In: Bukow/Ottersbach (Hrsg.): Der Fundamentalismusverdacht, Opladen 1999.

Ausländer in Deutschland (AiD): Ausländische Medien, Saarbrücken 1996/3.

Ausländer in Deutschland (AiD): Kinder und Jugendliche, Saarbrücken 1998/3.

Ausländer in Deutschland (AiD): Deutsch als Zweitsprache, Saarbrücken 1999/3.

Ausländer in Deutschland (AiD): Migration 2000, Saarbrücken 1999/4.

Bach, Volker: Institutioneller Rassismus. Entstehungsgeschichte, Rezeption und eine erste theoretische Annäherung an den Begriff. In: iza Zeitschrift für Migration und Soziale Arbeit, 2000/1.

Azizefendioğlu, Hüseyin: Die Zukunftsperspektiven türkischer Jugendlicher in der Bundesrepublik Deutschland, Herbolzheim 2000.

Banck, Reiner: Zur rechtlichen Lage ausländischer Arbeitnehmer, München 1983.

Baumgartner-Karabak, Andrea/Landesberger, Gisela: Die verkauften Bräute, Berlin 1978.

Bayerisches Staatsministerium für Arbeit Sozialordnung, Familie, Frauen und Gesundheit: Ausländerintegration in Bayern. Bericht zur Situation der Ausländerinnen und Ausländer in Bayern, München 1999.

Beauftragte der Bundesregierung für Ausländerfragen: Die Beauftragte der Bundesregierung für Ausländerfragen über die Lage der Ausländer in der Bundesrepublik Deutschland, Berlin und Bonn, Februar 2000.

Beauftragte der Bundesregierung für Ausländerfragen: Daten und Fakten zur Ausländersituation, Bonn, Juni 1999.

Beauftragte der Bundesregierung für Ausländerfragen: Der Beauftragte der Bundesregierung für Ausländerfragen über die Lage der Ausländer in der Bundesrepublik Deutschland, Bonn, Dezember 1997.

Beck-Gernsheim, Elisabeth: Individualisierungstheorie: Veränderungen des Lebenslaufs in der Moderne: In: Keupp, Heiner (Hrsg.): Zugänge zum Subjekt, Frankfurt a.M. 1998.

Beer-Kern, Dagmar: Schulbildung junger Migranten, Berlin 1994.

Bendit, Réne: „Wir wollen so unsere Zukunft sichern". Der Zusammenhang von beruflicher Ausbildung und Lebensbewältigung bei jungen Arbeitsmigranten in Deutschland, Aachen 1997.

Bertelmann, Gerd: „Wir sind eine moderne Familie!" – sozialer Aufstieg und Wandel des Rollen-verständnisses in einer türkischen Familie. In: Schiffauer, Werner (Hrsg.): Familie und Alltags-kultur, Frankfurt a.M. 1993.

Bilden, Helga: Das Individuum – ein dynamisches System vielfältiger Teil-Selbst. Zur Pluralität in Individuum und Gesellschaft. In: Keupp/Höfer (Hrsg.): Identitätsarbeit heute, Frankfurt a.M. 1998.

Bingemer, Karl/Meistermann-Seeger, Edeltrud/Neubert, Edgar (Hrsg.): Leben als Gastarbeiter. Geglückte und missglückte Integration, Köln und Opladen 1970.

Blaack, Ursula: Innerfamiliale Kommunikation in türkischen Familien in der interkulturellen Konstellation. In: Bott/Merkens/Schmidt (Hrsg.): Türkische Jugendliche und Aussiedlerkinder in Familie und Schule, Hohengehren 1991.

Bliss, Frank: Zum Beispiel Islam im Alltag, Göttingen 1994.

Boehnke, Klaus/Bergs-Winkels, Dagmar: Zur Vergleichbarkeit von Erziehungsstilen in unterschiedlichen Kulturen und zu ihrem Einfluss auf die schulische Leistungen von Kindern. In: Bott/Merkens/Schmidt (Hrsg.): Türkische Jugendliche und Aussiedlerkinder in Familie und Schule, Hohen-gehren 1991.

Böhm, Winfried: Wörterbuch der Pädagogik, Begründet von Wilhelm Hehlmann, 14. überarbeitete Auflage, Stuttgart 1994.

Boos-Nünning, Ursula: Migranten und Behörden. In: Eberding, Angela (Hrsg.): Sprache und Migration, Frankfurt a.M. 1995.

Boos-Nünning, Ursula: Mädchen türkischer Herkunft: Chancen in der multikulturellen Gesellschaft? In: Gieske/Kuhs (Hrsg.): Frauen und Mädchen in der Migration, Frankfurt a.M. 1999.

Borris, Maria: Ausländische Arbeiter in einer Großstadt. Eine empirische Untersuchung am Beispiel Frankfurt, Frankfurt a.M. 1974.

Bourdieu, Pierre: Entwurf einer Theorie der Praxis, Frankfurt a.M. 1976.

Breitkopf, Tanris: Sprache und Bürokratie im Migrantenalltag. In: Eberding, Angela (Hrsg.): Sprache und Migration, Frankfurt a.M. 1995.

Brockhaus-Enzyklopädie: Band 14, Mag-Mod., F.A. Brockhaus, Mannheim 1991.

Bründel, Heidrun/Hurrelmann, Klaus: Akkulturation und Minoritäten. Die psychosoziale Situation aus-ländischer Jugendlicher in Deutschland unter dem Gesichtspunkt des Belastung-Bewältigungs-Paradigmas. In: Trommsdorff, Gisela: (Hrsg.): Kindheit und Jugend in verschiedenen Kulturen, Weinheim und München 1995.

Bukow, Wolf Dietrich: Die Alltagssituation allochthoner Jugendlicher. Wege aus einer kulturalistisch reduzierten Minderheitenforschung am Beispiel der allochthonen Jugendlichen. In: Bukow/Ottersbach (Hrsg.): Der Fundamentalismusverdacht, Opladen 1999.

Bulut, Faik: Allah devletinde demokrasi, (Demokratie in Allahs Staat), İstanbul 1993.

Bundesanstalt für Arbeit: Jugendliche ausländischer Herkunft vor der Berufswahl, Nürnberg 1993.

Bundesministerium für Familie, Senioren, Frauen und Jugend: Zehnter Kinder- und Jugendbericht. Bericht über die Lebenssituation von Kindern und die Leistungen der Kinderhilfen in Deutschland, Bonn 1998.

Chambers, Ian: Migration – Kultur – Identität. Deutsche Übersetzung von Gudrun Schmidt und Jürgen Freudl, Tübingen 1996.

CIM - Arbeitsmaterialien; 3: Rückkehr- und Verbleibabsichten türkischer Arbeitnehmer, Saarbrücken 1983.

Coşkun, Hasan: Bikultureller und Billingualer Unterricht anstelle des türkischen muttersprachlichen Unterrichts in der BRD, Frankfurt a.M. 1987.

Çil, Nevim: Überlegungen zum intergenerativen Verhältnis in türkischen Familien im Migrationprozess. In: Attia/Marburger (Hrsg.): Alltag und Lebenswelten von Migrantenjugendlichen, Frankfurt a.M. 2000.

Delfs, Silke: Zurück in die Zukunft. Ausländische Jugendliche auf der Suche nach Ihrer Identität. In: Ausländer in Deutschland, Saarbrücken 1996/4.

Deutsche Shell (Hrsg.): Jugend 2000, Bd. 1 und 2, Opladen 2000.

Deutsches Ausländerrecht: Textausgabe mit ausführlichem Sachverzeichnis und einer Einführung von Prof. Dr. Helmut Rittstieg, 13., völlig überarbeitete Auflage, München 2000.

Dohse, Knuth/Jürgens, Ulrich/Russig, Harald (Hrsg.): Ältere Arbeitnehmer zwischen Unternehmens-interessen und Sozialpolitik, Frankfurt/New York 1982.

Dohse, Knuth: Ausländische Arbeitnehmer und bürgerlicher Staat. Genese und Funktion von staatlicher Ausländerpolitik und Ausländerrecht. Vom Kaiserreich bis zur Bundesrepublik Deutschland, Königstein 1981.

Dursun, Turan: Din bu (1). Tabu can çekişiyor, (Das ist Religion, Tabu liegt im Sterben), İstanbul 1990.

Eberding, Angela: Kommunikationsbarrieren bei der Erziehungsberatung von Migrantenfamilien aus der Türkei. Ergebnisse einer qualitativen Untersuchung, Frankfurt a.M. 1994.

Eckmann, Monique/Bolzmann, Claudio: Benachteiligung von Jugendlichen – eine Frage der Nationalität. In: iza Informationsdienst für Ausländerarbeit, 1995/3-4.

Eisenberg, Götz/Gronemeyer, Reimer: Jugend und Gewalt. Der neue Generationskonflikt oder der Zerfall der zivilen Gesellschaft, Reinbek bei Hamburg 1993.

Elmacıoğlu, Tuncer: Başarıda aile faktörü, (Die Rolle der Familie beim Erfolg), İstanbul 1998.

Emiroğlu, İsmail: Anadolu Liseleri, (Die privaten Gymnasien), İzmir 1995.

Erdentuğ, Nermin: Hal Köyü'nün Etnolojik Tetkiki (Die ethnologische Analyse des Dorfes Hal), Ankara 1975.

Ertekin, Özcan: Entwicklung und Orientierung türkischer Organisationen in Deutschland. In: iza Zeitschrift für Migration und Soziale Arbeit, 1999/3-4.

Essau, Cecilla Ahmoi/Trommsdorff, Gisela: Kontrollorientierung von Jugendlichen individualistischen und gruppenorientierten Kulturen,. In: Trommsdorff, Gisela (Hrsg.): Kindheit und Jugend in verschiedenen Kulturen, Weinheim und München 1995.

Falaturi, Abdoldiavad: Die Bedeutung des islamischen Menschenbildes für die Erziehung. In: Lähnemann, Johannes (Hrsg.): Erziehung zur Kulturbegegnung, Hamburg 1986.

Farber, Oda/Gräßlin, Doris: Die Herrenlosen. Leben in einem kurdischen Dorf, Bremen 1988.

Fein, Kornelia/Rebholz, Jörn: Drei Lebensstile städtischer Familien aus dem universitären Milieu. In: Schiffauer, Werner (Hrsg.): Familie und Alltagskultur, Frankfurt a.M. 1993.

Fichtenkamm, Rosmarie: Familiale Übergänge im Wandel. Die sozialwissenschaftliche und die statistische Literatur über qualitative Erhebungs- und Auswertungsmethoden und über die Bedeutung dieser Methoden für die Familienforschung, Wiesbaden 1987.

Finkel, Margarete: Erziehungshilfen für Mädchen und Jungen aus Migrationsfamilien. Ergebnisse der JULE Studie. In: iza Zeitschrift für Migration und Soziale Arbeit, 1/2000.

Firat, Düzgün: Migration als Belastungsfaktor türkischer Familien. Auswirkungen auf die soziale Identität und das Familiensystem, Hamburg 1996

Firat, İbrahim: Nirgends zu Hause!? Türkische Schüler zwischen Integration in der BRD und Remigration in der Türkei, Frankfurt a.M. 1991.

Flick, Uwe/Kardorff von, Ernst/Keupp, Heiner/Rosenstiel von, Lutz/Wolff, Stephan: Handbuch Qualitative Sozialforschung. Grundlagen, Konzepte, Methoden und Anwendungen, München 1991.

Franger, Gabi: Das für uns so fremde Kopftuch. In: Gieske/Kuhs (Hrsg.): Frauen und Mädchen in der Migration, Frankfurt a.M. 1999.

Friedlmeier, Wolfgang: Subjektive Erziehungstheorien im Kulturvergleich. In: Trommsdorff, Gisela (Hrsg.): Kindheit und Jugend in verschiedenen Kulturen, Weinheim und München 1995.

Friedrich-Ebert-Stiftung: Islamische Organisationen in Deutschland, Bonn 2000.

Gartmann, Helene/Schwarz, Klaus (Hrsg.): Zur Situation der Frau im Gecekondu. Eine Untersuchung über die Lebensverhältnisse von Frauen in einem durch Zuwanderung aus dem Landesinnern entstandenen Stadtrandgebiet von Ankara, Berlin 1981.

Gaitanides, Stephan: Probleme der Identitätsfindung der zweiten Einwanderergeneration. In: iza Zeitschrift für Migration und Soziale Arbeit, 1996/1.

Gaitanides, Stephan: Sozialstruktur und „Ausländerproblem". Sozialstrukturelle Aspekte der Marginalisierung von Ausländern der ersten und zweiten Generation, München 1983.

Geißler, Rainer: Sozialstruktur Deutschlands. Ein Studienbuch zur Entwicklung im geteilten und vereinten Deutschland, Opladen 1992.

Geller, Helmut: Liebe zwischen Ehre und Engagement. Zur Konfrontation zweier Orientierungssysteme in binationalen Ehen zwischen deutschen Frauen und Einwanderern der ersten Generation aus mediterranen Ländern, Opladen 1999.

Göle, Nilüfer: Modern Mahrem. Medeniyet ve Örtünme (Moderne religiöse Verbote. Zivilisation und (Kopf-)Bedeckung), İstanbul 1991.

Gomolla, Mechtild: Ethnisch-kulturelle Zuschreibungen und Mechanismen institutionalisierter Diskriminierung in der Schule. In: Attia/Marburger (Hrsg.): Alltag und Lebenswelten von Migrantenjugendlichen, Frankfurt a.M. 2000.

Gomolla, Mechtild/Radtke, Frank-Olaf: Mechanismen institutionalisierter Diskriminierung in der Schule. In: Gogolin,/Nauck, (Hrsg.): Migration, gesellschaftliche Differenzierung und Bildung, Opladen 2000.

Gravalas, Brigitte/Braun, Frank: Die beruflichen und sozialen Chancen ausländischer Jugendlicher – Integration oder Segregation, München 1982.

Gropper, Elisabeth/Zimmermann, Hans-Michael (Hrsg.): Zuwanderung. Zugehörigkeit und Chancengleichheit für Kinder und Jugendliche, Stuttgart 2000.

Gümen, Sedef: Das Zeiterleben im Alltag. In: Herwartz-Emden, Leonie (Hrsg.): Einwandererfamilien: Geschlechtsverhältnisse, Erziehung und Akkulturation, Osnabrück 2000.

Gümrükçü, Harun: Beschäftigung und Migration in der Türkei. Unter Berücksichtigung der Auswanderung auf die Volkswirtschaft der Bundesrepublik Deutschland, Nürnberg 1986.

Gümrükçü, Harun: EG-Türkei-Beziehungen unter dem Aspekt von Bevölkerungswachstum, Beschäftigung und Auswanderung, Hamburg 1989.

Habermas, Tilmann: Geliebte Objekte. Symbole und Instrumente der Identitätsbildung, Frankfurt. a.M. 1999.

Hall, Stuart: Rassismus und kulturelle Identität. Ausgewählte Schriften 2, Hamburg 1994.

Hamburger, Franz: Migration und Armut. In: Informationsdienst zur Ausländerarbeit, 1994/3-4.

Hamburger, Franz: Pädagogik der Einwanderergesellschaft, Frankfurt a.M. 1994.

Hansen, Roland: Türkische Jugendliche, deutsche Türken oder „ein bisschen von da und ein bisschen von da". Re-Migration und Identitätskonflikte türkischer Jugendliche aus Izmir, Saarbrücken 1989.

Haugg, Sabine: Jugendliche ausländischer Herkunft sind in der Berufsausbildung unterrepräsentiert. Zur beruflichen Integration ausländischer Jugendlicher. In: iza Zeitschrift für Migration und Soziale Arbeit, 1997/3-4.

Haußer, Karl: Identitätsentwicklung – vom Phasenuniversalismus zur Erfahrungsverarbeitung. In: Keupp/ Höfer (Hrsg.): Identitätsarbeit heute, Frankfurt a.M. 1998.

Hebenstreit, Sigurd: Frauenräume und weibliche Identität. Ein Beitrag zu einem ökologischorientierten Perspektivenwechsel in der sozialpädagogischen Arbeit mit Migrantinnen, Berlin 1986.

Heitmeyer, Wilhelm: Nehmen die ethnisch-kulturellen Konflikte zu? In: Heitmeyer, Wilhelm (Hrsg.): Das Gewalt-Dilemma, Frankfurt a.M. 1994.

Heitmeyer, Wilhelm/Müller, Joachim/Schröder, Helmut: Verlockender Fundamentalismus. Türkische Jugendliche in Deutschland, Frankfurt a.M. 1997.

Heitmeyer, Wilhelm: Islamisch-fundamentalistiche Orientierungen bei türkischen Jugendlichen In: Friedrich-Ebert-Stiftung (Hrsg.): Idäntitätsstabilisierend oder konfliktfördernd?, Bonn 1997.

Helsper, Werner: Das „postmoderne Selbst" – ein neuer Subjekt- und Jugend-Mythos? Reflexionen anhand religiöser jugendlicher Orientierungen. In: Keupp/Höfer (Hrsg.): Identitätsarbeit heute, Frankfurt a.M. 1998.

Herwartz-Emden, Leonie: Geschlechtverhältnis Familie und Migration. In: Herwartz-Emden, Leonie (Hrsg.): Einwandererfamilien: Geschlechtsverhältnisse, Erziehung und Akkulturation, Osnabrück 2000.

Herwartz-Emden, Leonie: Konzepte von Mutterschaft und Weiblichkeit. In: Herwartz-Emden, Leonie (Hrsg.): Einwandererfamilien: Geschlechtsverhältnisse, Erziehung und Akkulturation, Osnabrück 2000.

Herwartz-Emden, Leonie/Westphal, Manuela : Konzepte mütterlicher Erziehung. In: Herwartz-Emden, Leonie (Hrsg.): Einwandererfamilien: Geschlechtsverhältnisse, Erziehung und Akkulturation, Osnabrück 2000.

Herwartz-Emden, Leonie/Westphal, Manuela: Akkulturationsstrategien, im Generationen- und Geschlechtervergleich bei eingewanderten Familien. In: Sachverständigenkommission 6. Familienbericht (Hrsg.): Familien ausländischer Herkunft in Deutschland, Bd. 1, Opladen 2000.

Heßler, Manfred: Zukunfts- und Rollenvorstellungen von deutschen und ausländischen Mädchen und Jungen. In: Bott/Merkens/Schmidt (Hrsg.): Türkische und Aussiedlerkinder in Familie und Schule, Hohengehren 1991.

Hoffmann, Klaus: Leben in einem fremden Land. Wie türkische Jugendliche soziale und persönliche Identität ausbalancieren, Bielefeld 1990.

Hoffmann, Lisa: „Aber es gibt in der Türkei etwas, das Bestand hat, etwas auf das Verlass ist, die Familie!" In: Schiffauer, Werner (Hrsg.): Familie und Alltagskultur, Frankfurt a.M. 1997.

Hoffman-Nowotny, Hans-Joachim: Migration, soziale Ungleichheit und ethnische Konflikte. In: Gogolin/Nauck (Hrsg.): Migration, gesellschaftliche Differenzierung und Bildung, Opladen 2000.

Holtbrügge, Reiner: Türkische Familien in der Bundesrepublik. Erziehungsvorstellungen und familiale Rollen- und Autoritätsstruktur, Duisburg 1975.

Homfeldt, Hans Günther/Zumach, Hans-Werner: Zurück ins Elternland? Einige empirische Anmerkungen zur Situation zurückgekehrter jugendlicher Türken. In: Lähnemann, Johannes (Hrsg.): Erziehung zur Kulturbegegnung, Hamburg 1986.

Hopf, Christel/Weingarten, Elmar (Hrsg.): Qualitative Sozialforschung, 3. Aufl., Stuttgart 1993.

Hurrelmann, Klaus: Lebensphase Jugend. Eine Einführung in die sozialwissenschaftliche Jugend-forschung. 4. Aufl., Weinheim und München 1995.

Illeez, Afak: Das Recht des außerehelichen Kindes im türkischen Zivilrecht, Dissertation Universität Augsburg, 1989.

İstanbul Ticaret Odası: Türkiye'nin Eğitim Politikası, (Die Bildungspolitik der Türkei), İstanbul 1990.

İstanbuli, Mahmud Mehdi: İslam'da evlilik ve cinsel mutluluk, (Ehe und sexuelles Glück im Islam), İstanbul 1990.

Jugendwerk der deutschen Shell (Hrsg.): Jugend '97. Zukunftsperspektiven – gesellschaftliches Engage-ment – politische Orientierungen, Opladen 1997.

Kağıtçıbaşı, Çiğdem/Sunar Diane: Familie und Sozialisation in der Türkei. In: Nauck,/Schönpflug (Hrsg.): Familien in verschiedenen Kulturen, Stuttgart 1997.

Kağıtçıbaşı, Çiğdem: İnsan – Aile – Kültür, 3. Basım, (Mensch – Familie – Kultur, 3. Auflage), İstanbul 1996.

Kağıtçıbaşı, Çiğdem: Kültürel Psikoloji. Kültür Bağlamında İnsan ve Aile, (Kulturelle Psychologie. Kultur im Hinblick auf Individuum und Familie), İstanbul 1998.

Kağıtçıbaşı, Çiğdem: Türkische Migranten aus der Sicht der Migrantenfamilien. In: Bott/Merkens/ Schmidt (Hrsg.): Türkische Jugendliche und Aussiedlerkinder in Familie und Schule, Hohen-gehren 1991.

Kahane, Anetta: Unsere Heimat, das sind nicht nur die Städte und Dörfer... In: iza Zeitschrift für Migration und Soziale Arbeit, 1998/3-4.

Kalaçlar, Reyhan: „Meine Welt sprang aus dem Gleis" Türkische Frauen in der Bundesrepublik Deutschland. Belastungen – Leiden – Chancen. Dissertation an der Universität München, 1993.

Kälble, Karl: Die Entwicklung der Kausalität im Kulturvergleich, Opladen/Wiesbaden 1997.

Kandil, Fuad: Die Problematik der Integration türkischer Emigranten in die westdeutsche Gesellschaft. In: Lähnemann, Johannes (Hrsg.): Erziehung zur Kulturbegegnung, Hamburg 1986.

Kaneti, Selim/Köprülü, Bülent: Aile Hukuku. Gözden Geçirilmiş 2. Bası, (Familienrecht. Zweite, überarbeitete Auflage), Istanbul 1989.

Kaplan, İsmail: Türkiye'de Milli Eğitim ideolojisi, (Die Ideologie der Bildung in der Türkei), İstanbul 1999.

Karakaşoğlu-Aydın, Yasemin: „Ich bin stolz ein Türke zu sein". Bedeutung ethnischer Orientierungen für das positive Selbstwertgefühl türkischer Jugendlicher – Ein Essay. In: Friedrich-Ebert-Stiftung (Hrsg.): Identitätsstabilisierend oder konfliktfördernd?, Bonn 1997.

Karakaşoğlu-Aydın, Yasemin: Muslimische Religiosität und Erziehungsvorstellungen. Eine empirische Untersuchungen zu Orientierungen bei türkischen Lehramts- und Pädagogik-Studentinnen in Deutschland, Frankfurt a.M. 2000.

214

Karakaşoğlu-Aydın, Yasemin: Studentinnen türkischer Herkunft an deutschen Universitäten unter besonderer Berücksichtigung der Studierenden pädagogischer Fächer. In: Attia/Marburger (Hrsg.): Alltag und Lebenswelten von Migrantenjugendlichen, Frankfurt a.M. 2000.

Karpat, Kemal H.: The Gecekondu: rural migration and urbanization, London, New York, Melbourne 1976.

Kaurimsky von, Emerich: Ehe- und Familienrecht der Mohammedaner, Wien 1914.

Kayıkçı, Ali u.a.: İslam`a göre evlilik ve mahremiyetleri, (Ehe und religiöse Verbote nach Islam), İstanbul 1986.

Kehl, Krisztina/Pfluger, Ingrid: Das Wertgefüge im türkischen Dorf. In: Der Ausländerbeauftragte des Senats von Berlin (Hrsg.): Die Ehre in der türkischen Kultur – ein Wertsystem im Wandel, Berlin 1997.

Keupp, Heiner: Grundzüge einer reflexiven Sozialpsychologie. Postmoderne Perspektiven. In: Keupp, Heiner (Hrsg.): Zugänge zum Subjekt, Frankfurt a.M. 1998a.

Keupp, Heiner: Diskursarena Identität: Lernprozesse in der Identitätsforschung. In: Keupp/Höfer (Hrsg.): Identitätsarbeit heute, Frankfurt a.M 1998b.

Kinross, Lord: Atatürk. The rebirth of a Nation (1964)[1] 1990.

Kinstler, Hans Joachim: Zur sozialen Lage von Migranten. In: Informationsdienst zur Ausländerarbeit, 1994/3-4.

Kiray, Mübeccel B.: Frauen in kleinen Städten: In: Abadan-Unat (Hrsg.): Die Frau in der türkischen Gesellschaft, Frankfurt a.M. 1985.

Klönne, Arno: Zur Gefahr der Ethnisierung und Nationalisierung kirchlicher Konkurrenzangst. In: Heitmeyer, Wilhelm (Hrsg.): Das Gewalt-Dilemma, Frankfurt a.M. 1994.

Koch-Konz, Kristin: Familie Eray – Die Schwierigkeiten des sozialen Aufstiegs. In: Schiffauer, Werner (Hrsg.): Familie und Alltagskultur, Frankfurt a.M. 1993.

Kohlmann, Annette: Entscheidungsmacht und Aufgabenallokation in Migrantenfamilien In: Sachverständigenkommission 6. Familienbericht (Hrsg.): Familien ausländischer Herkunft in Deutschland, Bd. 1, Opladen 2000.

Kongar, Emre: Türkiye üzerine araştırmalar, (Untersuchungen über die Türkei), İstanbul 1986.

Kongar, Emre: 12 Eylül Kültürü (12. September-Kultur), 2. Auflage, İstanbul 1993.

König, René: Das Interview, Formen - Technik - Interview, Köln 1972.

Konrad-Adenauer-Stiftung: Türkische Jugend 98. Die schweigende Mehrheit unter der Lupe, Sankt Augustin 1999.

Koydl, Wolfgang: Ohne Statik auf gestohlenem Land. In den illegalen „Gecekondu"-Vierteln der Großstädte sind die Zerstörungen am schlimmsten. In: Süddeutsche Zeitung, 18.08.1999.

Koydl, Wolfgang: Tochter zu verkaufen. Im fernen Osten des Landes müssen Frauen den Mann heiraten, der ihren Eltern Kopfgeld zahlt – die Menschen sind gefangen in Tradition und Armut. In: Süddeutsche Zeitung, 05.07.2000.

Krappmann, Lothar: Die Identitätsproblematik nach Erikson aus einer interaktionistischen Sicht. In: Keupp/Höfer (Hrsg.): Identitätsarbeit heute, Frankfurt a.m. 1998.

Krause-Dresbach, Christiane: Besuchsmuster und Besuchsstruktur – Bemerkungen zur sozialen Welt einer jung verheirateten Frau. In: Schiffauer, Werner (Hrsg.): Familie und Alltagskultur, Frankfurt a.M. 1993.

Kreiser, Klaus/Wielandt, Rotraud (Hrsg.): Lexikon der Islamischen Welt. Völlig überarbeitete Neuausgabe, Stuttgart/Berlin/Köln 1992.

Kriechhammer-Yağmur, Sabine: Das neue Staatsangehörigkeitsrecht: Angebot zur gesellschaftlichen Teilhabe oder differenziertes Selektionsinstrument? In: iza Zeitschrift für Migration und Soziale Arbeit, 2000/2.

Krüger-Potratz, Marianne: Schulpolitik für „fremde" Kinder. In: Gogolin/Nauck (Hrsg.) Migration, gesellschaftliche Differenzierung und Bildung, Opladen 2000.

Kuhlmann, Michael/Meyer, Alwin: Ayşe und Devrim. Wo gehören sie hin? Bornheim 1983.

Kultus, Eva: Der Preis der Freiheit. 10 Jahre im Leben einer jungen Frau türkischer Herkunft. Langzeitstudie: Der mühsame Prozess des eigenen Wegs aus einer türkischen Familie, Frankfurt a.M. 1998.

Kürşat-Ahlers, Elçin: Die Bedeutung der Mutter im bikulturellen Identitätsfindungsprozess türkischer Mädchen. In: iza Informationsdienst für Ausländerarbeit, 1986/4.

Kusske-Schmittinger, Bernd: Verbesserte Schulausbildung zeigt nur geringe Auswirkungen auf dem Arbeitsmarkt. In: Informationsdienst zur Ausländerarbeit, 1994/3-4.

Lajios, Konstantin: Die allgemeine Situation ausländischer Familien in der Bundesrepublik Deutschland. In: Lajios, Konstantin (Hrsg.): Die ausländische Familie. Ihre Situation und Zukunft in Deutschland, Opladen 1998.

Lamnek, Siegfried: Qualitative Sozialforschung, Bd. 1 Methodologie, 3., korrigierte Auflage, Weinheim 1995.

Lamnek, Siegfried: Qualitative Sozialforschung, Bd. 2 Methoden und Techniken, 3., korrigierte Auflage, Weinheim 1995.

Landau, Jacob M.: Atatürk and the Modernization of the Turkey, Colorado 1984.

Landeshauptstadt München (Hrsg.): Lebenssituation ausländischer Bürgerinnen und Bürger in München, München 1997.

Lubig, Evelin: Ehre im Wandel – Erfahrungen mit dem Ehrbegriff in einem türkischen Dorf. In: Der Ausländerbeauftragte des Senats von Berlin (Hrsg.): Die Ehre in der türkischen Kultur – ein Wertsystem im Wandel, Berlin 1997.

Lutz, Helma: Biographisches Kapitel als Ressource der Bewältigung von Migrationsprozessen. In: Gogolin/Nauck (Hrsg.): Migration, gesellschaftliche Differenzierung und Bildung, Opladen 2000.

Mansel, Jürgen/Hurrelmann, Klaus: Alltagsstress bei Jugendlichen. Eine Untersuchung über Lebenschancen, Lebensrisiken und psychosoziale Befindlichkeiten im Statusübergang, 2. Auflage, Weinheim und München 1994.

Marburger, Helga: Schulische Sexualerziehung bei türkischen Migrantenkindern. Eine Sondierung des sozio-kulturellen Bedingungsfeldes, in der Reihe: Studien in der Sozialpädagogik, Bd. 4, Frankfurt a.M. 1987.

Mayring, Philipp: Einführung in die qualitative Sozialforschung. Eine Anleitung zu qualitativem Denken, 4. Aufl., Weinheim 1999.

Mecheril, Paul: Zugehörigkeitsmanagement. Aspekte der Lebensführung von Anderen Deutschen. In: Attia/Marburger (Hrsg.): Alltag und Lebenswelten von Migrantenjugendlichen, Frankfurt a.M. 2000.

Meier-Braun, Karl-Heinz: Verändert Fußball Ausländerpolitik? Neue Töne nach WM-Sieg in Frankreich. In: Ausländer in Deutschland, Saarbrücken 1998/3.

Merdian, Gerhild: Migrantenkinder – Lebensperspektive in der Fremde, Augsburg 1996.

Merkens, Hans: Chancen von Schülern aus Minderheiten im deutschen Schulsystem und die Forderung nach allgemeiner Bildung unter Berücksichtigung von türkischen und Aussiedlerkinder. In: Bott/Merkens/Schmidt (Hrsg.): Türkische Jugendliche und Aussiedlerkinder in Familie und Schule, Hohengehren 1991.

Merkens, Hans: Familiale Erziehung und Sozialisation türkischer Kinder in Deutsch land. In: Merkens/Schmidt (Hrsg.): Sozialisation und Erziehung in ausländischen Familien in Deutschland, Hohengehren 1997.

Merkens, Hans: Zur Erziehungssituation in ausländischen Familien in Berlin und Siegen. In: Merkens/Schmidt (Hrsg.): Sozialisation und Erziehung in ausländischen Familien in Deutschland, Hohengehren 1997.

Mertens, Gabriele/Akpınar, Ünal: Türkische Migrantenfamilien, Bonn 1977.

Mıhçıyazgan, Ursula: Wir haben uns vergessen. Ein interkultureller Vergleich türkischer Lebensgeschichten, Hamburg 1986.

Mıhçıyazgan, Ursula: Die muslimische Frau und ihre Rolle in der Familie. Drei Thesen zum Selbstverständnis muslimischer Frauen. In: iza Informationsdienst zur Ausländerarbeit, 1989/2.

Militzer, Renate: Ausländische Kinder im Kindergarten. Erfahrungsberichte der Erprobungsmaßnahme des Landes Nordrhein-Westfalen, Köln 1987.

Morgenroth, Olaf: Geschlecht als Schicksal? Selektivität gegenüber Entwicklungskontexten bei türkischen Jugendlichen. In: Merkens/Schmidt (Hrsg.): Sozialisation und Erziehung in ausländischen Familien in Deutschland, Hohengehren 1997.

Morgenroth, Olaf/Merkens, Hans: Wirksamkeit familialer Umwelten türkischer Migranten in Deutschland. In: Nauck/Schönpflug (Hrsg.): Familien in verschiedenen Kulturen, Stuttgart 1997.

Morone, Tommaso: Integration oder Assimilation. Unsicherheiten der Begriffsbildung. In: iza Zeitschrift für Migration und Soziale Arbeit, 2000/2.

Nauck, Bernhard: Arbeitsmigration und Familienstruktur. Eine Analyse der mikrosozialen Folgen von Migrationsprozessen, Frankfurt a.m./New York 1985.

Nauck, Bernhard: Erwerbstätigkeit und Familienstruktur. Eine empirische Analyse des Einflusses außerfamiliärer Ressourcen auf die Familien und Belastungen von Vätern und Müttern, Weinheim und München 1987.

Nauck, Bernhard: Intergenerative Beziehungen in deutschen und türkischen Familien. In: Bott/Merkens/ Schmidt (Hrsg.): Türkische Jugendliche und Aussiedlerkinder in Familie und Schule, Hohengehren 1991.

Nauck, Bernhard: Sozialer Wandel, Migration und Familienbildung bei türkischen Frauen. In: Nauck/ Schönpflug (Hrsg): Familien in verschiedenen Kulturen, Stuttgart 1997a.

Nauck, Bernhard: Intergenerative Konflikte und gesundheitliches Wohlbefinden in türkischen Familien. Ein interkultureller und interkontextueller Vergleich. In: Nauck/Schönpflug (Hrsg.): Familien in verschiedenen Kulturen, Stuttgart 1997b.

Nauck, Bernhard: Eltern-Kind-Beziehungen in Migrantenfamilien – ein Vergleich zwischen griechischen, italienischen, türkischen und vietnamesischen Familien in Deutschland. In: Sachverständigenkommission 6. Familienbericht (Hrsg.): Familien ausländischer Herkunft in Deutschland, Bd. 1, Opladen 2000.

Nauck, Bernhard: Generationsbeziehungen und Heiratsregimes – theoretische Überlegungen zur Struktur von Heiratsmärkten und Partnerwahlprozessen am Beispiel der Türkei und Deutschland. In: Klein, Thomas (Hrsg.): Partnerwahl und Heiratsmuster. Sozialstrukturelle Voraussetzungen der Liebe, Opladen 2001.

Neumann, Ursula: Erziehung ausländischer Kinder. Erziehungsvorstellungen in türkischen Arbeiterfamilien, Düsseldorf 1982.

Niekrawitz, Clemens: Interkulturelle Pädagogik im Überblick. Von der Sonderpädagogik für Ausländer zur interkulturellen Pädagogik für Alle, Frankfurt a.M. 1990.

Niephaus, Yasemin: Allgemeine Belastungen von Familien in der Migration, Auswertung der Daten der Surveys zu Familien ausländischer Herkunft. In: Sachverständigenkommission 6. Familienbericht (Hrsg.): Familien ausländischer Herkunft in Deutschland, Bd. 1, Opladen 2000.

Nohl, Arnd-Michael: Jugend in der Migration. Türkische Banden und Cliquen in empirischer Analyse, Baltmannsweiler 1996.

Oberndörfer, Dieter: Migration und Nationalstaat. Rückblick und Ausblick am Ende des zwanzigsten Jahrhundert. In: iza Zeitschrift für Migration und Soziale Arbeit, 1999/3-4.

Otto, Hans-Uwe/Merten, Roland (Hrsg.): Rechtsradikale Gewalt im vereinigten Deutschland, Jugend im gesellschaftlichen Umbruch, Opladen 1993.

Otyakmaz, Berrin Özlem: Auf allen Stühlen. Das Selbstverständnis junger türkischer Migrantinnen in Deutschland, Bamberg 1995.

Öcal, Mustafa: Imam-Hatip Liseleri ve ilk öğretim okulları, (Grundschulen und religiöse Gymnasien), İstanbul 1994.

Özkara, Sami: Zwischen Lernen und Anständigkeit. Erziehungs- und Bildungsvorstellungen türkischer Eltern, Frankfurt a.M. 1988.

Öztan, Bilge: Das zukünftige Türkische Familienrecht – Kritische Anmerkungen zum Entwurf eines neuen Zivilgesetzbuches (1986) -, Saarbrücken 1989.

Petersen, Andrea: Ehre und Scham. Das Verhältnis der Geschlechter in der Türkei, Berlin 1985.

PAPATYA: „Meine Eltern hatten ja die Chance zu entscheiden: Entweder ich behalte meine Ehre oder meine Tochter". Erfahrungen in einer Kriseneinrichtung für Mädchen aus der Türkei. In: iza Informationsdienst zur Ausländerarbeit, 1993/1-2.

Pfluger-Schindlbeck, Ingrid: „Achte die Älteren, liebe die Jüngeren". Sozialisation türkischer Kinder, Frankfurt a.M. 1989.

Pfriem, Ruth/Vink, Jan: Materialien zur interkulturellen Pädagogik im Kindergarten, Stuttgart 1981.

Polat, Ülger: Zwischen Integration und Desintegration. Positionen türkischstämmiger Jugendlicher in Deutschland. In: Attia/Marburger (Hrsg.): Alltag und Lebenswelten von Migrantenjugendlichen, Frankfurt a.M. 2000.

Polat, Ülger: Die soziale und kulturelle Identität türkischer Migranten der zweiten Generation in Deutschland, Hamburg 1998.

Pöschl, Andrea/Schmuck, Peter: Die Rückkehr – Ende einer Illusion. Türkische Gastarbeiterfamilien in der BRD und die Probleme ihrer Rückkehr in der Türkei, München 1984.

Popp, Ulrike: Lebensentwürfe von Jugendlichen mit Ausländerstatus. In: iza Zeitschrift für Migration und Soziale Arbeit, 1996/1.

Popp, Ulrike: Geteilte Zukunft. Lebensentwürfe von deutschen und türkischen Schülerinnen und Schülern, Opladen 1994.

Räthzel, Nora: Listenreiche Lebensweisen. Ethnische Verhältnisse und Klassenverhältnisse in der Wahrnehmung von Großstadtjugendlichen. In: iza Zeitschrift für Migration und Soziale Arbeit, 1998/3-4.

Reinhold, Gerd/Pollak, Guido/Heim, Helmut (Hrsg.): Pädagogik-Lexikon, München; Wien 1999.

Reinhold, Gerd/Lamnek, Siegfried/Recker, Helga (Hrsg.): Soziologie-Lexikon, München; Wien 1997.

Renner, Erich: Erziehungs- und Sozialisationsbedingungen türkischer Kinder. Ein Vergleich zwischen Deutschland und der Türkei, Heidelberg 1982.

Riesner, Silke: Junge türkische Frauen der zweiten Generation in der Bundesrepublik Deutschland: eine Analyse von Sozialisationsbedingungen und Lebensentwürfen anhand lebensgeschichtlich orientierter Interviews, Frankfurt a.M. 1990.

Rommelspacher, Birgit: Identität und Macht. Zur Internalisierung von Diskriminierung und Macht. In: Keupp/Höfer (Hrsg.): Identitätsarbeit heute, Frankfurt a.M. 1998.

Rosen, Rita: „...Muss kommen, aber nix von Herzen". Zur Lebenssituation von Migrantinnen – unter besonderer Berücksichtigung türkischer Frauen. In: Forschungstexte Wirtschafts- und Sozialwissenschaften, Bd. 20, Opladen 1986.

Rosen, Rita: Mutter – Tochter Anne – Kız. Zur Dynamik einer Beziehung. Ein kultureller Vergleich, Opladen 1993.

Rosen, Rita: Leben in zwei Welten. Migrantinnen und Studium, Frankfurt a.M. 1997.

Rosen, Rita/Stüwe, Gerd: Ausländische Mädchen in der Bundesrepublik. In: Sachverständigenkomission sechster Jugendbericht (Hrsg.): In der Reihe: Alltag und Biographie von Mädchen, Bd. 12, Opladen 1985.

Roth, Hans-Joachim: Und immer wieder das Kopftuch – Zur Bedeutung des Themas Islam im Kontext Interkultureller Pädagogik. In: Bukow/Ottersbach (Hrsg.): Der Fundamentalismusverdacht, Opladen 1999.

Rubbert, Ingeborg: Ungleiche Lebensbedingungen und die Entwicklung von Identität. In: Geißler, Rainer (Hrsg.): Soziale Schichtung und Lebenschancen in der Bundesrepublik Deutschland, Stuttgart 1987.

Rückert, Günter: Untersuchungen zum Spracherwerb türkischer Jugendlicher in der BRD, Pfaffenweiler 1985.

Rumpf, Christian: Das merkwürdige Ende der Strafbarkeit des Ehebruchs. Zu einem Urteil des türkischen Verfassungsgerichts. In: Zeitschrift für Türkeistudien, Essen, Heft 1, 1999.

Saran, Nephan: Köylerimiz, (unsere Dörfer), İstanbul 1984.

Sauer, Martina: Kulturell-religiöse Einstellungen und sozioökonomische Lage junger türkischer Migranten in Deutschland. ZAR – Zeitschrift für Ausländerrecht, Nr. 2, 2000.

Sauter, Sven: Wir sind „Frankfurter Türken". Adoleszente Ablösungsprozesse in der deutschen Einwanderungsgesellschaft, Frankfurt a.M. 2000.

Scheibler, Petra: Binationale Familienstruktur zwischen Anspruch und Wirklichkeit. In: Informationsdienst für Ausländerarbeit, 1993/4.

Schepke, Renate/Toker, Mehmet/Eberding, Angela: Eine Institution in der psychosozialen Versorgung von türkischstämmigen Migrantenfamilien. In: Gogolin/Nauck (Hrsg.): Migration, gesellschaftliche Differenzierung und Bildung, Opladen 2000.

Scheron, Bodo/Scheron, Ursula (Hrsg.): Politisches Lernen mit Ausländerkindern, Düsseldorf 1984.

Schiffauer, Werner: Die Gewalt der Ehre. Erklärungen zu einem türkisch-deutschen Sexualkonflikt, Frankfurt a.M. 1983.

Schiffauer, Werner: Die Bauern von Subay. Das Leben in einem türkischen Dorf, Stuttgart 1987.

Schiffauer, Werner: Die Migranten aus Subay, Türken in Deutschland: Eine Ethnographie, Stuttgart 1991.

Schiffauer, Werner: Sozialer Raum und Alltagskultur – Überlegungen zur kulturellen Dynamik der urbanen türkischen Kultur. In: Schiffauer, Werner (Hrsg.): Familie und Alltagskultur, Frankfurt a. M.1993.

Schiffauer, Werner: Fremde in der Stadt, Frankfurt a.m. 1997.

Schiffauer, Werner: Die Gottesmänner. Die türkischen Islamisten in Deutschland, Franfurt a.M. 2000.

Schmitt, Guido: Hauptschule – Ausländerschule. Über den Umgang mit der Multikulturalität in der Schule. In: iza Zeitschrift für Migration und Soziale Arbeit, 1997/3-4.

Schmuck, Peter: Der Islam und seine Bedeutung für türkische Familien in der BRD, München 1982.

Schnell, Rainer/Hill, Paul B./Esser, Elke: Methoden der empirischen Sozialforschung, 6. Aufl., München und Wien 1999.

Schönbohm, Wulf: Türkische Jugend 98 – realistisch und idealistisch. In: Zeitschrift für Türkeistudien, Essen, Heft 1, 1999.

Schönpflug, Ute: Entwicklungsregulation im Jugendalter. In: Trommsdorff, Gisela (Hrsg.): Kindheit und Jugend in verschiedenen Kulturen, Weinheim und München 1995.

Schönpflug, Ute: Akkulturation und Entwicklung: Die Rolle dispositioneller persönlicher Ressourcen für die Ausbildung ethnischer Identität türkischer Jugendlicher in Deutschland. In: Gogolin/Nauck (Hrsg.): Migration, gesellschaftliche Differenzierung und Bildung, Opladen 2000.

Schrader, Achim u.a.: Die zweite Generation. Sozialisation, Akkulturation ausländischer Kinder, Kronberg 1976.

Schröder, Achim: Jugendgruppe und Kulturwandel. Die Bedeutung von Gruppenarbeit in der Adoleszenz, Frankfurt a.M. 1991.

Schulte, Axel: Zwischen Diskriminierung und Demokratisierung. Aufsätze zu Politiken der Migration, Integration und Multikulturalität in Westeuropa, Frankfurt a.M. 2000.

Schweer, Maja: Jungfräulichkeit auf dem Prüfstand. Wenn die Unberührtheit der türkischen Frauen attestiert werden soll, geraten viele Ärzte in einem Konflikt, Süddeutsche Zeitung, 24.08.1999.

Seifert, Wolfgang: Am Rande der Gesellschaft? Zur Entwicklung von Haushaltseinkommen und Armut unter Ausländern. In: Informationsdienst zur Ausländerarbeit, 1994/3-4.

Seiser, Kısmet: Sexualerziehung und Sexualität türkischer Mädchen und junger Frauen in der Bundesrepublik Deutschland. Diplomarbeit an der Fachhochschule München (unveröf.) 1992.

Selltiz, Claire u.a.: Untersuchungsmethoden der Sozialforschung II, Neuwied und Darmstadt 1972.

Sperling, Roland: Der Familiennachzug im deutschen Ausländerrecht. In: Lajios, Konstantin (Hrsg.): Die ausländische Familie. Ihre Situation und Zukunft in Deutschland, Opladen 1998.

Spenner, Anita: Im Spannungsfeld. Sozialarbeit mit türkischen Jugendlichen, Berlin 1989.

Spohr, Doris: Soziale Rhythmen in einer mittelständischen Familie. In: Schiffauer, Werner (Hrsg.): Familie und Alltagskultur, Frankfurt a.M. 1993.

Stallmann, Martina: Über die Bedeutung von Leistungs- und Sozialkriterien für den Wechsel zur Oberschule bei deutschen und türkischen Kindern. In: Bott/Merkens/Schmidt (Hrsg.): Türkische und Aussiedlerkinder in Familie und Schule, Hohengehren 1991.

Staube, Hanne: Türkisches Leben in der Bundesrepublik, Frankfurt a. M. 1987.

Stegmann, Michael: Soziale Integration von Kindern und Jugendlichen ausländischer Herkunft. Soziologische Überlegungen auf Basis einer Ausdifferenzierung von Ausgangs- und Problemlagen. In: iza Zeitschrift für Migration und Soziale Arbeit, 2000/2.

Stenzel, Arnord/Homfeld, Hans Günther: Auszug in ein fremdes Land? Türkische Jugendliche und ihre Rückkehr in die Türkei, Weinheim 1989.

Straßburger, Gaby: Das Heiratsverhalten von Personen ausländischer Nationalität oder Herkunft in Deutschland. In: Sachverständigenkommission 6. Familienbericht (Hrsg.): Familien ausländischer Herkunft in Deutschland, Bd. 1, Opladen 2000.

Straus, Florian/Höfer Renate: Entwicklungslinien alltäglicher Identitätsarbeit. In: Keupp/Höfer (Hrsg.): Identitätsarbeit heute, Frankfurt a.M. 1998.

Swietlik, Gabriele: „Als ob man zwei verschieden Köpfe in einem hätte…" – Religiöse Sozialisation zwischen Islam und Christentum. In: Attia/Marburger (Hrsg.): Alltag und Lebenswelten von Migrantenjugendlichen, Frankfurt a.M. 2000.

Stüwe, Gerd: Zukunftsperspektive von Migrantenfamilien aus der Perspektive ihrer Kinder. In: Lajios, Konstantin (Hrsg.): Die ausländische Familie. Ihre Situation und Zukunft in Deutschland, Opladen 1998.

Şahin, Niyazi/Hamer, Heyo: Türkische Rückwandererkinder – Wie heimatlich ist die Heimat? In: Lähnemann, Johannes (Hrsg.): Erziehung zur Kulturbegegnung, Hamburg 1986.

Şen, Faruk: Islam in Deutschland. In: iza Zeitschrift für Migration und Soziale Arbeit, 1998/3-4.

Şen Faruk: Migration – Lebensfesthaltung und Partizipation in einem fremden Land. In: Informationsdienst zur Ausländerarbeit, 1994/3-4.

Şen Faruk/Goldberg, Andreas: Türken in Deutschland. Leben zwischen zwei Kulturen, München 1994.

Şenyapılı, Tansı: Eine neue Komponente in den Großstädten – die „Gecekondu"-Frauen. In: Abadan-Unat, Nermin (Hrsg.): Die Frau in der türkischen Gesellschaft, Frankfurt a.M. 1985.

Tanilli, Server: İslam çağımıza yanıt verebilirmi?, (Kann der Islam Einfluss auf unsere Periode nehmen?), İstanbul 1991.

T.C. Başbakanlık Aile Araştırma Kurumu: Türkiye Aile Yıllığı 1991, (Das Jahrbuch der türkischen Familie 1991), Ankara 1991.

Teckenberg, Wolfgang: Wer heiratet wen? Sozialstruktur und Partnerwahl, Opladen 2000.

Tertilt, Hermann: Türkish Power Boys. Ethnographie einer Jugendbande, Frankfurt a.M. 1996.

Tibi, Bassam: Europa ohne Identität? Die Krise der multikulturellen Gesellschaft, München 1998.

Tibi, Bassam: Im Schatten Allahs. Der Islam und die Menschenrechte, München, Zürich 1994.

Timur, Serim: Charakteristika der Familienstruktur in der Türkei. In: Abadan-Unat: Die Frau in der türkischen Gesellschaft, Frankfurt a.M. 1985.

Toprak, Ahmet: Sozialisation und Sprachprobleme. Eine qualitative Untersuchung über das Sprachverhalten türkischer Migranten der zweiten Generation, Frankfurt a.M. 2000a.

Toprak, Ahmet: Türkische Jungen – Belastungsfaktor für die Mitte der Gesellschaft? Ein Abriss über die Sozialisationsbedingungen. In: DVJJ-Journal, Nr. 4, Hannover 2000b.

Toprak, Ahmet: Ehre, Männlichkeit und Freundschaft: Auslöser für Gewaltbereitschaft Jugendlicher und Heranwachsender türkischer Herkunft in München? In: DVJJ-Journal, Nr. 2, Hannover 2000c.

Toprak, Ahmet: Kulturell bedingte Konflikte? – Anti-Aggressions-Kurse für männliche Jugendliche aus der Türkei. In: Gropper, Elisabeth/Zimmermann, Hans-Michael (Hrsg.): Raus aus Gewaltkreisläufen, Präventions- und Interventionskonzepte, Stuttgart 2000d.

Toprak, Binnaz: Die Bedeutung der Religion im Leben türkischer Frauen. In: Rita Rosen (Hrsg.): „Sie müssen bestimmen, wo sie langgehen wollen", Frankfurt a.M. 1984.

Treibel, Annette: Migration in modernen Gesellschaften. Soziale Folgen von Einwanderung und Gastarbeit, München und Weinheim 1991.

Trommsdorff, Gisela: Sozialisation und Entwicklung von Kindern und Jugendlichen aus kulturvergleichender Sicht. In: Trommsdorff, Gisela (Hrsg.): Kindheit und Jugend in verschiedenen Kulturen, Weinheim und München 1995.

Türk Ansiklopedisi: Cilt XXII (Das Türkei-Lexikon, Bd. XXII), Ankara 1975.

Türkiye Tarihi 4: Çağdaş Türkiye, 1908 – 1980, 4. Basım,(Türkische Geschichte 4: Die moderne Türkei, 1908 – 1980, 4. Auflage), İstanbul 1995a.

Türkiye Tarihi 5: Bugünkü Türkiye, 1980 – 1995, 1. Basım, (Türkische Geschichte 5: Die heutige Türkei, 1980 – 1995, 1. Auflage), İstanbul 1995b.

TÜSIAT: Türkiye`de Eğitim. Sorunlar ve Değisme Yapısal Uyum Önerileri, (Bildung in der Türkei. Probleme und Vorschläge zur Änderung), İstanbul 1995.

Unger, Klaus: Die Rückkehr der Arbeitsemigranten, Saarbrücken 1983.

Unger, Nicola: Alltagswelten und Alltagsbewältigung türkischer Jugendlicher. Neue Perspektiven für heilpädagogischen Reflexionen, Opladen 2000.

Uçar, Ali: Die soziale Lage der türkischen Migrantenfamilien. Mit einer empirischen Untersuchung unter besonderer Berücksichtigung der arbeits- und sozialrechtlichen Fragen, Berlin 1982.

Uçar, Ali: In der Schule sprachlos. In: iza Zeitschrift für Migration und Soziale Arbeit, 1999/3-4.

Vetter, Stephanie: Partnerwahl und Nationalität. Heiratsbeziehungen zwischen Ausländern in der Bundesrepublik Deutschland. In: Klein, Thomas (Hrsg.): Partnerwahl und Heiratsmuster. Sozialstrukturelle Voraussetzungen der Liebe, Opladen 2001.

Vorhoff, Karin: Die Aleviten – eine Glaubensgemeinschaft in Anatolien, Vortrag am 30.03.1995, Orient Institut Istanbul, nicht veröffentlichtes Manuskript.

Vorhoff, Karin: Zwischen Glaube, Nation und neuer Gesellschaft. Alevitische Identität in der Türkei der Gegenwart, Berlin 1995.

Weber, Martina: Zuschreibungen gegenüber Mädchen aus eingewanderten türkischen Familien in der gymnasialen Oberstufe. In: Gieske/Kuhs (Hrsg.): Frauen und Mädchen in der Migration, Frankfurt a.M. 1999.

Weers, Dörte: Türkische Jugendliche als Leser. Leseverhalten und Leseförderung der zweiten Generation in der Bundesrepublik Deutschland, München 1990.

Weidacher, Alois: Lebensformen, Partnerschaft und Familiengründung, Griechische, italienische, türkische und deutsche junge Erwachsene. In: Sachverständigenkommission 6. Familienbericht (Hrsg.): Familien ausländischer Herkunft in Deutschland, Bd. 1, Opladen 2000.

Weiner, Sigrid: Islam und Alltag – Überlieferung und Brauchtum in der Türkei. In: Lähnemann, Johannes (Hrsg.): Erziehung zur Kulturbegegnungen, Hamburg 1986.

Wedel, Heidi: Der türkische Weg zwischen Laizismus und Islam, Opladen 1991.

Wedel, Heidi: Urbanisierung durch Binnenmigration in der Türkei und die Folgen für die Metropole Istanbul. In: Zeitschrift für Türkeistudien, Essen, Heft 1, 1999.

Westphal, Manuela: Vaterschaft und Erziehung. In: Herwartz-Emden, Leonie (Hrsg.): Einwandererfamilien: Geschlechtsverhältnisse, Erziehung und Akkulturation, Osnabrück 2000.

Wilpert, Czarina: Bedingungen und Folgen internationaler Migration. Berichte aus Forschungen zu den Migrationsbiographien von Familien, Jugendlichen und ausländischen Arbeiterinnen, Berlin 1983.

Wirth, Heike: Bildung, Klassenlage und Partnerwahl. Eine empirische Analyse zum Wandel der bildungs- und klassenspezifischen Heiratsbeziehungen, Opladen 2000.

Yakut, Atilla/ Reich, Hans A./ Neumann, Ursula/Boos-Nünning, Ursula: Zwischen Elternhaus und Arbeitsamt: Türkische Jugendliche suchen einen Beruf, Berlin 1986.

Yavuzer, Haluk: Anne-Baba ve Çocuk, 8. Basım, (Vater-Mutter und Kind, 8. Auflage), İstanbul 1995.

Yetimoglu, Meral: Sexualität und Sprache. In: Eberding, Angela (Hrsg.): Sprache und Migration, Frankfurt a.M. 1995.

Yıldız, Erol: Fremdheit und Integration. Ausführungen zum besseren Verständnis, Anregungen zum Nachdenken, Bergisch Gladbach 1999.

Zemlin, Petra: Erziehung in türkischen Familien, München 1981.

Zentrum Für Türkeistudien (Hrsg.): Türkei-Sozialkunde. Wirtschaft, Beruf, Bildung, Religion, Familie, Erziehung, Opladen 1994.

Zevkliler, Aydın: Nichteheliche Lebensgemeinschaften nach deutschem und türkischem Recht. Unter besonderer Berücksichtigung der geschichtlichen Entwicklung, Würzburg 1989.

Ilhami Atabay
Ist dies mein Land?
Münchner Studien zur Kultur- und Sozialpsychologie, Band 4,
2. Auflage 2001, 108 Seiten, br., ISBN 978-3-89085-816-6,
€ 14,80

Viele Immigrantenjugendliche machen die Erfahrung, daß sie als eine verlorene Generation betrachtet werden. Oft bemitleidet man sie; vor allem Mädchen werden als leidtragende Opfer der Migration und dem Leben zwischen zwei Kulturen gesehen.

Dieses Buch zeigt auf, wie Migrantenjugendliche trotz ihrer schwierigen Lebensverhältnisse sich als autonome und souveräne Subjekte mit Eigenständigkeit und Kreativität ihr Leben zwischen zwei Kulturen gestalten und einen eigenen Lebensentwurf realisieren. Anhand von Interviews mit Jugendlichen wird gezeigt, wie sie mit den familiären und gesellschaftlichen Widersprüchen fertig werden und sich aus beiden Kulturen das herauspicken, was zu ihrer Realität paßt.

Ein Buch nicht nur für Studierenden, LehrerInnen, SozialpädagogInnen, SoziologInnen, ErzieherInnen, sondern auch diejenigen, die sich theoretisch mit dem Thema auseinandersetzen wollen.

Hüseyin Azizefendioglu
Die Zukunftsperspektiven
türkischer Jugendlicher
in der Bundesrepublik Deutschland
Migration*Minderheiten*Kulturen, Band 2, 2000,
120 Seiten, br., ISBN 978-3-8255-0231-7,
€ 20,35

Durch seine Tätigkeit an einem Istanbuler Gymnasium für Rückkehrerkinder und seine Erfahrungen im Muttersprachlichen Unterricht
entwickelte der Autor besonderes Interesse gegenüber der häufigen
Orientierungslosigkeit türkischer Jugendlicher. Er sieht die pädagogische Herausforderung darin, die Lebensbiographien der Jugendlichen
auch im Kontext der sozioökologischen Umwelt zur Kenntnis zu nehmen. Zukunft stehe in engem Zusammenhang mit gegenwärtigem
Erleben und vergangenen Erfahrungen, aus denen heraus Wünsche,
Befürchtungen und Tagträume entstehen.

Das Buch gibt einen Einblick in den geschichtlichen Hintergrund
der türkischen Einwanderung in Deutschland, in das Leben der Kolo-
nie der türkischen Einwanderer und in die Konstellation der Jugendlichen im Generationenkontext und in der eigenen Kulturgemein-
schaft. Der Autor beschreibt das Aufwachsen von Kindern und Jugendlichen in verschiedenen Phasen und migrationsbedingten sozioökologischen Umweltdifferenzen. Sein besonderes Augenmerk gilt
der schulischen Situation und der Bildungs- und Berufsorientierung.
„Dilemmatische Perspektiven" werden in Erlebnissen, Selbstbildern
und Selbstgefühlen der Betroffenen nachvollziehbar.

MIX
Papier aus verantwortungsvollen Quellen
Paper from responsible sources
FSC® C105338

If you have any concerns about our products,
you can contact us on
ProductSafety@springernature.com

In case Publisher is established outside the EU,
the EU authorized representative is:
Springer Nature Customer Service Center GmbH
Europaplatz 3, 69115 Heidelberg, Germany

Printed by Libri Plureos GmbH
in Hamburg, Germany